KB253812

범죄피해에 대한 두려움과 여성의 삶

: 사회적 구성과 결과

범죄피해에 대한 두려움과 여성의 삶
: 사회적 구성과 결과

김 지 선 著

한국학술정보㈜

책머리에

　범죄가 일반인들 사이에는 흔치 않은 경험인 것에 비해 '범죄에 대한 두려움(fear of crime)'은 일반인들 사이에 널리 확산되어 있으며, 그것이 야기하는 부정적인 사회적 결과 때문에 학문적·정책적 관심의 대상이 되고 있다. 국내외를 막론하고 '범죄에 대한 두려움'에 대한 실태조사와 연구들은 '범죄에 대한 두려움'의 수준과 그에 대한 반응을 결정하는 데 있어 가장 강력하고 일관된 변인은 '여성(female gender)'임을 보여주고 있다. 그러나 공식통계에서 전체 범죄피해율을 살펴보면, 여성은 범죄피해위험이 가장 낮은 집단인 것으로 나타나고 있다. 그렇다면 왜 여성은 공식통계상으로 볼 때 객관적인 범죄피해위험이 낮음에도 불구하고 범죄에 대해 두려워하는가? 본 연구는 이와 같은 문제제기로부터 출발하였다. 이러한 문제를 풀어나가는 데 있어 본 연구는 '범죄에 대한 두려움'은 해석과 의미의 문제를 포함하는 매우 복잡한 사회심리적인 현상이라는 인식하에 여성 자신의 목소리를 통해서 여성의 일상적인 삶 속에서 '범죄에 대한 두려움'을 어떤 방식으로 느끼고 경험하며, 그것이 갖는 구체적인 의미가 무엇인가를 밝혀내고자 하였다. 이를 위해서 양적 연구방법과 함께 질적 연구방법(포커스 그룹 인터뷰)을 사용하였다. 또한 여성의 사회적인 위치와 일상적인 경험은 남성과는 다르다는 성인지적 관점에서 여성의 '범죄에 대한 두려움'이라는 주제를 다루기 위해서 가부장제 사회구조를 여성에 대한 남성폭력이 발생하고, '범죄에 대한 두려움'이 구성되는 중요한 사회적 맥락으로 설정하였다. 구체적으로 여성의 '범죄에 대한 두려움'을 형성하는 데 있어 여성에 대한 남성의 일상적인 권력남용의 한 형태인 '성적괴롭힘 피해경험'과 불평등한 사회구조를 재생산하는 데 있어 중요한 기제인 '성차별적인 사회화', 그리고 '전통적 성역할 이데올로기'의 영향을 주요하게 다루었다. 이러한 문제를 다루는 데 있어 본 연구의 기본적인 가정은 여성의 '범죄에 대한 두려움'은 여성의 불평등한 사회적 지위로부터 야기되며, 여성의 '범죄에 대한 두려움'과 그에 대한 반응방식은 여성에 대한 사회통제기제로서 작동함으로써 여성의 불평등한 사회적 지위를 강화시킨다는 것이다.

본 연구를 통해서 도출된 주요 연구결과를 요약해보면 다음과 같다.

여성에 대한 포커스 그룹 인터뷰를 통해서 여성의 '범죄에 대한 두려움'을 특징짓는 다음과 같은 특성들이 도출되었다. 첫째, 여성의 '범죄에 대한 두려움'의 핵심은 남성폭력에 대한 두려움 특히, 낯선 남성에 의한 성폭력에 대한 두려움이다. 여기서 여성의 성폭력에 대한 두려움은 강간과 같은 물리력이 가해진 성폭력에 대한 두려움만을 의미하는 것은 아니다. 성적괴롭힘에 대한 두려움(특히, 낯선 사람에 의한 성적괴롭힘)도 여성의 폭력범죄에 대한 두려움의 중요한 측면을 구성하고 있는 것으로 나타났다. 여성에게 있어 '위험', '안전' 혹은 '두려움'이라는 단어는 신체적인 해나 폭력보다는 성적인 침해나 성폭력과 밀접한 관련이 있으며, 성폭력에 대한 두려움은 여성존재의 핵심적인 부분이며 일상생활의 전반적인 상황에 걸쳐 지속적으로 경험되는 것으로 나타났다. 둘째, 여성에 대한 폭력범죄가 대부분 아는 사람들에 의해서 그들이 일상적으로 생활하는 공간에서 발생한다는 사실에도 불구하고 여성에게 '범죄에 대한 두려움'은 '공공장소에서 낯선 사람에 대한 두려움'을 의미한다. 이러한 인식은 여성이 피해를 피하기 위해서 안전한 장소라고 생각하는 집에 머무르거나 알고 있는 남성으로부터 보호를 받는 방식으로 행동하도록 만들며, 이로 인하여 여성은 공공장소를 자유롭게 사용할 권리와 공적 영역에 참여할 기회를 제한받게 된다. 셋째, 자녀를 둔 기혼여성에게 '범죄에 대한 두려움'은 개인적 두려움보다는 자녀의 범죄피해에 대한 두려움을 의미한다. 많은 사회적 변화에도 불구하고 전통적인 가정 내 성역할 이데올로기가 건재하고 있어 어머니들은 자녀의 안전에 대한 책임은 전적으로 어머니에게 주어져 있고, 그 역할을 제대로 수행하지 못했을 때 자기 자신에 대한 비난이나 타인으로부터의 비난을 두려워하는 것으로 나타났다. 이로 인해 기혼여성의 경우 자녀를 범죄피해로부터 보호하기 위해서 자신의 삶을 희생해가면서 상당한 노력과 시간을 투자하고 있는 것으로 나타났다.

여성의 '범죄에 대한 두려움' 혹은 신체적 안전에 대한 관심은 그들이 피해를 예방하기 위해서 사용하는 일상적인 전략들을 통해서도 드러났다. 여성은 그들의 실제적인 피해경험, 주된 생활영역, 연령, 동원할 수 있는 사회경제적 자원에 따라 차이를 보이기는 하지만, 일반적으로 범죄피해 및 '범죄에 대한 두려움'에 대처하기 위해서 매우 다양한 전략들을 복합적으로 그리고 일상생활에서 매우 관례화된 방식으로 사용하고 있는 것으로 나타났다. 구체적인 대처전략을 보면, 여성은 적극적으로 주위 환경을 변화시키기보다는 자신의 생활패턴과 활동을 구속하고 제한하는 방식으로 자기 자신을 변화시킴으로써 '범죄에 대한 두려움'에 반응하고 있는 것으로 나타났다. 그리고 극단적인 형태의 회피행동(예: 밤 시간에 외출을 자제하거나 어떤 활동을 그만두는 것 등)을 하기보다는 항상 주위를 경계하고 감시함으로써 특정 공간과 영역을 제한된 방식으로 사용하는 것과 같은 주도면밀한 자경(self-policing)의 상태에 있는 것으로 나타났다. 이러한 미묘한 행동적 적응방식은 여성으로 하여금 지속적으로 심리적인 경계상태에 머무르도록 함으로써 여성의 심리적인 복지감을 크게 위협하고 있다. 또한 여성의 '범죄에 대한 두려움'과 그에 대한 반응방식은 다음의 세 가지 측면에서 여성의 삶에 대한 통제기제로서 작동한다고 할 수 있다. 첫째, 여성이 공적인 활동에 참여하는 것을 제한함으로써 남성이 공공영역 및 공공장소를 계속적으로 지배하도록 보장해준다. 둘째, 보호해줄 남성을 필요로 하게 만듦으로써 여성이 독립적인 존재로서 삶을 영위하지 못하게 만들고, 남성지배에 근거한 사회체계를 유지하는 데 기여한다. 셋째, 여성성과 여성의 섹슈얼리티에 대한 전통적인 관념들을 강화함으로써 여성 스스로가 자신들의 삶을 제한, 통제하도록 만든다.

위에서 제시한 여성적 두려움의 특성과 여성이 '범죄에 대한 두려움'에 반응하는 방식은 여성이 일상생활에서 부딪히는 실제적인 피해경험, 성차별적인 사회화경험, 타인의 피해경험 및 매스 미디어를 통해서 얻게 된 남성폭력에 대한 정보와 지식 그리고 이에 근거한 남성폭력피해위험에 대한 기대와 예측, 범죄, 피해, 피해자에 대한 지배적인 사회적 통념 등이 복합적으로 작용한 결과라고 할 수 있다. 특히, 성적괴롭힘 피해경험, 성차별적인 사회화경험, 전통적 성역할 이데올로기는 여성의 '범죄에 대한 두려움'을 형성하는 데 있어 매우 중요한 요인으로 밝혀졌다.

첫째, 거리나 대중교통시설과 같은 공공장소에서 여성이 느끼는 '범죄에 대한 두려움'은 그러한 장소에서 과거에 경험한 낯선 남성에 의한 성적괴롭힘 피해경험으로부터 야기되는 것으로 나타났다. 성적괴롭힘 피해경험은 성폭력에 비해 사소한 것으로 여겨지기도 하지만 그러한 행동들이 갖는 성적인 특성 때문에 여성으로 하여금 성적으로 취약하다는 인식과 더 심각한 성폭력범죄로 이어질 것이라는 두려움을 불러일으키고, 그러한 행동들이 일어날 것으로 인식되는 상황과 장소에 있을 때 두려워하도록 만든다. 성적괴롭힘 피해경험이 있는 여성의 경우 다른 사람의 피해경험에 대한 정보와 위험한 것으로 인지되는 물리적·사회적 환경에 대해 더 민감하게 반응한다는 결과는 이러한 사실들을 잘 보여준다.

둘째, 여성의 '범죄에 대한 두려움'을 구성하는 구체적인 내용인 성폭력범죄에 대한 두려움, 공공장소에서 낯선 사람에 대한 두려움, 자녀의 범죄피해에 대한 두려움 등에는 여성에게 부여된 적절한 성역할에 대한 통념과 범죄, 피해, 피해자에 관련된 우리사회의 지배적인 통념들이 반영되어 있다. 이러한 지배적인 통념들은 여성이 그들의 객관적인 피해위험과 동떨어진 방식으로 범죄에 대해 두려워하게 만들고, 특정 공간, 특정 대상, 특정 유형의 피해에 대해 더 두려워하도록 만든다. 특히, 이러한 통념들이 강하게 스며들어 여성의 '범죄에 대한 두려움'을 증폭시키는 것은 성폭력범죄였다. 여성은 피해자에 대한 비난과 같은 성폭력피해로부터 회복을 어렵게 만드는 문화적으로 정형화된 이데올로기적 요소들을 수용하고 있기 때문에 성폭력범죄를 가장 두려운 범죄로 인식하는 것으로 나타났다. 이러한 측면에서 여성의 성폭력범죄에 대한 두려움은 자기 자신과 타인으로부터의 비난에 대한 두려움이라고 할 수 있다.

셋째, 두려움에 대한 학습이 여성의 사회화의 직접적인 내용을 구성하고 있으며, 두려움이 학습되는 내용과 방식이 남녀간에 차이가 있는 것으로 나타났다. 여성과 남성은 어린시절부터 피해위험과 그들과의 관련성, 피해위험의 구체적인 내용, 피해위험에 대응하는 방식 등에 있어 상이한 메시지를 경험하고 있으며, 이러한 메시지들에는 전통적인 성역할 이데올로기들이 반영되어 있다. 여성이 교육받는 두려움에 관련된 사회화의 구체적인 내용은 성폭력의 지속적인 위험은 여자이기 때문에 불가피한 것이고, 위험은 집 밖의 공공장소에서 낯선 사람으로부터 발생하는 것이며, 그러한 위험을 피하기 위해서는 여성 스스로가 자신을 보호해야 한다는 것이다. 한편, 부모들은 딸을 위험에 노출되지 않게 하기 위해서 일정한 방식으로 행동하도록 딸의 삶을 규제하고 제한한다. 여성에게 부과하는 제한은 의상, 행동, 라이프스타일, 섹슈얼리티 등의 전반에 걸쳐 이루어지는 것으로 나타났다. 이와 같은 사회화의 내용은 여성이 다른 피해유형에 비해 성과 관련된 피해에 대해 더 취약하며 두렵다고 느끼게 만들며, 그들이 범죄와 피해위험에 대처하는 방식에도 영향을 미치는 것으로 나타났다.

위와 같은 본 연구의 연구결과는 다음과 같은 이론적 의의 및 함의를 갖는다. 첫째, 본 연구는 여성의 '범죄에 대한 두려움'이 그들의 불평등한 사회적 지위로부터 야기될 뿐 아니라 '범죄에 대한 두려움'은 여성에 대한 사회통제기제로서 작용함으로써 여성의 사회적 불평등을 재생산하는 하나의 수단으로서 기능하기도 한다는 점을 보여주었다. 이는 기존연구들이 범죄와 '범죄에 대한 두려움'이 권력구조가 전혀 문제가 되지 않는 사회적 진공상태에서 일어나는 것으로 이해하였던 것과는 달리, 여성과 같은 사회적 약자에 대한 '범죄에 대한 두려움'을 제대로 이해하기 위해서는 그들 집단의 사회 내의 불평등한 위치와 이를 영속화시키는 사회적 맥락과 제도를 고려해야 할 필요가 있다는 점을 시사하고 있다. 둘째, 본 연구는 한 사회 내의 지배적인 사회적·문화적 기대와 이를 세대를 통해서 전달하는 사회화과정 또한

'범죄에 대한 두려움'을 형성하는 데 있어 매우 중요한 요인으로 작용한다는 점을 보여주었다. 이를 통해서 '범죄에 대한 두려움'은 개인적 피해경험에 대한 직접적인 결과일 뿐 아니라 그 사회의 문화적 코드나 공유된 신념 등에 의해서도 영향을 받을 수 있다는 점을 제시하였다. 셋째, 여성의 성적괴롭힘 피해경험이 '범죄에 대한 두려움'에 영향을 미칠 뿐 아니라 범죄에 대한 정보와 범죄나 무질서를 나타내는 환경적인 단서에 더욱 민감하게 반응하도록 함으로써 '범죄에 대한 두려움'을 높인다는 사실을 밝혀냈다. 이를 통해서 1) 공공장소에서 낯선 남성에 대한 두려움은 기존논의들이 주장하듯이 성적인 위험에 대한 과장되거나 부정확한 정보에 기인하기보다는 공공장소에서 사회적 관계에 대한 여성의 실제적인 경험들에 근거한다는 점을 보여주었다. 2) 기존연구에서 직접적인 피해경험과 '범죄에 대한 두려움' 간의 관계가 모호하게 나타났던 것은 여성이 일상생활에서 경험하는 피해의 실재와는 동떨어진 피해경험을 측정하고 그것과 '범죄에 대한 두려움'과의 관계를 살펴본 데서 기인한다는 점을 보여주었다. 이를 통해서 연구대상의 피해경험의 특성과 본질에 대한 정확한 이해로부터 출발할 때만이 연구대상이 느끼는 '범죄에 대한 두려움'을 피해경험의 역동성 내에서 적절하게 설명할 수 있다는 점을 제시하였다. 3) 범죄와 범죄피해가 여성에게 미치는 결과 및 효과를 논의할 때 범죄에 대한 객관적인 정의와 심각한 범죄와 심각하지 않는 범죄 간의 구분에 근거하는 것은 적절하지 않다는 점을 보여주었다. 이러한 결과는 무엇을 범죄 혹은 피해로 생각하는가에 대한 연구대상자들의 주관적인 정의에 기초하여 그것들이 연구대상자들의 삶에 미치는 영향을 파악하여야 할 필요가 있다는 점을 시사한다.

목 차

그림 차례

Ⅰ. 서 론

A. 문제제기

오늘날 우리는 교통사고, 화재, 질병, 폭력 및 범죄, 환경오염, 각종 안전사고 등과 같은 수많은 위험들 속에서 살아가고 있다. 이른바 우리는 '위험 사회(Risk Society)'에서 살고 있는 것이다. 이와 같이 다양한 형태로 일상적인 수준에서 전개되는 위험들 때문에 최근 들어 우리 사회에서는 '안전'의 문제가 중요한 화두로 대두되었으며, 안전에 대한 불감증만큼이나 안전에 대한 불안감이 야기하는 다양한 사회적 현상들이 문제가 되고 있다. 이러한 현상들 중 개인적 측면에서뿐 아니라 사회적 차원에서 심각한 부정적 영향을 미치는 것 중 하나는 '범죄에 대한 두려움(fear of crime)'이라고 할 수 있다.

범죄학 분야에서 '범죄에 대한 두려움'은 실제적인 '범죄' 못지않게 매우 중요한 연구주제로 다루어지고 있다. 학문적 영역에서 '범죄에 대한 두려움'이 관심 있게 다루어지고 있는 것은 범죄가 두려움을 야기할 것이라는 일반적인 통념 – 범죄발생은 자극이고, 두려움은 단순히 자극에 대한 반응이다(Lewis and Salem, 1990) – 이 경험적으로 입증되지 않았기 때문이다. 즉, 일반적인 통념과는 달리 '범죄에 대한 두려움'이라는 사회적 현상이 범죄의 발생과는 상대적으로 독립된 현상이라는 점이 경험적으로 밝혀졌기 때문이다.[1) 이에 따

---

1) 이와 같은 현상들은 '범죄에 대한 두려움'은 범죄발생뿐 아니라 다른 다양한 사회적 요인들에 의해서 야기될 수 있다는 점을 보여주었다. 그리고 이것이 갖는 정책적인 함의는 범죄발생에 대한 억제정책만으로는 개인적으로나 사회적으로 부정적인 결과를 낳는 '범죄에 대한 두려움'을 감소시키기 어렵다는 것이다. 따라서 범죄발생에 대한 연구와는 별도의 연구를 통해 그 요인들을 찾아내어 이에 대처해야 할 필요가 있다는 점을 시사하게 되었다.

라 범죄의 사회적 결과는 직접적인 범죄피해를 입은 사람에게 한정되지 않는다는 인식을 불러일으키게 되었으며, 범죄의 직접적인 피해자만큼이나 범죄에 대해 두려워하는 사람들에 대해 관심을 기울이기 시작하였다.[2]

이와 같은 학문적인 관심 이외에도 '범죄에 대한 두려움'이 범죄학자들 사이에 중요한 문제로서 다루어지는 것은 범죄피해 그 자체와 마찬가지로 '범죄에 대한 두려움'의 결과가 개인적·사회적 수준에서 실제적이고, 측정가능하며, 심각하고, 부정적이기 때문이다(Warr, 1985). 구체적으로 '범죄에 대한 두려움'이 야기하는 부정적인 사회적 결과로는 다음과 같은 것들이 지적되고 있다(Conncklin, 1975; Clemente & Kleinman, 1977; Garofalo, 1981; Hale, 1996; Jianhong, 1993). 먼저 개인적인 수준에서 사회 전반에 걸쳐 '나도 범죄의 피해자가 될지도 모른다'는 두려움이 커지면, 사람들은 계속되는 불안감으로 인해 정신적인 피해를 입게 된다. 그리고 범죄피해에 대한 노출가능성을 최소한으로 줄이기 위해 자신의 생활방식을 변경하거나 사회적 활동을 줄이게 된다. 또한, 각종 방범장치를 설치하고 심지어 민간경비업체의 도움을 받는 등 범죄피해위험을 줄이기 위해서 상당한 노력과 비용을 들이게 된다. 이러한 노력과 비용의 일부는 삶의 질을 개선하기 위한 다른 활동에 긍정적으로 쓰여 질 수 있는 노력과 비용이라는 점에서 개인의 삶의 질에 부정적인 영향을 미치게 된다.

집합적인 수준에서 볼 때, '범죄에 대한 두려움'은 사람들 간의 불신감을 조장함으로써 공동체의식과 건전한 사회성을 위협하며, 일반시민들로 하여금 처벌지향적인 형사정책을 지지하도록 만든다. 그리고 '범죄에 대한 두려움'은 경제적으로 부유한 사람들이 스스로 그들의 자산을 보호하도록 만듦으로써 가난하거나 사회적으로 불리한 위치에 있는 집단에게 범죄발생이 전이되는 결과를 낳아 결과적으로 사회적 불평등을 확대·심화시키기도 한다.[3] 마지

---

2) 이러한 의미에서 '범죄에 대한 두려움'은 사회에 대한 범죄의 간접적인 비용으로(Conklin, 1975), '범죄에 대한 두려움'을 느끼는 사람들은 범죄의 간접적인 피해자로서 지칭되고 있다(Jianhong, 1993).

막으로 '범죄에 대한 두려움'이 야기하는 가장 해결하기 어려운 부정적인 결과 중의 하나는 '범죄에 대한 두려움' 자체가 범죄발생률을 증가시킬 수도 있다는 점이다(Goodstein and Shorland, 1980; Liska and Warner, 1991).[4]

이와 같이 '범죄에 대한 두려움'이라는 사회적 현상이 갖는 부정적인 사회적 결과에도 불구하고 국내에서 '범죄에 대한 두려움'의 연구는 미개척상태이다. 1989년부터 통계청에서 공공안전(public safety) 문제의 하나로서 '범죄피해에 대한 두려움'이라는 항목을 부정기적으로 측정하고 있으며,[5] 1990년부터 한국형사정책연구원에서 정기적인 전국범죄피해조사의 일환으로 '범죄에 대한 두려움'을 측정하여[6] 그 개략적인 실태가 밝혀졌다.[7] 그러나 범죄

---

3) 최근 강남지역의 골목길에 CCTV를 확대 설치하는 것에 대한 찬반논쟁에서 제기된 '범죄전이의 효과'의 문제는 이를 잘 드러내준다. 범죄전이효과의 구체적인 내용은 강북의 지방자치단체에 비해 부유한 것으로 알려진 강남구에서 범죄를 예방하기 위해서 CCTV를 설치하게 된다면, 거기에서 발생할 수 있는 범죄가 그러한 기계장비를 설치할 수 없는 가난한 지역으로 옮겨가게 되고 따라서 가난한 지역의 범죄율이 높아진다는 것이다.

4) 이와는 반대로 '범죄에 대한 두려움'이 범죄발생률을 감소시킬 수 있다는 연구결과들도 있다. 이중 하나는 Liska와 Warner(1991)의 연구이다. 이들은 '범죄에 대한 두려움', 행동적 제약, 그리고 그것이 범죄에 미치는 영향에 대해서 탐구하고 있다. Liska와 Warner는 범죄가 사회에 대해 기능하는 방식에 관한 Durkheim의 논의를 검토한 후, 범죄의 발생은 미래의 범죄를 감소시킴으로써 사회에 기능적일 수 있다는 뒤르껭주의의 논의들은 다른 메커니즘을 통해서 유지된다고 주장한다. 범죄가 사회적 통합을 증가시키고 그래서 미래의 범죄를 감소시키기보다는 범죄의 발생이 '범죄에 대한 두려움'을 낳고, '범죄에 대한 두려움'이 사회적 유대를 감소시키고, 미래의 범죄와 일탈을 감소시킨다는 것이다. 이와 같이 '범죄에 대한 두려움'이 미래의 범죄를 감소시키는 메커니즘에 있어 '범죄기회'는 핵심적인 개념이 된다. '범죄에 대한 두려움'은 개인들을 고립시키고, 일상 활동을 제약하는 효과를 갖고 있으며, 이로 인해 성공적인 범죄를 위한 기회가 감소되기 때문이라는 것이다.

5) 통계청에서는 한국의 사회지표 중 공공안전 분야의 한 항목으로서 범죄피해에 대한 두려움을 현재까지 1989년, 1991년, 1997년, 2001년 네 번에 걸쳐 조사하였다.

피해와 '범죄에 대한 두려움' 간의 관계, '범죄에 대한 두려움'에 영향을 미치는 사회적 요인들, 그리고 '범죄에 대한 두려움'이 개인적·사회적 차원에서 야기하는 부정적인 결과들에 대한 체계적이고 심층적인 연구는 제대로 이루어지지 못하였다.

국내에서 '범죄에 대한 두려움'이라는 주제에 대한 학문적 관심이 부재한 상황과는 달리 몇몇 사회적 지표들은 우리사회에서 '범죄에 대한 두려움'이 일반인들 사이에 널리 퍼져있으며, 이로 인하여 부정적인 결과들이 야기되고 있음을 보여준다. 우리나라는 다른 나라에 비해 범죄율이 낮은 반면에, '범죄에 대한 두려움'은 높은 편이다. 1994년 국가별로 살인, 강도, 강간과 같은 주요 범죄유형의 범죄율[8]을 비교해보면,[9] 미국이 인구 10만 명당 5,374건, 영국이 9,790건, 프랑스가 6,738건, 일본이 1,427건, 우리나라가 1,159건으로

---

6) 한국형사정책연구원에서는 범죄피해조사의 일환으로 '범죄에 대한 두려움'을 측정하고 있다. 1990년, 1994년, 1997년, 1999년, 2000년, 2003년 등 현재까지 여섯 번의 범죄피해조사가 실시되었다.

7) 이러한 실태조사 이외에도 국내에서 '범죄에 대한 두려움'에 대한 경험적인 연구는 노현선(1995), 노성호·김지선(1998), 이성식(2001), 김민아(2002) 등의 연구가 있다. 노현선(1995)의 연구는 건축환경의 특성 특히, 아파트단지의 건축환경에 대한 특성이 '범죄에 대한 두려움'에 미치는 영향에 관한 연구이다. 노성호·김지선(1998)의 연구는 기존의 '범죄에 대한 두려움'을 설명하는 일반모델인 피해경험모델과 사회통제모델을 통합하여 각각의 모델의 설명력을 검증하고 있다. 이성식(2001)의 연구는 주거지역의 환경적 특성이 '범죄에 대한 두려움'에 미치는 영향에 관한 연구이다. 이상에서 제시한 연구들이 '범죄에 대한 두려움'을 종속변수로 설정하여 '범죄에 대한 두려움'에 영향을 미치는 독립변인들을 탐색하는 데 관심이 있는 데 반해, 김민아(2002)의 연구는 '범죄에 대한 두려움'을 독립변인으로 하여, '범죄에 대한 두려움'이 여성의 자기개념에 미치는 영향을 탐구하고 있다.

8) 범죄율이란 인구 10만 명당 범죄발생건수를 말한다.

9) 각국마다 '범죄'에 대한 정의가 달라 각국의 범죄율을 직접적으로 비교하는 데는 한계가 있다는 점을 염두에 둘 필요가 있다.

나타난다(김은경, 1999). 우리나라는 국제적으로 범죄율이 낮은 것으로 알려져 있는 일본에 비해서도 범죄율이 더 낮음을 알 수 있다. 그러나 우리나라에서 '범죄에 대한 두려움'은 범죄율과는 다른 양상을 보인다. 1996년에 행해진 국제범죄피해조사[10]의 '범죄에 대한 두려움'을 측정하는 항목에 대해 '안전하지 않다'고 응답한 비율을 국가별로 비교해보면(UNICRI, 1996), 미국이 15%, 영국이 27%, 프랑스가 22%, 일본이 22%이다. 우리나라는 국제범죄피해조사에 참여하지는 않았지만 1996년 서울시민을 대상으로 국제범죄피해조사에서 사용한 동일한 문항을 갖고 '범죄에 대한 두려움'을 조사한 결과 서울시민의 48.2%가 '안전하지 않다'고 응답하였다.[11] 국가별로 비교해보면, 우리나라는 비교대상이 되는 5개국 중 '범죄에 대한 두려움'이 가장 높은 것으로 나타난다.

일반국민들의 '범죄에 대한 두려움'의 정도는 그들이 개인적인 차원에서 범죄피해에 대한 취약성을 감소시키기 위한 방어적 조치에 많은 시간과 돈을 투자하고 있다는 점에서도 나타난다. 통계청(2001)의 조사결과에 따르면, 일반국민의 51.4%가 야간에 혼자 걸어 다니기에 안전하지 못한 곳이 있다고 응답하였다. 이에 대처하기 위해 일반국민들은 안전하지 못하다고 판단되는 지역을 피해 다니거나(13.4%), 택시를 타거나(8.3%), 아는 사람과 동행하거

---

10) 국제범죄피해조사는 유엔이 관장하는 국제조사로서 1989년 제1차 조사를 시작으로 매 3-4년마다 한번씩 실시한다. 주관기관인 UNICRI(UN Interregional Crime and Justice Research Institute)는 국제범죄피해조사에 참여하는 국가를 선정하고, 영어, 불어, 스페인어로 된 설문지를 작성하여 각국에 배포하고, 각국의 조사결과를 수집하는 등 행정적인 일을 하고 있다. 참가국들은 UNICRI에 의해 선임된 국가감독관을 통하여 설문조사를 실시하고 분석된 결과의 전부 또는 일부를 UNICRI에 전달해야 한다(장준오, 2000).

11) 한편, 통계청에서 1997년 전 국민을 모집단으로 하여 실시한 표본조사에서는 세계범죄피해조사와는 약간 다른 문항을 통해서 범죄피해에 대한 두려움을 측정하고 있다. 그러나 그 조사에서도 일반국민의 57.2%가 범죄피해를 당할까봐 두렵다고 응답한 것으로 나타나, 우리나라의 국민들의 '범죄에 대한 두려움'이 다른 국가에 비해 상대적으로 더 높다는 것을 알 수 있다(통계청, 2001).

나(7.1%), 낮이나 다음 기회로 해야 할 일을 미루는 것(10.4%)으로 나타났다. 또한, 최근 들어 일반인들의 '범죄에 대한 두려움'에 호소하여 이를 상품화하고 있는 민간경비업(private security)이 비약적인 발전을 하여, 일반주택에 기계경비(홈 시큐어리티)를 해놓은 경우가 전체 기계경비 가입자의 11.3%를 차지하고 있다(김성언, 2002).

한편, 가장 최근 자료인 2003년 전국범죄피해조사결과를 더욱 구체적으로 분석해보면, '범죄에 대한 두려움'의 정도와 그에 대한 반응은 성별에 따라 차이를 보이고 있음을 알 수 있다. 전국범죄피해조사결과를 보면, 남성의 19.5%가 범죄피해를 당할까봐 두렵다고 응답한 반면에, 여성의 60.2%가 범죄피해를 당할까봐 두렵다고 응답한 것으로 나타났다(최인섭·김지선·황지태, 2003). 그리고 연령이 낮아질수록 남녀간의 두려움의 격차는 훨씬 더 커진다.[12] 그러나 2002년 형법범죄 피해자에 대한 공식통계를 보면(대검찰청, 2003), 피해자의 66.8%가 남성이고 33.2%가 여성인 것으로 나타나 일반적으로 여성은 남성에 비해 범죄피해를 당할 가능성이 훨씬 더 낮다는 점을 알 수 있다. 이러한 자료들을 통해서 여성은 남성에 비해 객관적인 범죄피해위험이 낮지만, 범죄에 대한 두려움은 훨씬 더 높다는 점을 알 수 있다.[13] 이

---

12) 아래의 표에서 나타나는 바와 같이 여성은 남성에 비해 범죄에 대한 두려움이 더 높다. 또한 여성은 연령이 낮을수록 범죄에 대한 두려움이 높아지는 반면에, 남성은 연령별 차이가 거의 없다. 따라서 연령이 낮아질수록 남녀간에 두려움에 있어서의 차이는 더욱 커진다.

〈표〉 연령별 범죄에 대한 두려움의 평균 차이

성별	10대	20대	30대	40대	50대	60대	F값
여성	3.65	3.64	3.47	3.48	3.45	2.92	6.75***
남성	2.44	2.39	2.51	2.57	2.71	2.53	1.96

13) 공식통계를 통해 드러나지 않는 숨은 범죄를 추적하고자 하는 목적에서 실시하는 범죄피해조사에서도 피해율과 두려움 간의 괴리현상이 나타난다. 2003년의 전국범죄피해조사결과를 보면, 여성과 남성의 피해경험 평균이 .13건으로 같다. 그러나 본문에서 제시한 바와 같이 '범죄에 대한 두려움'의 성별분포는 남녀간

러한 사실은 두 가지 점을 시사한다. 첫째, '범죄에 대한 두려움'은 매우 성별화된 현상이며,14) 특히 젊은 여성들에게 중요한 문제임을 시사한다. 둘째, 범죄학 분야의 가장 큰 논쟁거리였던 여성의 '피해경험-두려움 간의 패러독스(victimization-fear paradox)'15)가 우리나라에서도 나타나고 있다는 점이다. 이는 여성의 '범죄에 대한 두려움'은 범죄피해경험 이외의 다른 사회적 요인들에 의해서 결정됨으로 시사한다.

이와 같이 여성과 남성은 '범죄에 대한 두려움'의 정도에 있어서 차이를 보일뿐 아니라 피해가능성과 피해의 종류와 특성에 있어서도 다르다. 우리나라는 다른 나라에 비해 일반적인 범죄율은 저조한 반면에, 성폭려범죄율은 높은 편이다(김은경, 1999).16) 그리고 폭행, 상해, 협박, 공갈, 약취유인, 체포와 감금, 폭력행위 등 처벌에 관한 법률위반을 포함하는 강력범죄의 경우에는 피해자의 66.0%가 남성인 반면에, 강도, 방화, 강간을 포함하는 강력범죄의 경우에는 피해자의 24.4%가 남자이고, 75.6%가 여자인 것으로 나타난다(대검찰청, 2003). 이러한 결과들은 우리나라에서 여성은 남성이 경험하지 않거나 두려워하지 않는 성폭력이라는 특수한 피해의 대상이 되기 쉽다는

의 확연한 차이를 보여, 여성이 남성에 비해 범죄에 대해 훨씬 더 두려워한다는 점을 알 수 있다.

14) 국내에서 이루어진 몇 편의 '범죄에 대한 두려움'의 연구들은 관심영역에 따라 설정된 독립변인이 달라지기는 하지만, 여성은 남성에 비해 '범죄에 대한 두려움'이 훨씬 높으며 다른 변인들의 영향력을 통제한 상태에서 성(gender)은 '범죄에 대한 두려움'의 수준과 그에 대한 반응을 결정하는 가장 유력한 변수라는 점을 일관되게 보여준다.

15) '범죄에 대한 두려움'에 관한 논의에서 '피해경험-두려움 간의 패러독스'란 피해경험과 '범죄에 대한 두려움'이 일치하지 않는 현상을 말한다. 즉, 범죄피해경험이 있는 사람들의 수에 비해 범죄에 대해 두려워하는 사람이 더 많으며, 범죄피해율이 가장 낮은 집단이 범죄에 대해 가장 두려워하는 현상을 지칭한다. 이에 대한 보다 자세한 설명과 비판은 II. 이론적 논의와 연구틀을 참조할 것.

16) 1998년의 국제 통계결과는 우리나라의 성폭력발생률을 세계 2위로 기록하고 있다(김나연, 2002:1).

점을 보여준다.

　마지막으로 여성과 남성은 '범죄에 대한 두려움'에 반응하는 방식과 효과에 있어서도 차이를 보인다. 통계청(2001)의 조사결과를 보면, '범죄에 대한 두려움'에 반응하여 여성은 안전을 위해서 밤늦은 시간에 외출을 삼가고, 해야 할 일을 미루거나 다른 보호자(주로, 남성)를 동행하는 등 '범죄에 대한 두려움'에 대응해서 남성에 비해 훨씬 더 많은 시간, 노력, 경제적 자원을 들이는 것으로 나타난다. 우리사회 내에 강하게 자리 잡고 있는 이중적 성윤리로 인해 성폭력피해자에게 가해지는 제2, 제3의 피해와 오명으로 성폭력피해는 다른 범죄피해에 비해 그 피해결과가 매우 심각한 것으로 받아들여지고 있다는 점을 감안해보면(김나연, 2002; 최인섭·김지선, 1996), 성폭력에 대한 두려움은 단지 그 피해가능성에 대한 두려움을 넘어서 비난에 대한 두려움이라는 이중적인 부담을 여성에게 주고 있음을 쉽게 짐작할 수 있다.

　이와 같은 결과들은 성폭력에 대한 두려움은 여성의 보편적인 조건이며(Brownmiller, 1975; Burt and Estep, 1981; Griffin, 1971), 여성의 의식의 일상적인 부분을 차지하고 있다(Griffin, 1971)는 점을 보여준다. 또한 성폭력에 대한 두려움은 여성의 사회적 기회를 제한하며, 라이프스타일을 조정하는 등의 회피적 행동을 취하도록 함으로써 여성의 사회적 활동을 제한하고, 여성의 수동성과 의존성이라는 관념을 재생산하는 데 기여한다는 여성주의학자들의 논의를 뒷받침해주고 있다(Brownmiller, 1975; Griffin, 1971, 1975; Pain, 1991, 1995; Valentine, 1989). 특히 우리사회에서의 높은 성폭력피해율과 성폭력을 둘러싼 여러 가지 이데올로기들의 재생산이 가부장제적 사회질서라는 맥락에서 이루어진다는 점을 고려해보면, 여성의 '범죄에 대한 두려움' 및 그것이 여성에게 미치는 효과는 남성의 범죄피해에 대한 두려움이 갖는 효과와는 매우 다른 복합적이고 구조적인 양상을 띨 수밖에 없다. 즉 '범죄에 대한 두려움'이 여성에게 미치는 영향은 단순한 삶의 질의 저하라기보다는 여성에 대한 사회통제에 기여함으로써 사회적 불평등을 재생산하는 결과를 낳을 수 있다.

　이와 같이 여성은 '범죄에 대한 두려움'의 정도, 실제적인 위험과의 관계,

내용 및 그것의 효과라는 측면에서 남성과는 다르다. '범죄에 대한 두려움'의 연구가 거의 없는 우리나라뿐 아니라 그에 대한 연구가 비교적 활발하게 수행된 외국[17])에서도 여성의 '범죄에 대한 두려움'은 '일반시민' 혹은 '일반적인 잠재적인 피해자'라는 관점에서 남성과 함께 분석되었다. 그러나 이와 같은 방식의 연구를 통해서는 '범죄에 대한 두려움'이라는 현상과 관련된 여성만의 특수성을 파악하기 어렵다. 여성의 사회적 지위와 그로 인한 사회적 경험은 남성과는 다르다는 성인지적 관점(gender perspective)에서 여성의 '범죄에 대한 두려움'과 그것이 야기하는 사회적 결과는 독립된 연구주제로서 다루어야 할 필요가 있다.

B. 연구목적과 의의

이러한 문제인식하에 본 연구에서는 여성만을 대상으로 하여 여성의 특수한 경험과 삶 속에서 '범죄에 대한 두려움'이 갖는 의미, 원인 그리고 사회적 결과를 분석해보고자 한다. 좀더 구체적으로 본 연구의 연구목적을 제시해보면, 여성이 범죄에 대해 두려워한다는 것은 구체적으로 언제, 어디서, 무엇을 두려워하는 것이며, 여성의 '범죄에 대한 두려움'을 형성하는 데 영향을 미치는 사회적 조건과 계기들은 무엇이며, 여성은 '범죄에 대한 두려움'에 대처하기 위해서 어떠한 방식으로 반응하며, 여성의 '범죄에 대한 두려움' 및 그에 대한 반응이 여성에 대한 사회통제에 어떠한 방식으로 작동하는가를 탐구하고자 한다.

이러한 문제들을 분석하기 위해서 본 연구에서는 '범죄에 대한 두려움'에

---

17) 영국과 미국을 중심으로 하여 '범죄에 대한 두려움'에 관한 연구는 1960년대 후반부터 활발히 진행되었으며, 범죄학의 한 하위분과를 구성할 만큼 양적으로 많은 연구들이 이루어졌다(Hale, 1996).

관한 기존논의들을 비판적으로 재검토하고자 한다. 범죄학 내에서 여성이 남성에 비해 범죄에 대해 더 두려워한다는 사실은 항상 관심의 대상이 되어왔지만, 여성의 '범죄에 대한 두려움'의 원인과 사회적 결과는 제대로 설명되지 못하였다. 본 연구는 기존논의가 갖는 한계점을 두 가지 측면에서 제기하고자 한다. 첫 번째는 방법론적인 것으로 기존의 연구들은 대부분 양적인 조사연구의 방법을 사용함으로써 여성이 일상적인 삶 속에서 '범죄에 대한 두려움'을 어떤 방식으로 느끼고 경험하며, 그것이 갖는 구체적인 의미와 결과가 무엇인가를 밝혀내지 못하였다. 이에 따라, 여성의 '범죄에 대한 두려움'을 그들의 일상생활의 경험과 생애에 걸친 경험으로부터 유리시키는 결과를 낳았다. 그러나 '범죄에 대한 두려움'은 기본적으로 주관적인 감정이고, 의미부여와 해석의 문제를 포함하는 매우 복잡한 현상이다. 여성의 '범죄에 대한 두려움'을 그들의 일상적인 경험으로 맥락화시켜 여성의 두려움의 패러독스를 이해하기 위해서는 여성 자신의 목소리를 통해서 '범죄에 대한 두려움'이라는 현상을 연구해야 할 필요가 있다.

　두 번째의 한계점은 기존의 연구들이 범죄 혹은 '범죄에 대한 두려움'이 사람들 간의 상호작용과 구조적 관계를 틀 지우는 권력이 전혀 문제가 되지 않는 진공상태에서 발생하는 것처럼 다루고 있다는 점이다.[18] 그러나 최근의 논의들은 '범죄에 대한 두려움'은 모든 인구층에 균등하게 분포되어 있는 현상이 아니며, 그 차이는 사회 내의 지위와 권력의 불평등을 나타내주는 성, 연령, 인종, 사회계급 간의 사회적 분화를 그대로 반영하고 있음을 보여

---

18) 이러한 한계점은 앞에서 지적한 방법론적인 한계와 밀접한 관계가 있다. 영국과 미국을 중심으로 '범죄에 대한 두려움'에 대한 연구가 활발하게 전개될 수 있었던 기초를 제공했던 것은 전국적 혹은 지역적으로 실시된 범죄피해조사를 통해서 구축된 경험적인 자료 덕분이었다. 그러나 범죄피해경험 및 그와 관련된 주요 항목을 중심으로 구성된 범죄피해조사자료를 활용함으로써 '범죄에 대한 두려움'의 논의는 범죄 및 무질서와 두려움 간의 관련성에 한정될 수밖에 없었고, 범죄 및 두려움이 발생하는 사회적·문화적 맥락은 경험적으로나 이론적으로나 논의되기 어려웠다.

주고 있다(Pain, 2000; Stanko, 2000). 또한 일반인들의 범죄에 대한 비공식적 반응의 의도되지 않은 결과 중의 하나는 사회 내의 지배와 종속의 유형을 재생산한다는 점이 지적되고 있다(Pain, 1997; Smith, 1988). 이에 따라 최근 들어서는 '범죄에 대한 두려움' 및 그에 대한 반응과 사회적 불평등과의 관계가 논의되고 있다.

본 연구는 이러한 논의의 맥락에서 여성의 '범죄에 대한 두려움'의 문제를 다루고자 한다. 여성의 경우 사회적 위치를 결정하는 가장 기본적이고 지배적인 사회구조는 가부장제이므로 본 연구는 가부장제 사회에서 남성에 비해 구조적으로 취약한 여성의 사회적 지위, 여성의 '범죄에 대한 두려움' 및 그에 대한 반응, 그 사회적 결과의 하나로서 여성에 대한 사회통제를 관련시키고자 한다. 여성의 '범죄에 대한 두려움'은 여성의 불평등한 사회적 지위로부터 야기되며, 여성의 '범죄에 대한 두려움'은 여성에 대한 사회통제기제로서 작동함으로써 여성의 불평등한 사회적 지위를 강화시킨다는 것이 본 연구의 기본적인 가정이다.

이에 대한 분석틀은 여성주의학자들의 논의로부터 얻을 수 있다. 가부장제라는 사회구조적 맥락이 여성의 '범죄에 대한 두려움'과 관계되는 방식은 여성주의학자들에 의해서 주로 두 가지 측면에서 논의되었다. 그중 하나는 남성지배적인 사회 내에서 단지 여성이라는 이유로 다양한 삶의 영역에서 여성에게 가해지는 '남성폭력에 대한 실제적인 피해경험'을 중요시하는 입장이다. 다른 한 가지의 입장은 여성과 남성간의 구조적인 성분화가 반영되어 있는 사회 내의 '지배적인 성역할 이데올로기'와 이를 형성하는 주요한 계기로 '성차별적인 사회화경험'을 중요시하고 있다.

위와 같은 두 가지 입장은 모두 여성의 '범죄에 대한 두려움'과 그에 대한 반응이 야기하는 사회적인 결과를 가부장제라는 사회구조적인 맥락에서 이해할 수 있는 계기를 마련해주었다. 그러나 각 입장은 여성의 '범죄에 대한 두려움'을 형성하는 부분적인 요인들만을 강조하고 있다는 점에서 제한적이다. '범죄에 대한 두려움'은 분명 개인적으로 경험되는 현상이며, 따라서 개인적인 피해경험에 따라 차이를 보일 수 있다. 그러나 위험을 인지하고 두려움이라는 감정을 느끼게 되는 것은 간주관적인(inter-subjective) 문제 즉, 공유된 인지(shared cognition)의 문제이기도 하다(Dake, 1992, Walklate, 1997:38에서 재인용). 이는 '범죄에 대한 두려움'이 개인이 위치해있는 사회적 맥락 내에서 문화적으로 학습된 방식을 통해서 결정되기도 한다는 점을 시사한다. 이러한 점들을 고려해 보면, 여성의 '범죄에 대한 두려움'과 그에 대한 반응은 남성지배적인 사회 내에서 소녀들이 성차별적인 사회화과정을 통해서 학습하게 되는 여성성 및 여성의 성적인 취약성에 대한 인식, 남성폭력에 대한 지식과 소녀가 성인으로 성장하면서 직접적으로 경험하게 되는 다양한 남성폭력피해와 같은 두 가지 요인들이 복합적으로 작용한 결과라고 할 수 있다.

이와 같은 기존연구에 대한 비판적 검토를 토대로 해서 본 연구는 두 가지 측면에서 기존연구와는 다른 방식으로 여성의 '범죄에 대한 두려움'을 탐구하고자 한다. 첫째, 본 연구에서는 여성의 '범죄에 대한 두려움'과 그 사회적 결과를 분석하기 위해서 양적인 연구방법과 함께 질적인 연구방법을 병행하여 사용하고자 한다. 질적 연구방법의 하나인 포커스 그룹 인터뷰(focus group interview) 자료[19]를 사용하여 여성이 일상에서 느끼는 '범죄에 대한 두려움'의 실제적인 의미와 구체적인 내용은 무엇인가 그리고 두려움에 직면해서 여성은 어떠한 방식으로 두려움에 반응하는가를 탐구하면서, 기존연구에서 제시되고 있는 다양한 요인과 계기들이 여성이 '범죄에 대한 두려움'에 관련된 의미와 내용을 구성하고, 두려움에 대해 반응하는 데 어떠한 방식으로 작동하는가를 분석하고자 한다.

구체적으로 포커스 그룹 인터뷰자료에 대한 분석부분에서는 첫째, 여성의 주된 생활영역인 집, 집 주변 동네, 거리, 대중교통시설 등에서 여성이 '범죄에 대한 두려움'을 느끼는 정도, 두려워하는 대상, 두려움의 내용 등을 구체적으로 살펴보고자 한다. 둘째, 여성적 두려움의 특성을 성폭력범죄에 대한

---

19) 이에 대한 자세한 설명은 Ⅲ. 연구방법을 참조할 것.

두려움, 공공장소에서 낯선 사람에 대한 두려움, 자녀의 범죄피해에 대한 두려움, 두려움의 사회화부분으로 나누어 그 구체적인 내용과 그러한 특성들을 형성하는 계기들을 살펴보기로 하겠다. 마지막으로, 여성이 '범죄에 대한 두려움'에 대처하기 위해서 그들의 주변환경이나 행동을 어떤 방식으로 조정하며, 이러한 일상생활의 실천들이 어떻게 여성에 대한 사회통제기제로서 작동하는가를 분석해 볼 것이다.

이와 같은 질적 연구방법은 여성이 느끼는 '범죄에 대한 두려움'의 실제적인 의미와 내용을 보다 생생하게 보여주고, 그것이 형성되는 다양한 계기들을 보여줄 수 있다는 장점이 있다. 그러나 질적 연구방법은 '범죄에 대한 두려움'의 정도를 측정하기 어렵고, 관심 있는 요인들 간의 관계를 수량화된 자료를 통해서 보다 명확하게 보여주지 못하며, 제한된 사례를 갖고 연구를 진행하기 때문에 그 결과를 일반화하기 어렵다는 한계점을 갖고 있다. 본 연구에서는 질적인 연구방법이 갖는 이러한 한계점을 보완하기 위해서 질문지법을 이용한 양적 연구방법을 병행하고자 한다. 양적 연구방법의 주된 목적은 여성의 '범죄에 대한 두려움' 및 그에 대한 반응의 일반적인 경향을 보여주고, 이에 영향을 미치는 요인들을 분석하는 것이다.

본 연구에서 연구의 분석틀은 다음과 같이 구성할 것이다. 먼저 여성의 '범죄에 대한 두려움'에 영향을 미치는 독립변인으로는 기존모델에서 제시하는 주요 요인들과 함께 사회구조 내에서 여성의 불평등한 사회적 지위와 이를 재생산하는 사회적 맥락을 반영할 수 있는 요인들을 함께 고려하였다. 구체적으로 기존모델에서는 직접적인 범죄피해경험, 간접적인 범죄피해경험, 사회적·물리적 무질서와 같은 변인들을 추출하였다. 그리고 여성의 특성을 고려하기 위해서 여성이 일상적으로 경험하는 남성폭력인 '성적괴롭힘 피해경험', 여성의 성적 취약성과 위험에 있어서 남성-보호/여성-의존성을 강조하는 '성차별적인 사회화경험', 마지막으로 '전통적인 성역할 이데올로기'가 반영되어 있는 범죄, 피해, 피해자에 관한 지배적인 통념과 관련된 변인들을 고려하였다. 또한, '범죄에 대한 두려움'이라는 정서적인 반응과 회피행위와 보호행위라는 행동적인 반응을 야기하는 근인(近因)으로 다루어지는 인지적 차원의 변인을 '인지된 피해위험'과 '인지된 취약성'으로 구분하여, 설정한 독립변인들이 '범죄에 대한 두려움'에 미치는 영향을 매개하는 매개변인으로 설정하였다.

본 연구에서 여성의 '범죄에 대한 두려움'과 그에 대한 반응을 설명하기 위해서 설정한 분석틀은 기존연구와 몇 가지 점에서 차이를 보이고 있다. 첫째, 기존연구들은 여성의 '범죄에 대한 두려움'을 형성하는 주요한 계기로 남성폭력에 대한 실제적인 피해경험이나 어린시절 부모로부터 받은 성차별적인 사회화경험을 각각 강조할 뿐 경험적인 분석틀에서 두 변수를 함께 다룬 연구는 없다. 본 연구에서는 두 변인들을 동시에 고려함으로써 두 변인들 간의 상호작용관계와 다른 변인들을 통제한 상태에서 각 변인들이 '범죄에 대한 두려움'에 미치는 상대적인 영향력을 살펴볼 수 있을 것이다. 둘째, 기존연구에서 여성주의학자들은 남성폭력에 대한 직접적인 피해경험을 측정함에 있어서 성폭력이나 가정폭력피해에 초점을 맞춘 반면에, 본 연구에서는 여성이 거리나 대중교통시설과 같은 공공장소에서 일상적으로 경험하는 남성폭력인 성적괴롭힘 피해경험을 '범죄에 대한 두려움'을 설명하는 중요한 독립변인으로 설정하였다. 이와 같이 여성의 일상적인 남성폭력피해경험을 정확하게 포착하는 것은 직접적인 피해경험과 '범죄에 대한 두려움' 간의 명확한 관계를 보여주며, 여성의 두려움의 패러독스를 이해하는 계기를 마련해줄 수 있을 것이다. 셋째, 개인의 인지, 태도, 정서를 형성하는 데 있어 사회화경험은 매우 중요하며, 위험을 인지하고 그에 대해 반응하는 것은 그 사회의 문화적 구조나 기대에 따라 달라질 수 있다는 평범한 사실에도 불구하고, 기존연구에서 성차별적인 사회화경험과 여성의 '범죄에 대한 두려움'과 그에 대한 반응과의 관계를 경험적으로 밝힌 연구는 거의 없다.[20] 한편, 기존연구에

---

20) 경험적인 연구로는 Burt와 Estep(1981)의 연구가 있다. 이들 연구는 대학생을 대상으로 한 연구로 연구결과를 일반화하는 데 한계를 갖고 있으며, 다른 변인들을 통제한 상태에서 사회화경험의 영향을 고려하지 못했다는 한계점을 갖는다.

서는 성차별적인 사회화경험을 통해서 형성되는 전통적인 성역할 이데올로기가 반영되어 있는 범죄, 피해, 피해자에 대한 지배적인 통념들이 여성의 '범죄에 대한 두려움'과 반응에 미치는 영향을 경험적으로 분석한 연구도 거의 없다. 그러나 여성의 '범죄에 대한 두려움'과 성차별적인 사회화경험 및 성역할 이데올로기를 고려하는 것은 '범죄에 대한 두려움'이 개인적 피해경험에 대한 직접적인 반응일 뿐 아니라 문화적으로 학습된 결과임을 보여줌으로써 '범죄에 대한 두려움'이라는 현상에 대한 이해의 폭을 넓혀줄 수 있을 것이다. 한편, 성차별적인 사회화경험 및 성역할 이데올로기를 여성의 '범죄에 대한 두려움'에 영향을 미치는 주요 변인으로 고려하는 것은 왜 여성이 회피적이고 자기규제적인 방식으로 '범죄에 대한 두려움'에 반응하며, 이와 같은 반응방식이 어떻게 여성의 사회통제에 기여하는가를 설명할 수 있도록 해줄 것이다.

이와 같이 본 연구는 기존연구와는 다른 방법론을 사용하고, 다른 요인들을 고려하여 여성의 '범죄에 대한 두려움'을 연구함으로써 이러한 현상에 대한 이해의 폭을 넓히는 데 기여하는 것 이외에도 다음과 같은 의의를 갖고 있다. 첫째, 국내에서는 1980년대 말부터 가정폭력과 성폭력 등 여성에 대한 남성폭력의 문제가 사회적 관심사로 부상되면서 남성폭력의 원인, 여성피해자가 겪는 심리적·의학적·법적 문제들, 남성가해자의 특성, 남성폭력에 대한 사회적, 법적, 일반인의 태도(예를 들어, 강간에 대한 인지도 및 통념에 대한 수용도 등)가 체계적인 연구대상이 되었다. 그러나 남성폭력의 간접적인 피해자라고 할 수 있는 일반 여성이 일상생활에서 경험하는 폭력피해에 대한 두려움과 이것이 갖는 사회적 결과에 대해서는 이론적·경험적인 연구가 거의 없었다.[21] 그러나 여성이 경험하는 '범죄에 대한 두려움', 그러한 두

---

21) 여성의 '범죄에 대한 두려움'에 대한 국내의 선행연구로는 김민아(2002)의 연구가 있다. 김민아의 연구는 성폭력범죄에 대한 두려움이 여성의 자기개념에 미치는 영향에 대해 검토하고 있다. 이는 여성의 성폭력범죄에 대한 두려움을 독립변인으로 하여 두려움이 개인의 심리적 태도에 미치는 영향을 분석했다는 점

러움에 있어서 성폭력의 중요성, '범죄에 대한 두려움'이 여성의 일상적인 삶에 미치는 영향 등은 여성 간의 사적인 담론에서 매우 중요한 문제로 다루어져 왔었다. 본 연구는 실제로 피해를 입었든 아니든 간에 관계없이 강간은 모든 여성에게 영향을 미친다는 초기 급진적 여성주의의 기본적인 주장에 기초하여 경험적인 자료를 바탕으로 하여 여성의 폭력범죄에 대한 두려움을 형성하는 다양한 사회적 계기와 요인들을 밝혀내고, 여성의 폭력범죄에 대한 두려움이 여성의 적절한 행위와 위치에 대한 사회적 규범을 강화함으로써 여성에 대한 사회통제를 강화한다는 사실을 보여줌으로써 여성의 '범죄에 대한 두려움'이 이제는 공적인 토론의 장에서 심각하게 논의되어야 하는 중요한 문제임을 부각시키고자 한다.

둘째, 본 연구는 남성폭력의 간접적인 피해결과인 여성의 '범죄에 대한 두려움'의 문제를 다룸으로써 여성에 대한 남성폭력의 사회적 결과에 대한 연구자들의 이해의 폭을 넓혀줄 수 있을 것이다.

셋째, 여성의 '범죄에 대한 두려움'과 그것의 사회적 결과로서 여성에 대한 사회통제 및 여성의 사회적 불평등의 심화와 같은 본 연구의 핵심적인 주제는 Durkheim 이후 주류범죄학에서 잊혀져 왔던 문제인 '범죄가 사회에 미치는 영향'에 대한 관심을 복원하는 데 기여할 것이다. 범죄는 원인과 결과를 갖는다는 가장 단순한 사실에도 불구하고 대부분의 범죄학연구는 범죄의 원인에 초점을 맞추고 있다. 그러나 범죄를 완전하게 이해하기 위해서 범죄학은 범죄의 원인을 연구해야 할 뿐 아니라 범죄가 사회에 대해 갖는 기능이나 결과를 탐구해야 할 필요가 있다. 이러한 측면에서 피해자학의 발전은 나름대로 기여한 바가 있지만 여전히 직접적인 피해자만을 연구대상으로 설정함으로써 범죄가 미치는 사회적 결과에 대해서는 관심을 갖지 않았다. '범죄에 대한 두려움'은 현대사회에서 범죄의 가장 중요한 결과 중의 하나라고 할 수 있다.

에서 본 연구의 관심주제와는 다르다.

Ⅱ. 이론적 논의와 연구틀

A. 이론적 논의

1. 여성의 '범죄에 대한 두려움'의 원인

지난 30여 년간에 걸쳐 영미를 중심으로 이루어진 '범죄에 대한 두려움'의 연구들은 그 개념을 어떻게 정의(define)할 것인가에 대해 연구자들 간에 합의점을 찾지 못하고 있으며 이로 인하여 경험적인 조사결과 간에 많은 차이를 보이고 있지만, 여성이 남성에 비해 범죄에 대해 훨씬 더 두려워하며 성(gender)은 '범죄에 대한 두려움'에 있어서 차이를 유발하는 가장 유력한 변인이라는 사실을 공통적으로 보여주고 있다(Balkin, 1979; Baumer, 1978; Ferraro, 1995; Hindelang et al., 1978; Garofalo, 1979; Gordon and Riger, 1989; Pain, 1991; Riger and Gordon, 1981; Skogan and Maxfield, 1981; Stanko, 1987; Warr, 1984; 노성호·김지선, 1998; 이성식, 2001 등).[22] 그렇다면 왜 여성은 범죄에 대해 두려워하는가? 범죄학 내에서 여성의 '범죄에 대한 두려움'은 객관적인 피해경험에 근거하지 않은 비합리적인 반응으로 간주하거나 여성 특유의 신체적·사회심리적 취약성을 반영하는 것으로 해석하였다.

이를 좀더 구체적으로 설명해보면, 먼저 여성의 '범죄에 대한 두려움'을

---

22) 위와 같은 일관된 조사결과는 '범죄에 대한 두려움'에 있어서의 성차(gender difference)가 경험적으로 의미 있는 것이며, 일반적으로 남성이 다른 사람들에게 (특히, 조사면접원에게) 자신의 두려움을 잘 표현하지 않으려는 경향에서 나온 방법론적인 가공물(methodological artifact)이 아니라는 점을 보여준다(Sacco, 1990:487).

비합리적인 반응으로 간주하는 설명은 피해경험모델(victimization model)에서 제시되었다. 피해경험모델에서는 '범죄에 대한 두려움'을 개인의 직접적인 범죄피해경험이나 실제적인 범죄율(혹은 피해율)의 결과로서 본다. 이에 따라 개인적인 수준에서 피해경험이 있는 사람이 피해경험이 없는 사람에 비해서 범죄에 대해 더 두려워하며, 집합적인 수준에서는 범죄율이 높은 지역에 사는 사람이나 피해율 즉 피해위험이 높은 집단이 그렇지 않은 집단에 비해서 범죄에 대해 더 두려워할 것이라고 가정한다. 그러나 피해경험모델의 가정은 경험적인 연구를 통해서 일관성 있게 지지받지 못했다.

경험적인 조사결과를 통해 드러난 가장 단순한 사실은 범죄피해를 입은 사람에 비해 범죄에 대해 두려워하는 사람들이 훨씬 더 많다는 점이었다. 개인적인 수준에서 범죄피해경험과 '범죄에 대한 두려움' 간의 상관관계를 살펴본 일부의 연구에서는 두 변인 간에 상관관계가 있는 것으로 나타났지만(Balkin, 1979; Chiricos et al., 1997; Kleinman & David, 1973; Liska et al, 1988; Skogan, 1987 등), 다른 연구에서는 두 변인 간에는 약한 상관관계가 있거나 관계가 없는 것으로 나타났다(Block & Long, 1973; Box et al., 1988; Braungrat et al, 1980; Garofalo, 1979; Mayhew, 1984; Reiss, 1967). 그리고 집합적인 수준에서 볼 때, 범죄율이 높은 지역에 사는 사람들이 모두 범죄에 대해 두려워하는 것은 아니었다. 그리고 객관적인 범죄피해위험이 높은 집단(예: 남성)이 반드시 범죄에 대해 더 많이 두려워하는 것은 아니며 오히려 범죄피해위험이 가장 낮은 집단(예: 여성과 노인)이 범죄에 대해 가장 두려워하는 것으로 나타났다.

이와 같은 조사결과는 '두려움의 패러독스(fear paradox)' 혹은 '피해경험-두려움 간의 패러독스(victimization-fear paradox)'라고 불리게 되었다. 영국에서 전국적인 범죄피해조사(British Crime Survey)[23]를 주도하고 있었던

---

23) 신관리주의 범죄학자들에 의해서 실시된 범죄피해조사라는 명칭 앞에 '전국적인'이라는 수식어를 쓴 이유는 이들의 범죄피해조사에 대해 비판적인 시각을 갖고 도시 내부의 소지역을 중심으로 범죄피해조사를 실시한 좌익실재론자들

신관리주의 범죄학자(new administrative criminology)[24]들은 이러한 패러독
스를 설명하기 위해서 '비합리성 테제'를 제시하였다.[25] 이들은 객관적으로
합리적인 것(실제적 피해위험)과 주관적·감정적으로 비합리적인 것('범죄에
대한 두려움') 간의 이분법에 근거하여 일반인들이 주관적으로 느끼는 '범죄
에 대한 두려움'은 객관적인 범죄피해경험을 반영하지 않는 것으로 선정주의
적인 대중매체 등을 통해 얻게 된 잘못된 정보 때문에 과장된 것(Sparks,

의 소지역 범죄피해조사와 구분하기 위한 것이다.

24) 신관리주의 범죄학은 1970년대 후반과 1980년대 초반 영국의 내무성 연구팀에
   서 '상황적 범죄예방'이라는 개념을 둘러싸고 발전한 범죄학의 한 분파이다. 신
   관리주의 범죄학은 범죄의 주요한 원인을 불평등한 사회적 구조 및 조건에서
   찾았던 전후의 주요한 범죄학이론이었던 급진적 범죄학의 실패에 대한 반응의
   하나로서 형성되었다. 이 이론은 고전주의 범죄학에 기초하여 인간의 의사결정
   에 대해 합리적 선택이론을 채택하였다. 이에 따라, 잠재적인 범죄자를 어떤 활
   동과 관련된 이익과 불이익을 주의 깊게 계산하는 자기이윤을 극대화하는 의
   사결정자로서 간주하였다. 범죄예방은 범죄의 실행과 관련된 위험이나 노력을
   증가시키고 그것과 관련된 보상을 감소시키기 위하여 의사결정과정을 변화시
   키는 것을 목적으로 해야 한다고 주장하며, 이러한 논리에 따라서 '상황적 범죄
   예방이론(situational crime prevention)'을 제시하였다. 다른 한편, 신관리주의
   범죄학은 전국적인 범죄피해조사(British Crime Survey)를 실시하였는데, 이러
   한 조사에서 그들은 범죄를 분류하고 범죄율을 계산하는 데 있어 법적인 정의
   를 적용하였다. 이러한 법적인 정의에 기초한 범죄피해조사의 결과 범죄의 문
   제는 소수의 사람들에게만 관련된 것이고, 대다수의 사람들에게는 영향을 미치
   는 문제가 아닌 것으로 파악하였다. 오히려 그들은 실제적인 범죄보다는 '범죄
   에 대한 두려움'이 더 문제가 되고 있으며, 영향력도 훨씬 큰 것으로 간주하였
   다. 따라서 이들은 전국적인 범죄피해조사를 통해서 일반인들에게 범죄피해실
   상을 정확히 알려줌으로써 잘못된 인식을 바로 잡아 '범죄에 대한 두려움'을 감
   소시키는 것이 자신들의 임무라고 생각하였다(Mooney, 2000).

25) 이후 '범죄에 대한 두려움'의 논의는 비합리성-합리성 논쟁을 중심으로 전개되
   었다. 그러나 최근 들어서는 '범죄에 대한 두려움'을 합리적 혹은 비합리적인 것
   으로 간주하는 것은 비판을 받고 있다. 이에 대한 자세한 비판은 Spark(1992)과
   Lupton and Tolluch(1999)를 참조할 것.

1992)이거나 일반인들의 '비합리성'에 근거한 것(Tulloch, 2000)이라고 해석하였다. '범죄에 대한 두려움'에 있어서 비합리성이 문제가 되었던 집단은 특히 여성이었다.[26] 신관리주의 학자들은 전국적인 범죄피해조사의 결과를 토대로 하여 여성의 범죄피해율은 남성에 비해 매우 낮다는 점을 제시하면서, 남성에 비해 훨씬 낮은 범죄피해율과 비교해 볼 때 남성에 비해 훨씬 높은 여성의 '범죄에 대한 두려움'은 비합리적이라는 결론을 내린다.

한편, 여성의 '범죄에 대한 두려움'은 여성의 신체적 취약성이나 사회심리적 취약성에 의해서 설명되기도 한다. 여성은 남성에 비해 범죄피해로부터 취약하다는 느낌을 더 강하게 갖고 있으며 이는 여성의 신체적인 취약성 및 허약성에서 비롯되는 것으로 간주한다. 이러한 해석은 여성이 주관적으로 느끼는 취약성이라는 감정과 이것이 반영된 높은 수준의 '범죄에 대한 두려움'은 여성이라는 고유한 성(sex)에 의해서 결정되는 자연적인 산물이라는 생물학적 결정주의에 근거하고 있다.

여성의 '범죄에 대한 두려움'을 비합리적인 것으로 간주하는 입장은 그들의 남성주의적 범죄학(malestream criminology)의 편향으로 인하여 피해의 위험성이 높으면서도 범죄의 두려움이 가장 낮은 집단인 남성의 '범죄에 대한 두려움'은 비합리적인 것으로 다루지 않았으며, 여성의 피해경험을 측정할 때도 성 중립적인 관점(gender-neutral perspective)을 취함으로써 여성의 피해경험의 특성과 본질에 대해 제대로 이해하지 못하였다는 한계를 갖고 있다. 그리고 여성의 '범죄에 대한 두려움'을 신체적 취약성이나 사회심리적 취약성으로 설명하는 입장은 여성의 신체적 취약성이나 사회심리적 취약성에 대한 인식이 생물학적 요인뿐 아니라 여성에 대한 차별적인 성역할사회화와 상이한 문화적 기대에 의한 것이며, 이를 만들어내는 사회적 힘이 가부장제적 사회구조라는 점을 간과하고 있다. 두 가지 입장 모두 여성에 대한 범죄(특히, 남성폭력)와 '범죄에 대한 두려움'이 여성과 남성 간의 사회적 관

---

26) 여성과 함께 사회적 약자인 노인도 범죄의 두려움의 비합리성논쟁에서 핵심적인 대상이었다.

계와 그러한 관계에서 여성의 불평등한 사회적 위치를 틀 지우는 권력이 전혀 문제가 되지 않는 진공상태에서 발생하는 것처럼 다루고 있다는 점에서 비판을 받을 수 있다(Goodey, 1994; Madritz, 1997; Pain, 1991, 1997; Stanko, 1987, 1995, 2001 등). 이에 대한 비판은 주로 범죄학 내의 여성주의 학자들에 의해서 제기되었다. 그들은 여성의 '범죄에 대한 두려움'을 정확하게 이해하기 위해서는 가부장제라는 사회적 맥락을 고려하면서 성인지적 관점에서 연구가 수행되어야 할 필요성을 강조하고 있다(Goodey, 1994). 여성주의학자들은 '범죄에 대한 두려움'을 가부장제라는 불평등한 사회구조하에서 여성됨(being female)의 의미와 관련시키고 있다. 이러한 논의는 크게 여성적 피해경험의 특성을 강조하는 논의와 여성의 성차별적인 사회화경험과 전통적인 성역할 이데올로기 수용을 강조하는 논의로 구분할 수 있다. 아래에서는 이를 구체적으로 고찰해 보기로 하겠다.

가. 여성적 피해경험(female victimization)의 특성

(1) 숨겨진 남성폭력피해경험

여성의 '피해경험 – 두려움 간의 패러독스'를 설명하는 논의 중의 하나는 그러한 도식에서 여성의 '피해경험'에 초점을 맞추어 기존의 연구들(특히, 남성주의적 범죄학 내에서 수행된 연구들)이 여성의 피해경험을 정확하게 측정하는 데 실패하였다고 주장한다. 특히, 비판의 초점은 여성의 범죄피해경험을 측정하는 방법론적 도구로 사용되었던 범죄피해조사(영국의 British Crime Survey 혹은 미국의 National Crime Survey 등)에 관한 것이었다. 이러한 비판은 여성에 대한 남성폭력을 연구하는 여성주의학자들과 영국의 좌익실재론(left realism)[27]으로부터 제기되었다.[28] 구체적으로 여성의 피해경

---

27) 좌익실재론은 영국의 좌파의 범죄학이론으로서 출현하였지만, 범죄에 대한 피해자 중심적 시각에 있어 여성주의의 영향을 강하게 받았으며, 비가시적인 피해자(invisible victims) 특히, 가정폭력과 성폭력피해에 대한 관심, 범죄와 경찰

활동이 남성과 비교해서 여성에게 미치는 상이한 영향, 범죄와 경찰활동이 안전과 관련된 인식과 행동에 미치는 영향 등에 관심을 갖고 있다는 점에서 급진적 여성주의학자들의 관심과 일치한다(Ahuwalia, 1992). 따라서 여성의 '범죄에 대한 두려움'의 비합리성을 주장하기 위한 근거로 사용되었던 전국적인 범죄피해조사가 여성의 피해경험을 정확하게 포착하는 데 있어 갖는 한계점에 대한 비판에 대해서 두 입장이 거의 유사하다. 그러나 좌익실재론은 성(gender)을 주요한 변수로 다루고 있으며 성차를 주요한 주제로 검토하고 있지만, 가부장제 사회에서 성별관계(gender relation)라는 맥락에서 여성에 대한 범죄와 두려움을 이해하지 못하고 있으며, 특히, 남성권력에 대한 분석이 부재하다는 점에서 여성주의학자로부터 비판을 받고 있다(Mooney, 2000).

28) 좌익실재론자들은 전국적인 범죄피해조사에 대한 비판에 기초해서 소지역 범죄피해조사를 실시하였다. 전국적인 범죄피해조사와 소지역 범죄피해조사를 비교해보면 다음과 같다. 첫째, 전국적인 범죄피해조사가 집합적인 통계치에 근거해 위험률을 추상화함으로써 범죄문제의 중요성을 무시하고, 특정 집단의 특수성을 무시한 것에 대한 비판에서 소지역 범죄피해조사는 피해위험의 지리적, 사회적 차원을 상세히 논하는 것을 일차적인 목적으로 하여 범죄율이 높은 도시 내부의 소규모 지역을 대상으로 하여 조사하였다. 다른 한편으로는 그 지역 내에서 많은 표본수를 확보함으로써 성, 인종, 연령과 같은 사회적인 요인들이 그 지역의 사회적 구조와 관련해서 어떤 방식으로 피해의 가능성을 높이거나 감소시키는가를 보여준다. 둘째, 소지역 범죄피해조사는 보고되지 않은 범죄와 경찰에 보고된 범죄를 비교하기 위해서 BCS에 의해서 채택된 법적인 범죄유형을 확장한다. 이 조사에서는 피해자의 시각으로부터 무엇이 심각한 범죄이고 무엇이 심각하지 않은 범죄인지에 대해 좀더 소비자지향적이고, 주관적이고, 평가적인 정의를 취한다. 셋째, 범죄피해에 대한 직접적인 경험이 피해와 '범죄에 대한 두려움'의 단지 한 차원일 뿐이라는 인식하에 소지역 범죄피해조사에서는 탐구의 초점을 범죄, '범죄에 대한 두려움', 경찰활동으로부터 인종적, 성적인 학대, 다기관 개입, 시의 서비스편재와 같은 다른 이슈들로 확장한다. 이러한 접근은 지역사회와 그들 내에 있는 개인에게 범죄와 무질서의 문제를 맥락화시키고자 한다. 이를 통해서 지속적인 학대에의 노출, 무질서, 범죄의 위협에 대한 개인적인 차이와 차별적인 취약성, 복구를 위한 자원이 부족하다는 실제적이거나 기대된 인식, 지역의 정치 및 지역공동체적 조직과 같은 다양한 요인들이 피해위험과 '범죄에 대한 두려움'에 영향을 미친다는 점을 보여주고자 했다

험을 측정하는 데 있어 범죄피해조사가 갖고 있는 문제점으로 제시된 것은 크게 두 가지로 나누어볼 수 있다. 첫 번째는 암수범죄(暗數犯罪: dark figure of crime)[29]의 문제이며, 두 번째는 범죄로 규정되지 않거나 사소한 것으로 다루어졌던 광범위하고 일상적으로 발생하는 여성에 대한 남성폭력에 관한 무관심이다.

(가) 암수범죄(暗數犯罪)의 문제

범죄피해의 실상을 파악하는 데 있어 암수(暗數)의 문제는 범죄학자들이 부딪친 가장 오래된 장애물 중의 하나이지만 여성의 피해경험 및 두려움과 관련하여 암수의 문제는 더욱 심각하다. 공식통계는 사법당국에 보고되거나 인지된 범죄만을 집계함으로써 이를 통해서는 보고율이 낮고, 보고되더라도 범죄로 기록될 가능성이 매우 낮은 전형적인 여성의 폭력피해경험인 성폭력 및 가정폭력의 실상이 제대로 드러나지 않는다. 공식통계가 갖는 암수의 문제를 해결하기 위해서 실시된 범죄피해조사 역시 이러한 유형의 범죄에 대한 암수의 문제를 갖고 있는데, 이는 양적인 측면과 질적인 측면으로 구분하여 살펴볼 수 있다(Young, 1988). 먼저 양적인 측면에서 살펴보면, 일 대 일 면접방식으로 이루어지는 범죄피해조사에서는 여성 응답자들이 '범죄에 대한 두려움'이나 창피함 때문에 자신들의 피해경험 특히, 성폭력피해경험을 진실되게 응답하지 않는 비율이 상당히 높다(Stanko, 1995). 이러한 예는 1982년 영국의 범죄피해조사의 경우 강간범죄가 단 한 건 보고되었다는 점을 통해서 드러난다. 또한, 범죄피해조사를 실시한 후 조사의 대상자가 되었던 사람들의 피해를 경찰기록을 통해서 추적해 본 결과 성폭력범죄와 친숙한 사람이나 가족구성원이 가해자인 폭력범죄는 범죄피해조사에서 매우 낮게 보고되는 것으로 나타났다(Block and Block, 1984).

(Paninter, 1992:169-172).

29) 暗數犯罪란 실제로 저질러졌지만 경찰이나 검찰과 같은 형사사법기관에 인지되지 않아서 공식적인 범죄통계에 산입되지 않은 범죄를 말한다.

질적인 측면에서의 암수문제는 범죄피해조사가 피해경험을 측정하기 위해서 사용하는 범죄유형목록과 관련이 있다. 범죄피해조사에서 피해경험을 측정하기 위해서 제시된 범죄(형법위반행위)유형이 편중되어 있다는 것이다. 면접조사라는 한계상 모든 범죄유형을 포괄할 수 없지만, 범죄피해조사에서는 폭력범죄보다는 재산범죄, 여성과 낮은 지위의 사람을 대상으로 하는 범죄보다는 높은 지위의 사람을 대상으로 하는 범죄, 가족 내에서 행해진 범죄보다는 낯선 사람에 의해서 행해진 범죄에 초점을 맞추고 있다는 것이다(Young, 1988). 특히, 비판의 초점은 범죄피해조사가 가족구성원이나 친밀한 관계에서 발생하는 성폭력과 폭력범죄유형을 제시하지 않았다는 점에 맞추어져 있다(Stanko, 1990, 1995, 2000). 이러한 주장을 하는 여성주의학자들은 다양한 성폭력 및 가정폭력의 유형을 포괄하고, 여성의 성폭력의 실제를 포착하기 위한 좀더 민감한 방법론을 사용[30]하여 여성의 폭력범죄에 대한 실태를 조사한 결과들을 그 근거로서 제시하고 있다. 그러한 실태조사결과들은 여성의 폭력범죄의 피해율은 상당히 높으며, 낯선 사람보다는 사적인 공간(가정 등)에서 친밀한 관계에 있는 사람(남편, 애인, 아버지 등)으로부터 신체적 폭력 및 성폭력피해를 당하고 있음을 일관되게 보여 주고 있다(Dobash and Dobash, 1980; Griffin, 1978; Hanmer and Saunders, 1984; Kelly, 1987; Pain, 1997; Radford, 1987; Stanko, 1985, 1987, 1990). 이에 따라 여성주의학자들은 기존의 범죄피해조사를 통해서는 여성의 실제 피해경험을 제대로 파악할 수 없으며, 그러한 부정확한 측정도구를 사용할 경우 여성의 '범죄에 대한 두려움'은 객관적인 근거를 갖지 않는 비합리적인 반응으로 보일 수밖에 없다고 주장한다.

(나) 일상적인 남성폭력에 대한 무관심: 성적괴롭힘

기존의 범죄피해조사가 갖고 있는 두 번째 문제는 범죄피해경험을 측정할 때 범죄를 법적인 카테고리 내에서 정의함으로써 법적으로 규정되지 않았지

---

30) 훈련된 여성조사자에 의한 개별면접, 주의 깊은 문항구성 등이 이에 해당된다.

만 여성의 삶에 중요한 영향을 미치는 광범위한 남성폭력을 고려하지 못하였다는 것이다(Pain, 1997, 2000; Painter, 1992; Stanko, 1990, 1995). 이러한 비판을 제기하는 여성주의 학자들은 피해경험 특히 여성의 피해경험을 측정할 때에는 법적인 정의(definition)보다는 무엇이 범죄인가 혹은 무엇을 범죄 피해로 생각하는가에 대한 여성의 주관적인 정의를 고려해야 한다고 주장한다(Mooney, 2000; Painter, 1992). 왜냐하면, 형법에 의해서 포괄되지 않거나 형사사법기관에 의해서 사소한 것으로 처리되는 많은 형태의 반사회적인 행동들(예를 들어, 데이트 강간, 아내강간, 스토킹, 직장 및 공공장소에서의 성적괴롭힘 등)이 있으며, 이러한 반사회적인 행동들은 형법상 규정되어 있는 살인이나 강도, 강간보다 여성이 일상생활에서 빈번하게 경험하는 피해이며, 이러한 피해경험들이 지속적으로 축적되는 것은 여성의 삶을 불행하게 만들기 때문이다(Painter, 1992; Young, 1988).[31] 따라서 이들은 공식통계와 범죄 피해조사에서 드러나지 않았던 여성에 대한 광범위하고 일상적인 남성폭력에 대한 이해가 여성의 피해경험-두려움 간의 패러독스를 이해하는 데 핵심적이라고 주장한다.

음란전화, 원치 않는 성적인 접촉 및 관심, 성기노출 등과 같은 일상적인 성적괴롭힘의 실태 및 그 효과에 대한 여성주의자들의 연구결과들은 이러한 유형의 성폭력이 직장 이외에 다양한 장소(특히, 학교, 공공장소)에서 발생하고 있으며, 대다수의 여성이 일상적으로 빈번하게 경험하고 있음을 보여준다(Junger, 1987; Gardner, 1990, 1995; Pain, 1991; Painter, 1992). 그리고 이들 연구는 피해가 없거나 사소한 것으로 여겨졌던 성적괴롭힘 피해경험이 공공장소와 낯선 사람은 예측할 수 없고 통제할 수 없다는 생각들을 강화하면서 낯선 사람에 의해서 저질러지는 범죄에 대한 걱정과 두려움을 야기하

---

31) 이와 관련하여, Young(1988: 173)은 "BCS와 같은 기존의 범죄피해조사는 다양한 하위집단들의 주관적인 정의와는 분리된 객관적/법적 정의를 취함으로써 사소한 것을 중요한 것으로 만들고, 중요한 것을 사소한 것으로 만들어 버렸다"는 점을 지적하고 있다.

고 있음을 보여준다(Pain, 1997). 또한, 연구결과에 의하면 성적괴롭힘의 경험은 좀더 심각한 성폭력에 대한 불안감을 야기한다. 여성은 공공장소에서 누군가가 접근하거나 뒤따라오거나 소리치거나 치근거리는 것이 어두운 곳에서 홀로 있을 때 발생한다면 좀더 심각한 폭력(강간이나 성폭력)의 전조가 될 수 있다고 생각하여, 성적괴롭힘이 강간과 성폭력에 두려움을 유발하거나(Gordon and Riger, 1989; Warr, 1985) 심지어 죽음에 대한 두려움을 유발할 수도 있는 것이다(McNeill, 1987).

위에서 살펴본 두 가지 논의들은 여성에 대한 남성폭력의 현실은 여성이라는 존재(being female)의 핵심적인 요소이며, 일상적인 상황에서 광범위하게 경험되고 있음을 보여준다. 따라서 여성의 피해경험을 정확하게 평가하고 그것을 '범죄에 대한 두려움'과 관계시키기 위해서는 공식통계나 범죄피해조사를 통해서 드러나지 않았던 친밀한 사람들 간의 가정폭력 및 성폭력 그리고 범죄로 규정되어 있지는 않지만 위협적인 성적괴롭힘 등 여성에 대한 광범위한 남성폭력을 포착하여야 한다는 점을 지적하고 있다(Goodey, 1994; Hanmer and Saunders, 1984; Hanmer and Stanko, 1985; Pain, 1995, 1997; Painter, 1992; Stanko, 1985; Young, 1988). 더 나아가 공식통계와 범죄피해조사가 여성에 대한 남성폭력을 제대로 드러내지 못하는 현실을 고려해볼 때, 여성의 '범죄에 대한 두려움'은 여러 가지 이유로 공식통계와 피해조사에서 드러나지 않았던 그들의 실제적인 피해경험을 반영하는 것으로 간주해야 한다고 주장하기도 한다(Pain, 1991).

이와 같은 여성의 폭력피해에 대한 급진적 여성주의와 좌익실재론의 주장은 여성의 피해와 관련된 암수범죄의 문제와 여성이 일상적 경험으로 경험하는 성적괴롭힘이 여성의 범죄에 대한 인식과 두려움에 미치는 영향에 주목하여 여성의 '범죄에 대한 두려움'의 실질적인 기초와 위험인식의 합리성을 주장함으로써 여성의 '범죄에 대한 두려움'을 비합리적인 것으로 간주하는 기존의 설명에 중요한 수정을 가하였다. 즉 여성의 '범죄에 대한 두려움'은 여성 특유의 비합리성을 반영하거나 매스 미디어에 의해서 과장된 것이 아니라 여성의 실제적인 피해경험으로부터 구성된다는 점을 보여 주었다.

(2) 성폭력: 피해가능성과 비난에 대한 두려움

여성적 피해경험의 특성으로 성폭력범죄가 유발하는 두려움에 관심을 갖는 학자들이 있다. 즉, 성폭력범죄에 대한 두려움 그 자체가 여성의 높은 수준의 '범죄에 대한 두려움'을 설명할 수 있다는 것이다(Ferraro, 1995, 1996; Gordon and Riger, 1989; Riger, Gordon and LeBilly, 1978; Warr, 1985). 남성은 경험하지 않는 여성에게 특유한 피해경험인 성폭력의 존재와 성폭력의 결과, 그리고 성폭력을 둘러싼 여러 가지 사회적 통념들로 인하여 여성은 성폭력범죄에 대해 두려워하고, 이러한 성폭력에 대한 두려움이 전반적인 폭력범죄에 대한 두려움을 형성하는 데 있어 핵심적인 역할을 한다는 것이다. Gordon과 Riger(1989)는 여성의 '범죄에 대한 두려움'에 있어서 성폭력범죄 특히, 강간범죄의 중요성을 강조하기 위해서 여성의 성폭력범죄에 대한 두려움을 '여성적 두려움(female fear)'라고 칭하고 있다.

Warr(1985)와 Ferraro(1995, 1996)는 경험적인 자료를 통해서 성폭력범죄에 대한 두려움이 전반적인 '범죄에 대한 두려움'에 미치는 영향을 분석하였다. Warr(1985)는 여성 간에 강간범죄에 대한 두려움이 널리 퍼져있으며, 강간범죄에 대한 두려움은 강도나 주거침입강도범죄에 대한 두려움으로부터 명확히 구별되지 않는다는 결과를 제시하고 있다. 일반사람들이 다른 범죄피해와 관련시키는 범죄 즉, 동시에 발생할 수 있는 것으로 인지하는 범죄(perceptually contemporaneous offences)가 있는데 여성의 경우에는 성폭력범죄가 그러한 범죄라고 주장한다. 성폭력은 대면적 접촉을 포함하고 있는 대부분의 범죄와 동시에 발생할 수 있는 것으로 인지되는 범죄라는 것이다. 이에 따라 성폭력범죄에 대한 두려움은 다른 유형의 '범죄에 대한 두려움'을 높이는 효과를 갖는다는 것이다. Ferraro(1995, 1996)는 경험적인 분석을 통해서 강간범죄에 대한 두려움을 통제했을 때 '범죄에 대한 두려움'을 설명하는 데 있어 성의 효과는 사라진다는 점을 보여줌으로써 여성의 경우 성폭력범죄가 다른 유형의 '범죄에 대한 두려움'을 야기하는 대표범죄(master offence)로서 기능한다는 점을 제시하고 있다.

한편, Stanko(1997)는 여성의 '범죄에 대한 두려움'은 실질적으로 성폭력 피해를 당할 가능성에 대한 두려움 이외에 다른 형태의 두려움이 반영되어 있다고 주장한다. 성폭력이 발생하였을 경우 신중하지 못하였다는 자기나 주위사람들로부터의 비난에 대한 두려움 혹은 자녀에게 범죄피해가 발생한 경우 아이들을 보호하지 않는 나쁜 엄마라고 낙인찍히는 것에 대한 두려움을 반영한다는 것이다. 범죄피해가능성으로부터 유발된 두려움뿐만 아니라 이러한 유형의 두려움들이 여성의 '범죄에 대한 두려움'을 높일 수밖에 없다고 본다.

나. 여성의 성차별적 사회화경험과 전통적 성역할 이데올로기의 수용

범죄학 내에서 여성의 '범죄에 대한 두려움'의 원인을 신체적·사회심리적 취약성에서 찾는 연구자들과는 달리 여성의 주관적 취약성의 원인을 범죄가 발생하고, '범죄에 대한 두려움'이 형성되는 좀 더 넓은 사회구조적인 맥락에서 찾는 여성주의학자들이 있다. 이들 연구자들은 여성에게 고유한 것으로 간주된 신체적·사회심리적 취약성들이 성차별적인 사회 내에서 여성의 불리한 사회적 위치를 당연한 것으로 받아들이게 하는 여성적 사회화경험과 지배적인 성역할 이데올로기를 통해서 '학습'되고 '구성'된 것이며, 이러한 학습과정과 지배적인 이데올로기의 수용을 통해 여성은 범죄에 대해 두려워할 수밖에 없다는 점을 강조한다. 이들의 주장은 여성의 취약성을 가부장제 사회라는 구조적인 틀 안에서 분석한다는 점에서 공통점을 갖지만, 여성의 취약성을 형성하는 보다 근본적인 요인으로 가정 내에서 부모로부터의 성차별적인 사회화과정에 관심을 갖는 연구와 가정, 학교, 매스 미디어 등 다양한 사회화 경로를 통해서 학습된 지배적인 성역할 이데올로기의 수용에 관심을 갖는 연구로 나누어 살펴볼 수 있다.

(1) 성차별적 사회화경험: 부모의 성차별적인 양육태도를 중심으로

여성의 '범죄에 대한 두려움'을 부모의 성차별적인 양육태도와 관련시키는 논의들은 여성주의 사회화이론에 기초하고 있다(Goodey, 1994, 1996, 1997; Sacco, 1990).[32] 여성주의 사회화이론은 여성이 성장하는 과정에서 여성성과 고정관념적인 성역할을 강조하는 사회화를 통해서 어떻게 의존성, 수동성과 사회 내에서 불평등한 지위를 당연한 것으로 받아들이도록 학습되는가를 보여준다. 이러한 논의에 기초하여 범죄학 내 여성주의자들은 여성의 '범죄에 대한 두려움'은 여성성(feminity)을 강조하는 고정관념적인 성역할사회화뿐 아니라 여성의 성적 취약성(sexual vulnerability)을 강조하는 사회화과정을 통해서 형성된다는 점을 주장한다. 또한 여성에 대한 사회화는 왜 여성이 일상생활에서 자신들의 행동을 무의식적으로 규제하거나 제한하는 방식으로 '범죄에 대한 두려움'에 반응하고 있는지를 해석할 수 있게 해준다고 주장한다.

좀더 구체적인 논의를 살펴보면, Sacco(1990)는 비행에 있어서 성차를 설명하기 위해서 발달된 권력통제이론[33]을 사용하여 범죄피해와 두려움에 있어서의 성차를 이론적으로 논의하였다.[34] 권력통제이론을 단순화시켜보면,

---

32) 범죄학 내에서도 여성의 취약성은 여성이 어린시절부터 받아온 사회화의 특성에 의해서 설명될 수 있다는 점이 제시되었다(Defronzo, 1979; Garofalo, 1979; Hindelang et al., 1978; Riger et al., 1978, 1982, 1989; Warr, 1985). 그러나 이러한 논의들은 이러한 사회화가 이루어지는 사회구조적인 맥락에 대한 이해가 부족하였다. 또한 대부분의 연구자들이 성인남녀를 대상으로 하는 대규모의 횡단적인 표본조사인 범죄피해조사의 자료를 사용하여 '범죄에 대한 두려움'을 연구하였기 때문에 여성의 사회화과정에 대한 특성이 직접적이고 체계적으로 조사되기보다는 표본조사자료로부터 유추되었다(Sacco, 1990).

33) 권력통제이론은 Hagan, Gillis과 Simpson에 의해서 비행에 있어서의 성차를 설명으로, 통제이론의 전통적인 관점을 사회구조에 대한 네오맑시스트적인 분석과 가족과 성에 관한 여성주의적 분석을 결합한 것이다.

부모(주로 어머니)가 소녀에게는 소비의 영역인 집 안에서 그들의 역할을 준비하도록 하기 위해서 수동성을 장려하고, 위험감수(risk-taking)를 억제하도록 사회화한다. 반면에, 소년들에게는 그들이 성장하여 공적인 생산의 영역에 참여할 것을 예상하면서 위험감수를 장려하도록 사회화한다. 이러한 사회화과정을 통해서 형성된 태도의 차이가 비행유형에 있어서의 성차에 반영된다는 것이다. '범죄에 대한 두려움' 수준에 있어서의 성차를 설명하기 위해서 Sacco는 비행에서의 성차를 설명하기 위해서 사용되었던 위험감수와 관련된 남녀간의 상이한 사회화의 내용을 도입한다. 상식수준이나 이론적인 기대의 측면에서 위험감수를 선호하는 것은 '범죄에 대한 두려움'과 부정적으로 관련되며, 위험회피를 선호하는 것은 '범죄에 대한 두려움'과 정적으로 관련된다는 것이다. Sacco에 의하면 소녀는 어머니로부터 성적인 취약성에 대한 교훈을 주입받는데, 성적 취약성에 관한 교훈은 어떤 경우에는 사회화과정의 직접적인 요소를 구성하고 있지만, 다른 한편으로는 어머니가 딸에게 가하는 통제를 정당화하기 위해서 좀더 간접적인 방식으로 사용될 수도 있다고 한다. 한편, 그는 이와 같이 성적 취약성이 가르쳐지는 좀더 미묘한 방식에 대한 이해는 여성의 두려움에 대한 반응이 일반적인 라이프스타일의 측면과 분리될 수 없는 특성이며, 그들의 성적 취약성이 젊은 여성에 의해서 일종의 상식의 문제임을 이해하는 데 도움을 줄 수 있다고 주장한다.

Goodey(1994, 1997)는 성의 사회화(sexualization)[35]에 대한 기존의 논의를

---

34) Sacco(1990)에 의하면, 범죄피해와 두려움은 둘 다 위험감수에 관련된 가족 내 사회화에서의 성차에 의해서 설명될 수 있기 때문에 범죄피해와 두려움 간의 관계는 허위관계일 수 있다.

35) 성의 사회화는 성과 관련된 태도나 인식, 행동, 규범 등의 문화를 습득해가는 과정을 말한다(장필화·조형, 1992). 즉 사회에서 남성으로서 혹은 여성으로서의 성적인 존재방식을 학습하는 과정을 말한다. 한편, 성역할사회화는 젠더의 학습 즉, 남성다움과 여성다움의 문화적 규범을 포함하여 그 사회에서 남성과 여성에게 부여된 태도, 기대, 행동, 가치들을 학습하는 과정으로 성역할사회화와 성의 사회화는 개념적으로는 분리되지만 경험적으로는 서로 맞물려 있는

통해서 청소년기는 가족과 친구들이 여성에게 잠재적인 성적 위험의 가능성을 인식하도록 가르침으로써 '범죄에 대한 두려움'이 성적으로 주조되는 시기라고 주장한다. 즉, 청소년기는 생물학적·심리적인 변화와 함께 그들이 광범위한 사회화(부모, 학교, 매스 미디어 등)의 영향을 통해서 남성-성적인 공격자 혹은 가해자/여성-성적 피해자라는 성별화된 성역할에 대한 학습을 통해서 여성은 범죄피해 특히, 성적인 피해에 취약하다고 인식하게 되고 따라서 범죄에 대해 두려워하게 된다는 것이다.[36]

부모의 차별적인 양육태도와 여성의 '범죄에 대한 두려움' 간의 관계에 대한 경험적인 연구는 Burt와 Estep(1981)에 의해서 처음으로 이루어졌다. 그들은 대학생을 대상으로 하여 어린시절에 느꼈던 두려움과 부모로부터 받은 주의(warning)를 회상하도록 함으로써 차별적인 사회화의 내용과 '범죄에 대한 두려움'이 어떠한 관계를 갖는가를 살펴보았다. 그 조사결과에 따르면, 아동기에는 어린아이들이 느끼는 두려움과 부모가 어린아이에게 주는 주의의 내용에 있어서 성적인 내용을 발견하기 어렵고, 소년과 소녀에게 주는 주의의 내용에 있어서도 차이가 거의 없는 것으로 나타났다. 그러나 성인이 되었을 때 이러한 유형은 변화하여 여성은 부모나 주위사람들로부터 성폭력과 관련된 내용의 주의를 더 많이 받게 되고, 이에 따라 자기 나이 또래의 남성이나 어린시절에 비해 성폭력에 대해 훨씬 더 두려워하게 된다는 사실을 발견하였다. 이후 Burt와 Estep의 경험적인 연구를 제외하고는 차별적인 사회화와 두려움 간의 관계가 경험적으로 검증된 연구는 거의 없는 상황이다.

과정이다(권수현, 1998:4).

36) 이러한 주장에 기초해서 Goodey는 여성의 두려움을 이해하기 위해서 아동의 두려움을 이해해할 필요성을 제기하고 있으며, 유일하게 소년의 '범죄에 대한 두려움'을 연구하고 있다.

(2) 전통적 성역할 이데올로기의 수용

앞의 논의들이 여성의 두려움을 형성하는 보다 근본적인 메커니즘으로 사회화과정 특히, 부모로부터의 사회화과정에 초점을 맞추었다면, 성역할 이데올로기의 중요성을 강조하는 논자들은 부모, 학교, 매스 미디어의 성차별적인 사회화를 통해서 형성되고 유지되는 전통적 성역할 이데올로기가 어떻게 여성의 두려움에 관련되는가에 관심을 갖고 있다. 이러한 논의를 구체적으로 살펴보면, Walklate(1997)는 여성의 '범죄에 대한 두려움'을 Brittain이 남성중심주의(musculinism)[37]라고 부른 것에 위치시킬 필요가 있다는 점을 제시한다. 즉 여성의 '범죄에 대한 두려움'을 남성과 여성의 차이를 자연스러운 것으로 만드는 이데올로기적인 신념 혹은 사회적인 기대라는 준거틀 내에 위치시킬 필요가 있다는 것이다. 이러한 남성중심주의 이데올로기는 남성과 여성 간의 차이가 마치 자연적이고 불가피한 차이인 것처럼 정당화하는데, 그러한 영역 중의 하나는 '위험(risk)'과 관련된 남성과 여성의 반응에 관한 것이다. 남성중심주의 이데올로기가 지배적인 사회에서 남성은 두려움을 표현하는 것을 주저하도록 억압받는 반면에, 여성은 두려움을 더 자주 많이 표현하도록 허용되고, 그에 따라 '범죄에 대한 두려움'에 남성과는 다른 방식으로 반응한다는 것이다.

Walklate(1997)가 남성중심주의 이데올로기가 위험과 관련된 남성과 여성 간의 차이를 만들어냄으로써 '범죄에 대한 두려움'에 차이를 낳는 데 관심을 가졌던 반면에, Madritz(1997)는 좀더 직접적으로 범죄에 관련된 지배적인 이데올로기와 여성의 '범죄에 대한 두려움'을 관련시키고 있다. 그녀는 무엇이 범죄이며, 누가 범죄를 저지를 것인가, 누가 범죄의 피해자가 되기 쉬운

---

37) 남성중심주의(masculinism)와 남성성(masculinity)은 구분되는 개념이다. 남성성(musculinty)의 문화적 표현양식은 다양하고 또 변화되어 왔으나 그것의 이데올로기 즉, 남녀간의 차이를 본질화하고, 남녀간의 분리, 그리고 공사영역에서 남성의 여성에 대한 권력과 지배를 정당화하고 자연화하는 남성중심주의적 논리는 좀처럼 변화하지 않는다는 것을 주장하기 위한 개념이다(권수현, 1998:38).

가, 범죄자와 피해자는 어떤 관계인가, 언제, 어디서 범죄가 발생할 것인가, 범죄를 통제하거나 예방하기 위한 최상의 방법이 무엇인가 등에 대한 지배적인 이데올로기가 존재하고 있고, 이러한 범죄에 관련된 지배적인 이데올로기에는 구조적인 성관계(gender relation)와 여성을 상대적으로 취약하고, 약하고, 힘이 없고, 수동적인 것으로 그리고, 남성은 강하고, 힘이 넘치고, 적극적인 것으로 그리는 고정관념적 성역할 이데올로기가 반영되어 있다고 본다. 그리고 이러한 지배적인 이데올로기의 수용이 여성이 범죄에 대해 두려워하도록 만든다는 것이다. 그녀는 여성의 '범죄에 대한 두려움'에 영향을 미치는 지배적인 이데올로기들 중에서 특히, 범죄의 주된 대상으로서 여성피해지에 관련된 이미지들이 여성이 범죄에 대해 더 두려워하도록 만든다는 점에 주목하고 있다. 여성에 대한 부모의 자녀양육태도, 아동들이 읽는 우화와 동화, 범죄사건에 대한 대화, 매스 미디어 등은 여성은 신체적·사회적으로 취약하고 따라서 범죄와 남성폭력의 대상이 쉬우며, 남성의 보호를 필요로 한다는 점을 제시한다는 것이다. 이러한 지배적인 이미지들은 여성의 취약성과 허약성을 증가시키고 객관적인 위험이 낮은 상황에서도 남성폭력에 대한 두려움을 야기한다고 주장한다.

사회 내의 지배적인 성역할 이데올로기가 여성의 '범죄에 대한 두려움'에 미치는 영향은 전통적인 성역할에 따른 가정 내 노동 분업과 자녀들의 범죄피해에 대한 두려움이라는 측면에서도 파악해 볼 수 있다. 이러한 관계를 설명하기 위해서, Mesch(2000)는 기존의 연구들이 대부분 간과하였던 이타적 두려움(altruistic fear)에 대한 관심으로부터 출발한다. 즉, '범죄에 대한 두려움'은 자기 자신에 대한 두려움(personal fear 혹은 individual fear)과 타인에 대한 두려움이라는 두 가지 차원을 가질 수 있다는 것이다. 타인에 대한 두려움은 이타적 두려움이라고 불리는데(Warr, 1992, 2000), 이타적 두려움 중에서 여성에게 핵심적인 것은 자녀의 범죄피해에 대한 두려움이라는 것을 보여준다. Mesch는 사회 내의 여러 가지 변화에도 불구하고 자녀에 대한 보호와 돌봄의 역할이 전적으로 여성에게 주어져 있다는 가족 내 전통적인 성역할 이데올로기는 지속적으로 영향력을 발휘하고 있으며, 이것이 여성의 '범죄에 대한 두려움'을 높일 수 있다고 주장한다.

위와 같은 논의들은 여성의 '범죄에 대한 두려움'은 단지 성인기의 남성폭력에 대한 피해경험의 산물만이 아니며, 그것의 기원은 성인기 이전의 경험 특히, 여성에게 적절한 의상, 행동, 라이프스타일, 섹슈얼리티와 범죄 및 위험에 대해 반응하는 방식을 정의하는 성별화되고(gendered) 성화된(sexualized) 사회화과정을 통해서 점진적으로 학습하게 된다는 점을 보여주고 있다. 이러한 논의는 앞에서 살펴본 여성적 피해경험을 강조하는 급진적 여성주의와 좌익실재론에서 전적으로 간과한 측면이다. 한편 이들의 논의는 뒤에서 살펴볼 여성이 두려움에 반응하는 방식과 그것이 갖는 함의를 이해하는데도 매우 유용하다. 여성은 두려움에 반응할 때 보통 자신들의 활동과 자유를 제한하는 방식을 취하는데, 이는 성의 사회화를 포함하는 일반적인 성역할사회화의 과정들이 이러한 방식으로 대응하도록 학습시켰기 때문인 것으로 보고 있다. 이에 대해서는 아래에서 자세히 다루도록 하겠다.

2. 남성폭력의 두려움에 대한 반응과 사회적 결과: 사회통제

범죄에 대해 두려워하는 사람일수록 그렇지 않은 사람에 비해 다양한 행동적 반응을 보일 것이라는 것이 일반적인 생각이다. 이러한 관념에 기초해서 '범죄에 대한 두려움'을 연구하는 학자들은 주로 양적인 조사방법을 통해서 '범죄에 대한 두려움'이 행동적 반응에 미치는 영향을 탐구하였다.[38] Cobb(1976)

---

38) '범죄에 대한 두려움'에 관한 연구에서 '범죄에 대한 두려움'이 행동적인 반응에 미치는 영향을 탐구하는 것과는 반대로 회피행동이나 보호행동과 같은 행동적 반응이 '범죄에 대한 두려움'에 미치는 영향에 관한 주제는 상대적으로 덜 논의되었다. 이는 '범죄에 대한 두려움'의 연구가 거의 대다수 횡단적 연구방법을

은 사람들이 환경과 상호작용할 때 사용하는 전략들을 논의하면서, 적응 (adaptation)과 대응(coping)이라는 개념을 구분한다. 적응은 개인과 환경간의 적합성을 개선하기 위해서 주체를 변화시키는 것을 말하며, 대응이란 주체를 위해서 환경을 조작하고 변화시키는 것을 말한다(Riger and Gordon, 1981:82-83에서 재인용). Gate와 Rohe(1987)는 '범죄에 대한 두려움'을 포함하여 사람들이 범죄에 대해 반응하는 양식을 구분하고 있는데, 그가 제시하고 있는 회피행동(avoidance behavior)과 보호행동(protective beha- vior)은 Cobb(1976)의 적응과 대응에 해당된다.[39] Gate와 Rohe(1987)가 제시하고 있는 회피행동과 보호행동의 구체적인 의미를 살펴보면 다음과 같다. 회피행동은 범죄피해위험이 높다고 인식되는 상황을 피하거나 그 상황으로부터 자신을 격리시킴으로써 범죄피해위험에의 노출을 감소시키는 행위를 말한다. 보호행동은 피해위험이 높은 조건이나 상황에서 범죄피해에 대한 저항을 높이기 위한 행동으로 집 안에 시건장치나 경보장치 등과 같은 보호장치를 하거나 개인이 호신술을 배우거나 호신도구(가스총 등)를 소지하고 다니는 것 등이 포함된다. 회피행동이 피해위험을 감소시키기 위해서 자신의 일상생활을 변화시키는 적응에 해당하는 것인 데 비해, 보호행동은 위험이 발생할 것 같은 상황과 환경에 직면해서 위험을 관리한다는 의미에서 대응에 해당된다고 할 수 있다.

사용하고 있으며, 이러한 방법으로는 시간의 변화에 따른 관계의 변화를 살펴볼 수 없기 때문이다(Hale, 1996). Liska와 그의 동료들(1988)은 '범죄에 대한 두려움'과 행동적인 제약 간의 상호관계를 검증하였다. 그는 범죄에 대해 두려워하는 사람들이 집 밖의 사회적 활동에 덜 참여하게 되고, 활동을 좀더 많이 변화시킨다는 의미에서 사회적 행동을 제약하며, 이러한 사회적 행동의 제약은 '범죄에 대한 두려움'을 증가시킨다고 주장한다.

39) Gate와 Rohe는 범죄 및 범죄에 대한 두려움에 반응하는 행동적 반응으로 회피행동과 보호행동 이외에도 집합적 행위(collective behavior)를 제시하고 있다. 집합적 행위는 다시 비공식적 집합적 행위와 공식적 집합적 행위로 나누어 볼 수 있다. 공식적인 집합적 행위는 범죄예방활동을 지원하는 조직이나 프로그램에 참여하는 것이다. 비공식적인 집합적 행위는 지역주민들 간의 의사소통, 상호감시, 개입을 통한 덜 구조화된 협동행동을 포함한다.

이러한 분류방식에 따른 경험적인 조사결과를 보면, '범죄에 대한 두려움'뿐 아니라 '범죄에 대한 두려움'으로 인한 행동적 반응에 있어서 남성과 여성은 다른 양상을 보이고 있다. 여성은 남성에 비해 '범죄에 대한 두려움'으로 인하여 회피행동이나 보호행동을 훨씬 더 많이 한다. 또한, 행동적 반응의 유형에 있어서도 성차를 보여 여성은 주로 신체적인 안전을 위해서 회피적 반응(예: 밤에 외출을 삼가는 것)을 보이거나 보호해줄 수 있는 남성에 의존하는 반면에, 남성은 주로 자신들의 물질적인 소유물들을 보호하기 위해서 부가적인 조치를 취하는 보호적인 반응(예: 집에서 자물쇠를 달거나 이중창문을 다는 것)을 보이는 것으로 나타난다(Riger and Gordon, 1981; Stanko, 1987). 여성은 남성과는 달리 개인적인 자유를 희생하는 방식으로 시간과 공간을 통한 이동을 제한하거나 라이프스타일을 스스로 제한함으로써 '범죄에 대한 두려움'에 반응한다. 이는 여성의 두려움에 대한 반응이 자신을 위해서 환경을 조작하고 변화시키는 대응방식보다는 자신을 변화시키는 적응방식으로 나타남을 보여준다. 또한 여성의 예방적 행동에 대한 질적 연구에 의하면, 여성은 남성과는 달리 일상적인 삶에서 지속적으로 성적 위협의 가능성을 경계하고, 의식적·무의식적으로 그들의 주위 환경을 감시한다고 한다(Pain, 1997; Painter, 1992). 이러한 결과들은 여성의 '범죄에 대한 두려움'으로 인한 행동적 반응이 일차적으로는 범죄피해위험으로부터의 노출을 감소시키기 위한 것이지만, 결과적으로는 여성의 삶에 있어 기회 및 선택의 폭을 축소시키고, 개인적인 자유를 박탈하고 있음을 보여준다.

위와 같은 결과들은 남성폭력을 주된 연구대상으로 삼고 있는 급진적 여성주의(radical feminism)에서 제시하는 사회통제이론의 맥락에서 좀더 체계적으로 해석될 수 있다. 급진적 여성주의는 성폭력 및 성폭력에 대한 위협이 남성 지배와 여성 종속이 유지되고 재생산되는 사회통제 메커니즘의 일부를 구성한다고 주장함으로써 '범죄에 대한 두려움'이 여성에게 미치는 효과를 구조적인 차원에서 분석할 수 있는 이론적인 틀을 제시해주고 있다. 급진적 여성주의자 중 여성에 대한 사회통제의 기제로서 성폭력의 문제를 처음으로 제기한 학자는 Brownmiller(1975)였다. 그녀는 성폭력 중 특히, 강간범죄에 초점을 맞추어 "남성이 정치경제적 영역을 지배하는 사회에서 강간은 여성의 남성에 대한 종속의 결과일 뿐 아니라 남성이 여성을 종속의 상태에 묶어두기 위한 수단"이라고 주장한다. Brownmiller는 강간범죄를 여성이 실제로 피해를 입었는지 아닌지에 관계없이 모든 여성에게 영향을 미치는 범죄로 간주하면서, 모든 남성이 모든 여성을 지속적으로 두려움의 상태에 있게 하기 위해서 사용하는 '의식적인 겁주기의 과정'으로 보고 있다. 같은 맥락에서 Griffin(1976:7)은 "강간에 대한 위협은 여성의 자유를 심각하게 제한하고 여성을 남성에게 의존적으로 만드는 일종의 테러리즘"이라고 규정하고 있다. 이러한 논의들은 강간에 대한 실제적인 경험뿐 아니라 강간에 대한 두려움이 한편으로는 여성의 자유를 제한하고, 다른 한편으로는 보호를 위해서 남성에게 의존하게 만듦으로써 남성지배에 근거한 사회체계를 유지하는 데 기여한다고 본다. 이러한 주장들은 여성의 남성폭력에 대한 두려움이 여성의 삶을 통제하는 중요한 사회통제수단의 하나로서 기여할 수 있음을 시사한다.

이와 같은 급진적 여성주의의 초기 사회통제이론은 강간 좀더 일반적으로는 남성폭력이 여성에 대한 사회통제의 유일한 혹은 가장 중요한 형태로 간주한다는 점,[40] '모든 남성'들이 여성을 통제하기 위한 수단으로서 '의도적'으로 성폭력에 대한 두려움을 사용하고 있다고 가정한다는 점 등 때문에 비판을 받고 있다(Monney, 2000; Pain, 1991). 그러나 모든 급진적 여성주의자들이 모든 남성이 모든 여성을 통제하기 위해서 의도적으로 성폭력에 대한 두려움을 사용하고 있다고 가정하는 것은 아니다. 예를 들어, Bogard는 남성간에 사회계급이나 인종 차이가 존재하기는 하지만, 모든 남성은 잠재적으로

---

[40] 보통 사회통제이론에서 폭력은 사회통제의 가장 원초적인 수단이고, 다른 사회통제수단이 작동하지 않을 때 최후의 수단으로 쓰이는 것으로 간주한다. 여성에 대한 사회통제수단으로서 폭력 이외에 여성의 사회경제적 지위, 정치적 무력성, 여성의 삶을 제한하는 지배적인 담론, 경제와 가부장제 이데올로기, 여성성의 담론, 재생산에 대한 통제, 가족과 복지체계 내에서의 여성의 위치 등이 제시되고 있다(Medritz, 1997).

여성을 지배하기 위한 강력한 수단으로서 폭력을 사용할 수 있다고 본다. 개별적인 남성이 그들의 파트너에 대해 물리적인 폭력을 사용하는 것을 자제하더라도 하나의 계급으로서의 남성은 낯선 사람뿐 아니라 남편과 애인에 의한 폭력에 대한 두려움 때문에 여성이 그들의 삶을 제한하는 것으로부터 이득을 얻고 있다고 본다(Edwards, 1987). 또한, 경험적인 연구결과들은 성폭력에 대한 두려움이 여성의 삶에 대한 사회통제의 메커니즘으로 작동한다는 급진적 여성주의의 사회통제이론의 기본적인 가정을 지지해주고 있다. 경험적인 결과들에 따르면, 성폭력범죄에 대한 두려움이 여성의 삶의 질뿐 아니라 남성과의 평등이라는 측면에서도 부정적인 영향을 미친다는 점을 제시하고 있다. 한 예로서 Riger와 Gordon(1981, 1989)은 양적 연구와 질적 연구를 통해 여성이 강간범죄에 대한 두려움 때문에 고립전략(isolation strategy, 예: 밤에 밖에 나가지 않는 것)과 임시방편적 전략(street savvy strategy, 예: 외출할 때 빨리 뛸 수 있도록 편한 신발을 신는 것)을 사용하고 있으며, 대체적으로 여성들이 고립전략보다는 임시방편적 전략을 더 많이 사용하고 있음을 보여준다. 고립과 같은 회피행동은 '범죄에 대한 두려움'이 여성의 시간과 공간을 통한 이동을 제한함으로써 여성의 삶에 대한 선택의 폭을 축소시키고 있음을 의미한다. 한편, 거리에서의 임시방편적 전략의 사용은 '범죄에 대한 두려움'으로 인해 대부분의 여성이 '무엇을' 할 것인가를 변화시키기보다는 그것을 '어떻게' 할 것인가를 변화시키기 위해서 시간과 노력을 들이며, 개인적인 자유가 심각하게 침해당하고 있다는 점을 보여준다. 이는 성폭력범죄에 대한 두려움이 행동에 미치는 효과는 일상생활에서의 조그만 변화에 불과하지만, 이러한 조그만 변화들이 누적되어 결과적으로는 여성의 삶의 기회와 사회적 활동을 제한한다는 점을 보여주고 있다.

성폭력에 대한 두려움이 여성이 스스로의 자유를 제한하고 남성에게 의존하도록 만드는 사회통제의 방식과는 조금 다른 맥락에서 '범죄에 대한 두려움'이 여성의 삶에 부과하는 사회통제를 여성성(feminity)이라는 성별화된 담론(Stanko, 1997)이나 성차별적인 사회 내의 고정관념적인 성역할 이데올로기가 반영되어 있는 피해자로서 여성에 대한 이미지나 성폭력범죄의 피해자에 대한 이미지를 통해서 분석하는 여성주의자들도 있다(Hanmer, 1978; Madriz, 1997; Raynold, 1974). 이들은 여성성에 대한 지배적인 담론이나 사회 내의 고정관념적인 성역할 이데올로기가 반영되어 있는 범죄, 피해, 피해자에 대한 지배적인 이미지들이 여성의 '범죄에 대한 두려움'을 야기할 뿐 아니라 어떤 장소가 여성이 있기에 안전하며, 어떤 시간, 어떤 행동, 어떤 역할들이 여성에게 적절한가 등에 관련된 사회적 규칙들과 관념들을 형성하게 된다고 주장한다. 그리고 이러한 사회적 규칙들과 관념들은 범죄피해로부터 여성을 안전하게 지키도록 해준다는 논리하에 여성에게 엄격하게 부과됨으로써 여성의 삶을 제한한다고 주장한다.

특히, Madritz(1997)는 성폭력피해자에 대한 전형적인 이미지들이 여성의 폭력범죄에 대한 두려움을 야기할 뿐만 아니라 여성의 행동과 활동을 제한하는 데 있어 중요하게 작용한다고 주장한다. 그녀는 일반인들이 성폭력범죄의 피해자에 대해 갖는 전형적인 이미지는 '순진한 피해자(the innocent victim)'와 '유책성이 있는 피해자(the culpable victim)'의 두 종류로 구분할 수 있다고 제시한다. 그리고 성폭력피해자에 대한 이러한 이분법적인 구분은 '동정 받을 만한 가치가 있는 피해자(the deserving victim)'와 '동정받을 만한 가치가 없는 피해자(the undeserving victim)'라는 개념과 등치된다고 한다. 동정 받을 만한 가치가 있는 피해자로 여겨지는 순진한 피해자에 대한 이미지는 보통 다음과 같은 것들이다. 순진한 피해자는 사회적으로 존경받는 위치에 있는 여성이며, 사회적으로 적절한 것으로 여겨지는 활동을 하고 있는 중에 성폭력피해를 당한 여성이며, 가해자에 비해 힘이 약하고, 보수적이거나 적절한 방식의 옷차림을 하고 있었으며, 전형적인 가해자로 여겨지는 '낯선 남성'에 의해서 성폭력피해를 입었으며, 심각한 상해나 경우에 따라 죽음을 야기하더라도 공격에 대해 끝까지 저항하는 여성이어야 한다는 것이다. 이러한 동정을 받을 만한 가치가 있는 성폭력피해자에 대한 이미지들은 어린시절부터 사회화를 통해서 지속적으로 교육받은 것으로, 현명한 여성은 어

56

떤 장소에 가지 않고, 어떤 방식으로 옷을 입지 않고, 나쁜 사람들과 사귀지 않는다고 믿게 하는 방식으로 엄격한 행위규칙을 확립함으로써 여성의 행위에 제한을 부과한다는 것이다. 이러한 것들은 범죄의 피해자가 되기를 원치 않는다면 '좋은 소녀(good girl)'가 되고 그들에게 부과된 규칙과 코드를 따르라고 가르친다. 이러한 방식으로 성폭력범죄의 피해자로서의 여성에 대한 이미지는 '범죄에 대한 두려움'이 여성의 삶에 부과하는 사회통제의 원동력으로서 작용하게 된다(Madriz, 1997)는 것이다.

한편, Brownmiller나 Griffin과 같은 초기의 급진적 여성주의학자들이 여성에 대한 남성폭력 중 주로 강간범죄의 사회통제적 기능에 초점을 맞춘 것과는 달리 1980년대에 들어와서는 물리력을 수반하는 명시적인 폭력 이외에 성적 괴롭힘, 음란전화, 성기노출 등과 같은 언어적·시각적·심리적 폭력과 그에 대한 두려움이 여성에 대한 사회통제기제로서 작용하고 있다는 점에 관심이 모아졌다(Edwards, 1987).[41] 여성주의학자들이 성폭력을 규정하는 가장 기본적인 원칙은 여성이 잠재적이거나 실제적인 신체적 위협으로 정의하는 남성의 행동을 성폭력으로 본다는 것이다(Pain, 1991). 이에 따라, 폭력에 대한 정의는 물리력(force)의 사용뿐 아니라 여성을 어떤 방식으로 행동하게 하거나 행동하지 못하도록 강요하거나 억압하기 위해서 사용하는 폭력에 대한 위협(threat of violence)도 포함해야 한다고 주장한다(Hanmer, 1978, Hanmer and Maynard, 1987에서 재인용).

이러한 인식에 따르면, 성폭력은 강간이나 아내 구타와 같이 신체적인 피해나 상처가 명시적이고 명확한 폭력의 형태로부터 성적괴롭힘과 같은 위협적

---

41) 1970년대 초기의 급진적 여성주의학자(Griffin, 1971 : Brownmiller, 1975 ; Clark and Lewis, 1977 ; Medea and Thopmson, 1974)는 강간에만 초점을 맞추던가 아니면 강간을 여성에 대한 성적 통제의 패러다임적 본보기로 사용하였다. 그러나 1980년대에 들어서는 강간과 같은 극단적인 형태의 성폭력뿐만 아니라 성적괴롭힘과 같이 당연시되는 여성의 일상적인 성경험에서 강제된 성과 동의된 성간의 공통점에 주목하면서 성폭력의 연구는 가부장제하의 성관계의 맥락에서 연구되기 시작하였다(권수현, 1998).

인 폭력형태를 포괄하는 개념으로 확장된다. 급진적 여성주의학자들이 이와 같이 폭력의 개념을 확장하는 것은 형법상 범죄로서 규정되어 있지만 흔하게 발생하지 않은 강간범죄와 마찬가지로 성적괴롭힘과 같은 폭력의 형태도 성차별적인 사회구조하에서 남성이 여성을 통제하기 위한 수단으로 사용한다는 점에서 기본적으로 동일하며, 서로 연결되어 있다고 보기 때문이다.

이러한 생각은 Kelly(1987)의 "성폭력의 연속성(the continuum of sexual violence)"이라는 개념에 반영되어 있다. Kelly는 가정폭력, 강간, 성폭력, 성적괴롭힘, 근친상간 등과 같은 다양한 사건들은 여성을 통제하기 위해서 남성이 사용하는 학대, 겁주기, 강제, 침해, 위협, 무력이라는 점에서 공통저이며, 각각의 성폭력의 유형들은 명확하게 분리된 분석적인 범주가 없으며 서로 연결되어 있다는 점을 보여준다. 즉, 여성이 경험하는 일상적인 학대와 범죄로서 규정된 좀 덜 일상적인 경험들이 서로 연결되어 있다는 것이다. 따라서 여성주의학자들은 물리력을 수반하지 않는 언어적·시각적·심리적 폭력도 물리적이고 강압적인 폭력과 마찬가지로 여성이 무엇을 할 수 있으며, 어디에 갈 수 있고, 누구와 갈 수 있는가를 제한함으로써 여성의 삶을 통제한다고 주장한다(Kelly, 1987; McNill, 1987; Pain, 1991, 1997; Painter, 1992; Radford, 1987; Stanko, 1987, 1990, 1995). 이는 '위협적인 성적인 행동'으로 정의되는 성적괴롭힘과 같이 사회적으로 그리고 그것을 경험한 피해자조차 심각성이 낮은 것으로 인식하는 폭력의 유형도 여성에 대한 사회통제 및 사회적 배제를 강화할 수 있다는 점을 보여준다.

이러한 논의에 따라 성적괴롭힘이 여성에게 미치는 영향에 대한 경험적인 연구가 실시되었는데, 그러한 연구들의 대다수는 직장 내에서 발생하는 성적괴롭힘이 여성에게 미치는 효과에 집중되었다(McKinnon, 1979; Wise and Stanley, 1987; 신성자, 1993; 이성은, 1996; 한정자, 2000). 직장 내의 성적괴롭힘은 남성-공적인 공간/여성-사적인 공간이라는 전통적인 성별화된 공간 분리의 개념을 공고하게 하며, 공적인 공간에서 여성이 남성과 함께 경쟁하는 것을 억제하고, 여성이 가정적인 역할 혹은 전통적인 남성-여성관계를 거부하는 것을 억제하는 기능을 한다는 점이 제시되었다. 직장 내 성적괴롭힘은 노동시장에서 여성의 부차적인 계급지위의 결과일수도 있지만, 여성의 열등한 지위를 영속화시키는 사회적 결과를 낳는다는 것이다.

최근에는 공공장소에서 발생하는 성적괴롭힘과 그것이 여성의 사회통제에 미치는 효과에 대한 관심이 높아지고 있다(Gardner, 1995; Pain, 1997; Painter, 1992). Painter(1992)는 공공장소에서의 성적괴롭힘은 홀로 공공장소에 있는 여성이 공공장소에서 자유롭지 못하거나 안전하지 못하다는 것을 지속적으로 상기시킨다는 점에서 가장 효과적인 사회통제 메커니즘의 하나라고 주장한다. 공공장소에서 발생하는 성적괴롭힘에 대한 두려움이 여성의 사회통제에 미치는 효과는 여성주의적 관점을 취하는 사회지리학자(social geographers)들에 의해서 연구되었다. 이들은 성폭력에 대한 두려움이 여성의 공공장소에 대한 사용을 제한하는 방식과 이것이 성불평등에 미치는 영향에 초점을 맞추고 있다(Pain, 1991, 1997; Valentine, 1989). 이들의 공통된 주장은 공공장소에서의 성적괴롭힘 및 성폭력에 대한 두려움은 특정 시간과 특정 상황에서 여성을 거리에서 내쫓고, 공공장소에서 여성의 활동을 제한하게 하고, 일반적으로 어떤 행위방식과 라이프스타일을 고무시킴으로써 여성을 통제하는 역할을 한다는 것이다.

구체적으로 살펴보면, Valentine(1989)은 여성이 공공장소에서 느끼는 남성폭력에 대한 두려움과 그로 인해 취하는 예방적인 행동(위험한 시간대에 위험한 공공장소를 피하는 것)은 여성의 역할과 여성이 이용하기에 적절한 것으로 표현되는 장소(가정)에 대한 전통적인 관념을 재생산시키는 가부장제의 공간적인 표현을 구성한다고 주장한다. 같은 맥락에서 Pain(1997)은 면접자료 결과를 토대로 해서 여성은 폭력범죄에 대한 두려움으로 인하여 밤에 집에 머무르는 것과 같이 폭력범죄에 대한 두려움이 여성에 대한 실질적인 통행금지의 효과를 가질 수도 있지만, 폭력범죄에 대한 두려움은 대개는 여성이 특정 공간과 영역을 제한적으로 사용하는 주도면밀한 자경의 상태(self-vigilance)와 아주 잘 발달된 대응전략을 낳는다는 점을 보여준다. 여성이 폭력범죄에 대한 두려움에 직면해서 사용하는 이러한 제한적인 행동들은 구체적으로 공공장소에서 어떤 활동을 금지하고, 독립적으로 이동하는 것을 제한하고, 적절한 옷차림과 행동이라는 비공식적인 규제에 자신을 맞추는 것 등으로 이루어져 있으며, 이는 결과적으로 여성성과 여성의 섹슈얼리티(sexuality)에 대한 전통적인 관념들을 강화하는 역할을 한다는 점을 보여준다(Pain, 1997). 한편, 그녀는 폭력범죄에 대한 두려움에 의해서 부과된 제한적인 행동들은 무력감의 형성, 자아정체감의 손상과 같은 더 깊은 정서적·심리적 효과를 야기한다고 지적한다.

이러한 논의들은 여성이 '범죄에 대한 두려움'에 대한 반응으로서 취하는 예방적 행동들을 더 넓은 사회구조적 맥락 내에서 해석하고 있다. 여성이 취하는 예방적 행동들은 범죄피해의 위험으로부터 노출을 감소시킴으로써 그들의 안전을 보호하기 위한 것이라는 논리에 의해서 가리어져왔었지만, 실질적으로는 여성의 삶의 기회와 행동을 제한함으로써 여성의 불평등한 지위를 영속화시킨다는 것이다. 즉, 여성의 '범죄에 대한 두려움'은 사회 내에서 여성의 불평등한 지위의 결과일 뿐 아니라 이러한 불평등을 영속화시키는 데 일정한 역할을 한다는 것이다.

B. 연구내용과 연구틀

Ⅰ. 연구내용

본 연구에서는 '범죄에 대한 두려움'이라는 사회적 문제가 주로 여성이 경험하는 성별화된 현상임에 주목하여, 여성의 불평등한 사회적 지위, '범죄에 대한 두려움'과 그에 대한 반응, 여성에 대한 사회통제와의 관계를 살펴보고자 한다. 기존의 범죄학에서는 여성의 '범죄에 대한 두려움'을 설명하는 데 있어 두려움을 단지 범죄나 무질서에 대한 경험이나 개인적·지역적인 특성과 관련시키고 있을 뿐 범죄나 무질서가 발생하고 개인이 점하고 있는 사회적 위치를 결정하는 사회구조에 대한 인식이 부족하였다. 그러나 최근의 논의들은 '범죄에 대한 두려움'에 있어서의 차이는 사회 내의 지위와 권력의 불평등을 나타내주는 성, 연령, 인종, 사회계급 간의 사회적 분화를 그대로 반영하고 있을 뿐 아니라(Pain, 2000; Stanko, 2000), 범죄에 대한 비공식적인 반응의 의도되지 않은 결과 중의 하나는 사회 내의 지배와 종속의 유형을 재생산하는 것이라는 점에 주목하고 있다(Pain, 1997; Smith, 1988). 이에 따라 1990년대에 들어서는 사회구조, 사회적 정체성(social identity), 권력관계 그리고 '범죄에 대한 두려움' 간의 관계에 대한 관심이 고조되고 있다(Pain, 2000). 본 연구도 이러한 논의의 맥락에서 여성의 '범죄에 대한 두려움'의 문제를 다루고자 한다. 본 연구는 여성의 사회적 위치를 결정하는 가장 기본적이고 지배적인 사회구조는 가부장제라는 전제하에 가부장제 사회에서 남성에 비해 구조적으로 취약한 여성의 사회적 지위를 범죄 및 '범죄에 대한 두려움' 그리고 그에 대한 반응의 사회적 결과의 하나인 여성에 대한 사회통제와 관련시켜 분석해보고자 한다.

가부장제라는 사회구조적 맥락이 여성의 '범죄에 대한 두려움'과 관계되는 방식은 여성주의학자들에 의해서 주로 두 가지 측면에서 제기되었다. 앞 절의 이론적 논의에서 살펴본 바와 같이, 실제적인 남성폭력피해경험을 강조하는 입장과 전통적 성역할 이데올로기와 이를 형성하는 기초가 되는 성차별적인 사회화를 강조하는 입장이 있다. 전자는 남성지배적인 사회 내에서 단지 여성이라는 이유로 다양한 삶의 영역에서 여성에게 가해지는 남성폭력에 대한 실제적인 피해경험을 중요시하고 있는 반면에, 후자는 여성과 남성 간의 구조적인 성분화가 반영되어 있는 사회 내의 지배적인 성역할 이데올로기와 이를 형성하는 주요한 계기로 성차별적인 사회화를 중요시하고 있다. '학습'의 문제와 사회 내에 만연해있는 지배적인 '이데올로기'의 중요성을 강조하는 후자의 입장은 여성이 직접적으로 남성폭력을 경험하지 않더라도 여성의 성적인 취약성을 강조하는 사회화경험과 범죄, 피해, 피해자를 둘러싼 지배적인 성역할 이데올로기들을 통해서 습득하게 된 남성폭력에 대한 지식과 관념들이 여성의 '범죄에 대한 두려움'에 영향을 미칠 수 있다는 점을 보여준다.

이러한 논의는 왜 직접적인 피해경험이 없는 여성이 범죄에 대해 두려워하며, 두려움에 대해 회피적이거나 자기규제적인 방식으로 반응하는가를 설명해줄 수 있다는 장점이 있다. 한편, 남성폭력에 대한 실제적인 피해경험을 강조하는 입장은 여성이 성차별적인 사회화과정과 지배적인 성역할 이데올로기를 통해서 두려워하는 존재로서 그들의 위치를 학습하고 남성폭력에 대해 두려워하게 되지만, 모든 여성이 남성폭력에 대해 두려워하는 것은 아니며 두려움의 수준과 그에 대한 실제적인 대응방식은 자신의 실제적인 피해경험에 기초해서 달라질 수 있다는 점을 보여준다는 장점이 있다.

이와 같이 각각의 입장은 여성의 '범죄에 대한 두려움'을 형성하는 서로 다른 계기들을 강조하고 있다. 특히, 성차별적인 사회화경험과 전통적인 성역할 이데올로기를 강조하는 입장은 개인적인 수준에서 '범죄에 대한 두려움'을 연구했던 기존연구들이 간과했던 중요한 측면을 지적하고 있다. 범죄피해위험에 관심을 가졌던 범죄학의 기존논의들과는 달리, 위험인식 및 그에 대한 반응에 관한 일반적인 논의들은 위험을 인지하고 그에 대해 감정적·행동적으로 반응하는 것은 간주관적인 문제 즉, 공유된 인지의 문제라는 점을 지적하고 있다(Dake, 1992, Walklate, 1997:38에서 재인용). 이는 '범죄에 대한 두려움'이 개인이 위치하는 사회적 맥락 내에서 문화적으로 학습된 방식을 통해서 결정되기도 한다는 점을 시사한다.

이러한 점들을 고려해볼 때, 여성의 '범죄에 대한 두려움'과 그에 대한 반응은 남성지배적인 사회 내에서 소녀들이 성차별적인 사회화과정을 통해서 학습하게 되는 여성성 및 여성의 성적인 취약성에 대한 인식과 소녀가 성인으로 성장하면서 직·간접적으로 얻게 되는 다양한 형태의 남성폭력에 대한 경험 및 지식 등과 같은 다양한 요인들이 복합적으로 작용한 결과라고 할 수 있다.

 이러한 논의를 기초로 하여 본 연구는 여성을 대상으로 한 포커스 그룹 인터뷰자료를 사용하여 여성이 일상에서 느끼는 '범죄에 대한 두려움'의 실제적인 의미와 구체적인 내용은 무엇인가 그리고 두려움에 직면해서 여성은 어떠한 방식으로 두려움에 반응하는가를 탐구하면서, 위에서 논의된 다양한 요인과 계기들이 두려움에 대한 의미와 내용을 구성하고, 두려움에 대해 반응하는 데 어떠한 방식으로 작동하는가를 분석하고자 한다. 구체적으로 질적 자료에 대한 분석부분에서는 첫째, 여성의 주된 생활영역인 집, 집 주변 동네, 거리, 대중교통시설 등에서 여성이 두려움을 느끼는 정도, 두려워하는 대상, 두려움의 내용 등을 구체적으로 살펴보고자 한다. 둘째, 여성적 두려움의 특성을 성폭력범죄에 대한 두려움, 공공장소에서 낯선 사람에 대한 두려움, 자녀의 범죄피해에 대한 두려움, 두려움의 사회화부분으로 나누어 그 구체적인 내용과 그러한 특성들을 형성하는 계기들을 살펴보기로 하겠다. 마지막으로, 여성이 '범죄에 대한 두려움'에 대처하기 위해서 그들의 주변환경이나 행동을 어떤 방식으로 조정하며, 이러한 일상생활의 실천들이 어떻게 여성에 대한 사회통제기제로서 작동하는가를 분석해 볼 것이다.

 한편, 본 연구에서는 양적 연구방법을 병행하여 여성의 '범죄에 대한 두려움'을 탐구하고자 한다. 양적 연구방법의 일차적인 목적은 여성의 '범죄에 대한 두려움' 및 그에 대한 반응의 일반적인 경향을 보여주고, 이에 영향을 미치는 요인들을 분석하는 것이다. 이는 질적 연구방법을 통해서 밝혀진 여성의 '범죄에 대한 두려움'에 영향을 미치는 다양한 요인들을 보다 수량화된 자료를 통해서 보여주고, 질적 연구결과의 일반화가능성을 탐색해 보는 작업으로서의 의미가 있다. 양적 연구방법의 두 번째 목적은 여성의 '범죄에 대한 두려움'을 설명하는 데 있어 기존의 경험적 모델이 갖는 한계점을 보여주기 위한 것이다. 이는 부분적으로 여성이라는 특수한 집단의 '범죄에 대한 두려움'을 설명하기 위해서는 기존모델이 상정하고 있는 독립변인 이외에도 사회구조 내에서 여성의 불평한 사회적 지위로부터 기인한 여성적 경험(여성적 피해경험과 성차별적인 사회화 및 전통적 성역할 이데올로기 학습)을 고려해야 할 필요성을 보여주기 위한 것이다. 기존모델에 여성적 경험을 함께 고려하는 대안적 모델의 구체적인 구성방법에 대해서는 아래에서 자세히 논의하기로 하겠다.

2. 연구틀

가. '범죄에 대한 두려움'의 원인: 기존모델과 주요 변인들

범죄학 분야에서 '범죄에 대한 두려움'을 개념화하고 설명하는 방법은 크게 두 가지 모델로 나누어 볼 수 있다.[42] 하나는 피해경험모델(victimization model)로 '범죄에 대한 두려움'이 범죄사건에 대한 직접적인 경험 및 지식에 의해서 야기되는 것으로 보는 시각이고, 다른 하나는 사회통제모델(social control model)로 '범죄에 대한 두려움'을 지역사회 주민들이 그 지역의 사회적 질서가 와해되고 있다고 인식한 결과로 보는 시각이다. 이외에도 취약성모델(vulnerability model)이 있는데, 이는 전체 인구집단을 설명하는 일반모델이라기보다는 주로 '범죄에 대한 두려움'이 하위집단 간(예: 여성과 남성, 노인과 젊은이 등)에 차이를 보이는 현상을 설명하는 모델이다. 아래에서는 이 세 모델이 제시하는 핵심개념을 중심으로 기존연구에서 '범죄에 대한 두려움'의 원인을 설명하는 방식을 구체적으로 살펴보기로 하겠다.

---

42) 이외에도 사회통제모델을 지역사회모델(community model)과 사회해체모델(social disorganization model)로 구분하는 연구(Talyor and Hale, 1986)가 있으나, 범죄학 내에서 '범죄에 대한 두려움'을 설명하는 일반적인 관점은 보통 피해경험모델과 사회통제모델로 구분한다(Lewis and Salem, 1990; Gate and Rohe, 1987; Benett, 1990). 본 연구에서도 이러한 구분을 수용하였다.

(1) 피해경험모델(victimization model): 직·간접적인 피해경험과 인지된 피해위험

(가) 직접적인 피해경험

'범죄에 대한 두려움'이 하나의 사회적 문제로서 등장하고 범죄학자들의 학문적·정책적 관심의 대상이 되었던 때는 1960년대 후반부터였다. 이 당시 범죄학자들은 '범죄에 대한 두려움'의 수준이 범죄의 실제적인 양과 일치할 것이라는 가정을 갖고 있었다(Salem and Lewis, 1988). 이에 따라 '범죄에 대한 두려움'을 개인의 직접적인 범죄피해경험이나 실제적인 범죄율(혹은 피해율)의 결과로서 보는 입장이 지배적이었다.

그러나 앞서 지적한 바와 같이 이와 같은 피해경험모델의 가정은 경험적인 연구를 통해서 일관성 있게 지지받지 못하였다. '범죄에 대한 두려움'을 직접적인 범죄피해경험에 대한 반응으로 보는 이러한 모델은 사회적인 인지과정을 단순화시키고 있으며, 이에 따라 사람들의 삶에 있어 '범죄에 대한 두려움'이라는 문제가 갖는 범위, 중요성, 복합성을 논의하는 데 제한적이라는 비판을 받고 있다(Sparks, 1992). 그리고 '범죄에 대한 두려움'은 주관적인 것이기 때문에 객관적인 피해경험과 직접적으로 비교될 수 없고, 이러한 모델에 기초한 피해경험-두려움 간의 패러독스와 사람들의 '범죄에 대한 두려움'의 비합리성에 대한 주장은 옳지 않다는 비판도 제기되고 있다(Lupton and Tolluch, 1999).

이러한 비판에 따라 이후의 논의들은 모두 직접적인 피해경험과 '범죄에 대한 두려움' 간에 발생하는 패러독스를 설명하기 위해서 다양한 요인들을 고려하여 '범죄에 대한 두려움'을 설명하기 위해서 시도하고 있다. 피해경험 모델 내에서 이러한 패러독스를 설명하기 위해서 고려한 변인들은 간접적인 피해경험, 인지된 피해위험 등이다.[43] 아래에서는 이를 좀더 자세히 살펴보

---

[43] 이와 같이 직접적인 피해경험 이외에 다른 요인들을 고려함으로써 패러독스를 해결하려는 논의 이외에도 방법론적인 세련화를 통해서 이러한 패러독스를 해결하

기로 하겠다.

(나) 간접적인 피해경험

피해경험－두려움 간의 패러독스를 해결하려는 설명방식 중의 하나는 매스 미디어나 사회적 네트워크를 통해서 얻게 되는 간접적인 피해경험을 중요한 요인으로 고려함으로써 피해경험모델을 확장하는 것이다. 이러한 입장은 자신의 직접적인 피해경험 이외에도 가까운 주위사람의 범죄피해경험, 범죄사건에 대한 개인들 간의 의사소통과 범죄에 관련된 뉴스, 영화, 드라마 등 매스 미디어를 통해서 얻게 되는 범죄에 대한 정보와 지식이 '범죄에 대한 두려움'에 영향을 미칠 수 있다는 점에 주목한다. 이러한 입장은 직접적인 피해경험을 강조하는 피해경험모델과의 비교를 위해서 간접적인 피해경험모델(indirect victimization model)이라고 불린다.

경험적인 조사결과들은 직접적으로 피해를 경험한 사람보다 피해를 당한 사람을 알고 있는 사람의 수가 훨씬 더 많다는 점을 보여준다. 이는 범죄의 피해자가 그들의 피해경험을 다른 사람들에게 이야기하기 때문에 범죄사건은 피해자뿐 아니라 가족구성원, 친척, 이웃에게도 영향을 미치는 '파급효과(riffle effect)'를 갖기 때문이다(Convington and Taylor, 1991). 가족구성원, 친구, 이웃사람들의 범죄피해경험을 알고 있는 것과 두려움 간의 관계를 연

고자 했던 학자들이 있다. 이들 학자들은 기존의 경험적인 연구들이 독립변인인 '범죄피해경험'과 종속변인인 '범죄에 대한 두려움' 모두를 제대로 측정하지 못하였으며, 이것의 결과로서 범죄피해경험과 '범죄에 대한 두려움'과의 관계가 모호하게 나타났다고 주장한다. 이에 대한 대안으로 '범죄에 대한 두려움'(fear of crime)의 개념과 범죄에 대한 위험(risk to crime)의 개념을 분리해서 측정할 것(LeGrange and Ferraro, 1989; Ferraro, 1995; Ferraro and LeGrange, 1992), '범죄에 대한 두려움'을 단일문항에 의해 측정하지 않고 범죄유형별로 측정할 것(Warr and Stafford, 1983), 독립변인인 범죄피해경험도 범죄유형별로 측정할 것, 범죄피해경험유무뿐 아니라 피해의 심각성이나 피해의 수 등 피해경험의 내적 다양성을 고려해야 할 것 등이 제시되었다(Agnew, 1985).

구한 대다수의 경험적인 조사결과들은 간접적인 피해경험이 '범죄에 대한 두려움'과 범죄를 예방하기 위해서 사용하는 전략에도 영향을 미치고 있음을 보여준다(Baumer, 1985; Garofalo, 1979; Junger, 1987; Meithe and Lee, 1984; Skogan and Maxfield, 1981; Tyler, 1984). 그러나 이러한 경험적 연구들은 다른 변인들의 영향들을 고려하지 않았기 때문에 간접적인 피해경험과 '범죄에 대한 두려움' 간의 관계는 여전히 모호한 상태로 남아있다(Maracco, 1999).

여성의 '범죄에 대한 두려움'과 관련해서 살펴보면, 타인의 피해경험은 여성의 '범죄에 대한 두려움'에 영향을 미치는 주요한 요인임을 가정할 수 있다. Skogan과 Maxfield(1981)는 강간이나 성폭력피해를 당한 사람을 알고 있다고 응답한 응답자의 수가 실제적인 발생빈도와 비교할 때 매우 높다는 사실을 발견하였다. 또한, 강간과 같이 상대적으로 드물게 발생하지만 심각한 결과를 갖는 범죄사건에 대한 정보의 중요한 소스는 다른 사람의 피해경험인 것으로 나타났다(Tyler, 1984; Warr, 1985). 이는 다른 범죄유형에 비해 여성이 피해대상이 되는 성폭력범죄가 파급효과가 더 크다는 것을 의미한다. 여성이 다른 범죄유형에 비해 성폭력범죄에 대해 더 두려워한다는 사실을 감안해보면, 여성의 두려움을 형성하는 데 있어 간접적인 피해경험은 매우 중요하게 작용할 것으로 가정할 수 있다.

범죄에 대한 다른 주요 정보원은 매스 미디어이다. 대부분의 일반인들은 직접적인 범죄피해경험을 갖고 있지 않기 때문에 신문을 읽거나 텔레비전을 통해서 범죄피해에 대해 간접적인 경험을 한다. 따라서 '범죄에 대한 두려움'을 일반화시키는 데 있어 매스 미디어의 역할은 매우 중요하다고 할 수 있다. 그러나 매스 미디어에 대한 노출과 '범죄에 대한 두려움' 간의 관계에 대한 경험적인 연구들은 일관된 결과를 제시하지 않고 있다. 이러한 혼돈스러운 결과에 대한 해석은 크게 두 가지 방향으로 나누어지는데 그중 하나는 Gerbner와 그의 동료들(1979)이 제시하는 '촉진가설(cultivation hypothesis)'이다. 이 가설은 텔레비전이 위험에 대한 인식을 고조시킨다는 것이다. 이러한 가설은 후에 약간의 수정을 거쳐서 촉진효과는 텔레비전의 범죄프로그램에서 전형적으로 그려지는 비열하고 무서운 세계와 일치하는 사회적 경험을 갖고 있는 시청자들에게 가장 잘 드러난다는 '반향'이라는 개념을 도입하였다(Hale, 1996). 다른 하나는 Sparks(1992)에 의해서 제시된 논의이다. 그는 범죄프로그램은 전형적으로 질서가 회복되고 사회정의가 승리하는 것으로 결말을 맺는 이야기 구조를 갖고 있기 때문에 범죄에 대해 두려워하는 사람들을 안심시키는 측면이 있다고 주장한다. 다른 한편으로 시청자들은 수동적이지 않으며, 오히려 시청자들의 사회적 경험이 그들이 보는 범죄프로그램을 어떻게 이용할 것인가에 영향을 미친다고 주장한다. 즉 범죄프로그램의 시청자들은 단지 수동적인 담지자들이 아니라는 것이다.

간접적인 피해경험과 관련하여 주목할 만한 조사결과 중의 하나는 지역사회의 네트워크이나 매스 미디어를 통해서 범죄피해에 관련된 정보에 노출되는 것이 직접적인 범죄피해경험의 여부보다 '범죄에 대한 두려움'을 설명하는 데 있어 설명력이 더 높은 것으로 나타났다는 점이다. 또한, 사회적 관계망과 매스 미디어를 통한 간접경험을 모두 고려하여 위험판단 및 두려움에 미치는 영향을 조사하였던 Tyler(1984)는 매스 미디어보다는 사회적 접촉을 통한 간접적인 피해경험이 위험판단 및 두려움에 더 강력한 영향을 미치고 있다는 사실을 제시하고 있다.

(나) 인지된 피해위험(perceived risk)

위에서 살펴본 간접적인 피해경험이 고려되는 좀더 일반적인 설명방식은 직접적인 피해경험뿐 아니라 다양한 소스를 통해서 얻게 되는 범죄에 대한 지식과 정보가 주관적으로 인지된 피해위험에 영향을 미치게 되고, 이것이 '범죄에 대한 두려움'을 야기할 수 있다는 것이다. 즉, 인지된 피해위험을 범죄에 대한 지식과 정보가 두려움에 미치는 영향을 매개하는 변인으로 고려한다.44) 따라서 이후의 논의는 '범죄에 대한 두려움'은 주로 주관적으로 인

---

44) 인지된 피해위험과 범죄에 대한 두려움 두 개념 간의 관계에 대한 자세한 설명

지된 피해위험에 의해서 결정되는 것으로 인식하였으며, 객관적인 피해경험 이외에도 주관적으로 인지된 피해위험에 영향을 미치는 요인들을 밝혀내고자 하였다. 이러한 요인들로 고려한 변인들은 다른 사람의 피해경험에 대한 간접적인 피해경험, 매스 미디어를 통한 범죄나 피해에 대한 간접적인 경험과 정보, 그리고 이후의 사회통제모델에서 제시한 무질서를 나타내는 상징적인 단서들이었다.

이에 대한 가장 포괄적인 연구는 Ferraro(1995)에 의해서 수행되었다. 그는 상징적 상호작용론의 입장에서 사람들이 피해위험을 어떻게 해석하느냐에 따라 '범죄에 대한 두려움'의 수준이 달라진다는 점을 강조한다. 이러한 의미에서 그의 모델은 위험해석모델(risk interpretation model)이라고 불린다. 위험해석모델은 직접적인 피해경험, 중요한 타자와의 상호작용을 통한 간접적인 피해경험, 매스 미디어, 지역사회 내에서 무질서 혹은 사회통제력의 약화를 나타내는 상징적인 단서 등에 의해서 자신의 피해위험이 인지되고, 자신의 피해위험이 높다고 인지하는 사람일수록 '범죄에 대한 두려움'이 높아지는 것으로 설명한다.

(1) 사회통제모델(social control model): 사회적·물리적 무질서

'범죄에 대한 두려움'은 직·간접적인 피해경험뿐 아니라 범죄를 유발하는 것으로 기대되는 특정한 환경적 조건과 상황을 위험한 것으로 인식함으로써 유발될 수 있다. 이와 같은 인식은 사회통제모델로부터 제시되었다. 사회통제모델은 시카고학파의 사회해체론에 기원을 두고 있다.[45] 초기 연구자들은

은 Ⅲ. 연구방법 중 '범죄에 대한 두려움'의 측정에 관한 부분을 참조할 것.

45) 사회통제모델의 기원인 시카고학파의 사회해체론(social disorganization theory)은 지역사회의 맥락적 요인들이 '범죄에 대한 두려움'에 미치는 영향을 탐구하는데 기여하였다. 이 이론은 지역사회의 객관적인 구조적 환경조건(지역의 사회경제적 지위, 이동률(residential mobility), 지역의 인종 간·민족 간 이질성, 지역의 가족해체율과 도시화수준 등), 지역사회의 물리적·사회적 무질서(physical and social incivility) 및 사회적 유대정도와 같은 변수들에 관심을

지역사회의 객관적인 구조적 환경조건과 '범죄에 대한 두려움' 간의 관계에 관심을 갖고 있었다.46) 이들은 지역사회를 분석단위로 하여 인종적 이질성, 지역사회의 경제적 수준, 인구밀도, 가족해체율과 같은 특정지역의 객관적인 구조적 지표들이 '범죄에 대한 두려움'에 미치는 직접적인 효과를 강조하였다. 그러나 경험적인 연구결과 거시적인 수준에서 객관적인 구조적 환경특성이 '범죄에 대한 두려움'에 미치는 영향력은 매우 미미한 것으로 나타났다. 따라서 거시적인 수준의 변수들이 개인의 '범죄에 대한 두려움'이라는 정서적인 반응에 영향을 미치는 메커니즘을 구체화해야 할 필요성을 낳았다. 이에 따라 개인들이 살고 있는 지역사회의 사회적 통제가 약하되었다고 인식하거나 그들이 지역사회의 네트워크에 통합되어 있다고 인식하는 정도에 따라 '범죄에 대한 두려움'의 수준이 달라질 수 있다는 데로 연구자들의 관심이 변화되었다. 이 중 사회통제모델은 주로 지역사회의 사회적 통제가 약화되었다는 인식이 '범죄에 대한 두려움'에 미치는 효과에 관심을 갖고 있다.

갖도록 하였다.

48) 이들과는 조금 다른 맥락에서 지역사회의 환경적 조건을 고려하는 입장이 있다. 이들은 특정 지역의 건축환경의 유형이나 지형특성과 같은 순수하게 물리적 환경에 초점을 맞추고 있다. 이 입장에서는 가시성(visibility), 감시가능성(surveillance), 보호가능성(accessibility to help), 도피가능성 등(노현선, 1995:15)과 같은 물리적 환경특성(특히, 건축환경 상의 특성)들과 '범죄에 대한 두려움'과의 관계에 주된 초점을 맞추고 있다. 이러한 연구들은 Newman의 '방어공간(defensible space)'이라는 개념을 효시로 하는 상황적 범죄예방전략, 특히, 환경설계를 통한 범죄예방전략을 만들어 내기도 했다. 그러나 이러한 연구들은 특정 공간과 장소에서 작동하는 사회적 관계가 특정 환경의 물리적 특성보다 '범죄에 대한 두려움'에 더욱 중요할 수 있다는 경험적인 연구결과들이 나오면서 비판을 받고 있다(Pain, 2000). 또한, 상황적 범죄예방전략은 지역주민들 간의 상호의심과 반공동체적 정서를 낳음으로써 오히려 두려움의 수준을 더 높이고, 고립과 사회적 배제를 더욱 강화시키며, 이로 인한 불이익은 도시 생활에서 이미 주변화된 집단에게서 가장 크게 나타나게 한다는 점에서 부정적으로 평가되고 있다.

사회통제모델의 핵심적인 가정은 살고 있는 지역의 물리적·사회적 환경을 위협적인 것으로 인식하는 사람일수록 '범죄에 대한 두려움'은 높아진다는 것이다.[47] 위협적인 환경은 '무질서(incivilities: Hunter, 1978; Lewis and Salem, 1986)', '환경적 단서(Box et al, 1988)', '지역사회의 문제에 대한 인지(Gate and Rohe, 1987)', '위험에 대한 초기 신호(Stinchcombe et al, 1980)', '위험에 대한 단서(Warr, 1990)', '깨어진 창문(Wilson and Kelling, 1985)', '범죄의 신호(Skogan and Maxfield, 1981)', '무질서(disorder: Skogan, 1987, 1990)' 등 연구자들에 따라 다양한 방식으로 개념화되었는데, 무질서(incivilities 혹은 disorder)라는 개념이 가장 보편적으로 사용되고 있다.

무질서에 대한 반응이 '범죄에 대한 두려움'을 야기하는 메커니즘을 Lewis와 Salem(1986:xiv)는 다음과 같이 설명하고 있다. 그들은 무질서(incivility)를 "공통적으로 받아들여지고 있는 기준과 가치가 잠식당하고 있다는 것의 반영"으로 정의하면서, 무질서는 지역주민들에게 작동하고 있는 사회통제 메커니즘이 더 이상 효과적이지 않으며, 과거에 지역주민들의 행동을 특징지었던 가치와 기준들이 더 이상 작동하지 않는다는 점을 상징적으로 보여주는 역할을 한다고 주장한다. 그리고 이러한 상징적 혹은 실제적 위협에 둘러싸여 있다는 느낌, 지역사회의 질서가 와해되고, 응집성이 붕괴되고 있다는 느낌이 일반화된 불안감뿐 아니라 '범죄에 대한 두려움'을 야기할 수도 있음을 제시한다.

연구자들은 무질서를 두 가지 유형으로 구분하여 '범죄에 대한 두려움' 간의 관계를 검토하고 있다. 그중 하나는 물리적 무질서(physical incivility)로서 이는 관리되지 않고 방치된 집이나 쓰레기, 낙서 등의 무질서한 물리적 환경에 관한 것이다. 다른 하나는 사회적 무질서(social incivility)로서 이는 주위사람들을 배려하지 않고 아무렇게나 행동하는 이웃, 갱, 약물중독자, 술 취한 사

---

47) 사회통제모델은 지역사회에 관심을 갖고 있기는 하지만 지역사회의 특성을 개인들이 어떻게 인지하느냐에 따라 '범죄에 대한 두려움'이 달라진다고 보기 때문에 기본적인 분석단위는 지역사회가 아니라 개인이다.

람 등의 파괴적이거나 무례한 사회적 행동에 관한 것이다. 대부분의 경험적인 연구결과들은 무질서와 '범죄에 대한 두려움' 간에 정적인 상관관계가 있음을 보여준다(Box et al., 1988; Convington and Taylor, 1991; LaGrange et al., 1992; Lewis and Salem, 1986; Taylor and Hale, 1986; Taylor et al., 1985, 1986). 그리고 일부의 연구들은 이러한 두 가지 유형의 무질서 중에 사회적 무질서가 물리적 무질서보다 여성의 '범죄에 대한 두려움'을 더 잘 예측해준다는 점을 제시해주고 있다(Smith, Torstensson, and Johansson, 2001). 이는 특정 환경의 물리적 특성보다 특정 공간과 장소에서 작동하는 사회적 관계가 여성의 '범죄에 대한 두려움'에 더욱 중요할 수 있다는 점을 시사한다.

(2) 취약성모델(vulnerability model): 인지된 취약성

앞서 밝힌 바와 같이 취약성모델은 '범죄에 대한 두려움'을 설명하는 일반적인 모델이라기보다는 여성/남성, 노인/젊은이, 가난한 사람/부유한 사람 등과 같이 특정 사회집단 간의 두려움의 차이를 설명하기 위한 이론적인 개념이다. 좀더 구체적으로 살펴보면, 취약성이라는 개념은 범죄피해의 발생과 범죄피해의 결과에 대한 무방비함(openness) 혹은 민감함(susceptibility)을 나타내기 위해서 사용된다(Perloff, 1983; Sacco and Glackman, 1987; Skogan and Maxfield, 1981). Skogan과 Maxfield(1981)는 취약성이라는 개념을 다시 신체적 취약성(physical vulnerability)과 사회적 취약성(social vulnerability)으로 구분하고 있다.

신체적 취약성이란 공격에 대한 무방비함, 공격당했을 때 저항할 힘의 부족, 중요한 신체적·정서적 결과에의 노출 등을 나타내며, 사회적 취약성은 범죄피해위험에의 일상적인 노출, 의료적이고 경제적인 피해의 결과에 대응하기 위한 제한된 수단을 나타내는 개념이다. Skogan과 Maxfield는 여성과 노인을 신체적 취약성의 전형적인 지표로서 간주하며, 소수집단과 낮은 사회계층을 사회적 취약성의 일차적인 지표로서 간주한다. 이와 같이 대부분의 경험적인 연구에서는 취약성이라는 개념을 별도로 측정하지 않고, 성, 연령, 사회계급,

인종과 같은 객관적인 지표를 취약성의 대리지표로 사용하였다. 즉, 경험적인 조사결과 나타난 성이나 연령 간의 차이는 신체적 취약성 때문에 야기된 것으로, 사회계급이나 인종 간의 차이는 사회적 취약성 때문에 야기된 것으로 유추하여 해석하고 있다(Gordon et al., 1980, 1989; Killias, 1990; Riger et al., 1978, 1981; Skogan and Maxfield, 1981).

이와 같이 취약성이라는 개념은 성, 연령, 인종, 사회경제적 지위와 같은 객관적 지표를 대리지표로 사용하고, 이러한 집단 간의 차이를 설명하는 이론적인 구성물로서만 존재하였다. 그러나 객관적인 취약성의 지표보다는 주관적인 취약성 즉 범죄피해상황에서 자신의 통제력을 어떻게 인식하느냐 혹은 피해결과의 심각성을 어떻게 인식하느냐가 '범죄에 대한 두려움'과 더욱 밀접한 관련이 있다.

Killias(1990)는 사회심리학 분야와 군대라는 환경에서 취약성을 논의한 기존의 연구결과를 종합하여, 취약성이 1) 위험에의 노출가능성, 2) 통제의 상실, 즉 효과적인 방어, 방어적인 조치 혹은 도피가능성의 부족, 3) 심각한 결과의 예측이라는 세 가지 차원을 갖는다고 보며, 이러한 세 가지 차원들 간의 상호작용이 '범죄에 대한 두려움'의 수준을 높인다고 보고 있다.[48] 자신을 보호할 수 없다고 느낄수록, 다른 사람에 비해 신체적 능력이 부족하다고 느낄수록, 다른 사람에 비해 피해결과에 대처할 자원이 부족하다고 느끼는 사람일수록 범죄에 대해 더 두려워한다는 것이다. 이러한 논의는 취약성이라는 개념이 집단 간의 차이뿐 아니라 개인 간의 차이를 드러내는 요인으로 사용될 수 있다는 것을 보여준다.

한편, 인지된 취약성은 인지된 피해위험과 함께 독립변인들이 두려움에

---

48) Killias는 세 가지 차원의 취약성이 측정되는 방법에 대해 논의하고 있다. Killias가 제안한 바에 따르면 위험에의 노출은 응답자들로 하여금 피해자가 될 가능성을 평가하도록 하는 것이다. 통제의 상실은 응답자의 신체적 조건(예를 들어서 공격을 당할 때 저항하거나 도망칠 능력)을 스스로 평가하도록 하는 것이다. 마지막으로 결과의 심각성은 몇 가지 범죄유형별로 심각성을 평가하게 하거나 범죄피해에 대한 기대되는 결과에 대해 질문하는 것이다.

미치는 영향을 매개하는 매개변인으로 고려할 수 있다. 위험해석모델을 포함한 기존의 연구들은 '범죄에 대한 두려움'을 개인의 인지된 피해위험에만 관련시킴으로써 '범죄에 대한 두려움'이 전적으로 자신의 피해위험에 대한 평가 및 인식에 의해서 결정되는 것으로 이해하고 있다. 그러나 Warr(1985)는 피해위험이 동일하다고 인식하는 사람들 간에도 개인에 따라 '범죄에 대한 두려움'의 수준이 달라진다는 점을 보여주면서, 이는 개인마다 위험에 대한 민감성(sensitivity to risk)이 다르기 때문이라고 주장한다. 그리고 위에서 살펴본 바와 같이 Killias(1990)는 '범죄에 대한 두려움'은 인지된 피해위험 이외에 인지된 피해결과의 심각성 그리고 통제의 부족에 대한 인식이라는 세 차원의 상호작용을 통해서 형성된다고 주장한다. 두 사람의 논의는 '범죄에 대한 두려움'이 단지 자신의 주관적인 위험평가뿐 아니라 또 다른 인지적인 측면인 인지된 취약성에 의해서도 형성될 수 있음을 보여준다. 이러한 요인은 자신이 범죄피해에 취약하다고 인식하는 사람일수록 '범죄에 대한 두려움'은 높아질 것이라는 점을 가정할 수 있게 해준다.

살펴본 바와 같이 '범죄에 대한 두려움'에 대한 원인을 설명하는 피해경험모델, 사회통제모델, 취약성모델 각각은 '범죄에 대한 두려움'을 설명할 수 있는 중요한 요인들을 제시해 주고 있다. 피해경험모델은 범죄에 대한 노출이 직접적이든 간접적이든 간에 '범죄에 대한 두려움'은 범죄피해경험과 인지된 피해위험에 의해서 설명될 수 있다는 점을 제시해주고 있다. 사회통제모델에서는 '범죄에 대한 두려움'은 단지 범죄에 대한 반응일 뿐 아니라 범죄와 밀접한 관련을 맺고 있는 '무질서'에 대한 반응일 수 있다는 점을 보여주었다. 피해경험모델이 개인적인 특성을 강조하는 것과는 달리 사회통제모델은 지역사회 내의 물리적·사회적 환경과 같은 지역적인 특성에 초점을 맞춤으로써 '범죄에 대한 두려움'을 지역사회수준에서 이해하는 데 기여하였다. 마지막으로 취약성모델은 개인의 피해위험에 대한 평가 및 인식뿐 아니라 피해결과 및 피해에 대한 대응능력에 대한 자신의 주관적인 평가와 인식이 '범죄에 대한 두려움'에 영향을 미친다는 점을 보여준다. 이들 각 모델에서 제시하는 주요한 변인들은 직접적인 피해경험, 간접적인 피해경험(타인의 피해경험과 매스 미디어의 범죄 관련정보에의 노출), 인지된 피해위험, 지역사회의 무질서한 물리적·사회적 환경(무질서: incivility), 인지된 취약성(인지된 피해결과의 심각성, 통제의 부족) 등으로 요약할 수 있다.

나. 여성의 '범죄에 대한 두려움'의 원인: 사회구조적 맥락에 대한 고려

위에서 살펴본 기존모델들은 전체 인구의 '범죄에 대한 두려움'을 설명하기 위한 모델들이다. 따라서 본 연구의 관심의 대상인 여성의 '범죄에 대한 두려움'의 원인을 설명하는 데 있어서 기존모델들은 한계점을 갖는다. 여성의 '범죄에 대한 두려움'을 설명하기 위해서는 가부장적 지배구조하에서 남성과는 다른 사회적 지위로부터 발생하는 여성의 경험의 특수성을 반영하는 요인들을 고려해야 할 필요가 있다. 이를 위해서 본 연구는 앞서 여성과 '범죄에 대한 두려움'에 관한 이론적 논의에서 고찰하였던 가부장제 사회에서 남성폭력에 대한 피해경험, 성차별적인 사회화, 전통적인 성역할 이데올로기 등의 영향을 주요하게 고려할 것이다. 이들 요인들은 일차적으로 남녀간의 성차를 낳은 요인들 즉 왜 여성이 남성에 비해 범죄에 대해 더 두려워하는가를 설명하고 있는 요인들이지만, 여성 간의 차이를 설명하는 데 있어서도 중요한 요인이기도 하다. 아래에서는 성차를 설명하는 중요한 요인인 남성폭력에 대한 피해경험과 성차별적 사회화 및 전통적 성역할 이데올로기가 여성을 대상으로 하여 '범죄에 대한 두려움'을 설명하고자 하는 본 연구에서 어떻게 주요한 요인으로 고려될 수 있는가를 제시하기로 하겠다.

(1) 남성폭력에 대한 피해경험: 성적괴롭힘 피해경험

여성적 피해경험을 강조하는 좌익실재론과 여성주의자들은 여성이 단지 여성이라는 이유 때문에 경험하게 되는 남성폭력의 본질과 특성들을 제시하

고 있다. 가부장제 사회에서 여성의 종속적인 위치로 인해 여성은 남성폭력
의 피해자가 되기 쉬우며, 남성폭력의 가해자는 낯선 사람보다는 친밀한 사
람이거나 가족구성원인 경우가 더 많으며, 남성폭력 특히, 성폭력피해의 결
과는 매우 오랜 기간 지속되며, 심각성이 낮은 것으로 인식되는 성적괴롭힘
과 같은 피해들이 일상적이고 빈번하게 발생한다는 점 등이 여성적 피해의
특성이라고 할 수 있다. 한편, 피해경험모델에서는 범죄피해경험과 두려움
간의 관계에 대한 설명력을 높이기 위해서는 피해경험을 범죄유형별로 측정
하고, 피해의 심각성이나 피해의 수를 고려해야 한다는 점을 제시하고 있다.
이러한 주장들을 종합해보면, 피해경험의 역동성을 좀더 정확히 파악해야만
피해경험과 두려움 간의 설명력을 개선할 수 있다는 점을 알 수 있다.49) 따
라서 여성을 대상으로 하여 피해경험과 두려움 간의 관계를 분석하기 위해
서는 첫째, 성폭력과 같이 소수만이 피해자가 되는 피해유형보다는 여성이
일상적으로 경험하는 남성폭력피해인 성적괴롭힘 피해경험을 고려하고, 둘
째, 남성폭력피해경험에서 가해자와 피해자관계를 고려하며, 마지막으로 조
사준거기간을 확장하여 남성폭력피해경험을 측정해야 할 필요가 있다. 아래
에서는 이를 좀더 구체적으로 다루기로 하겠다.

　여성적 피해경험이 갖는 특성 중의 하나는 여성은 형법상 범죄로 규정되어

---

49) 피해경험모델과 여성적 피해경험을 강조하는 여성주의 학자들은 모두 피해경험
　　이 두려움을 야기한다는 자극-반응효과라는 도식을 사용하고 있다는 점에서
　　공통적이다. 여성주의자들의 논의는 여성이 경험하고 있는 실제적인 피해를 무
　　시하는 남성주의적 범죄학자들의 성중립적인 관점(gender neutral approach)과
　　방법론을 비판하고 있지만, 그들의 주장은 두려움의 존재가 객관적인 피해위험
　　에 의해서 설명될 때만이 합리적이라는 가정을 함으로써 여전히 여성의 '범죄
　　에 대한 두려움'을 합리성-비합리성 논쟁의 구도하에서 다루고 있다는 비판을
　　받고 있다(Sparks, 1992; Lupton and Tolluch, 1999). 그러나 피해경험모델에서
　　는 '범죄에 대한 두려움'을 협소하게 정의된 '범죄'피해경험과 관련시키는 반면
　　에, 여성주의자들은 남성지배적인 사회 내에서 여성의 좀더 광범위한 피해경험
　　내에서 두려움을 위치시키고 있다는 점에서 두 입장은 중요한 차이를 보이고
　　있다(Sacco, 1990).

있지 않거나 형사사법기관에서 사소한 것으로 다루고 있지만 일상생활에서 빈번하게 성적괴롭힘 피해를 경험하고 있다는 점이다. 따라서 피해경험과 두려움 간의 관계를 제대로 분석하기 위해서는 기존의 범죄피해조사가 피해경험을 측정하기 위해서 강도, 주거침입강도, 강간과 같이 형법상 규정된 전통적인 범죄피해유형만을 포함하였던 것에서 벗어나서 여성이 흔히 경험하는 성적괴롭힘 피해를 포괄하여 측정한 후 피해경험여부와 두려움 간의 관계를 분석하여야 한다. 본 연구는 여성적 피해경험, 특히 공공장소에서의 성적괴롭힘 피해경험이 여성의 '범죄에 대한 두려움'에 미치는 영향에 주목하고자 한다. 공공장소에서의 낯선 남성에 의한 성적괴롭힘은 물리력이 가해지지 않는 남성폭력이라는 이유 때문에 사소한 것으로 간주되었고 따라서 정책입안자와 법집행자들의 관심으로부터 제외되어 왔었다. 또한, 다양한 유형의 남성폭력에 관심을 가졌던 여성주의학자들도 집-사적인 곳/일터-공적인 곳이라는 이분법적인 공사개념에 의존함으로써 여성의 일상생활과 관련된 맥락에서 공공장소의 중요성을 다루지 못했다. 따라서 그들은 직장이나 학교 등에서 아는 남성에 의한 성적괴롭힘 피해에만 관심을 가졌다. 그러나 최근 몇몇 논의들은 직장뿐 아니라 공공장소에서 낯선 남성에 의한 성적괴롭힘이 범죄에 대한 인식 및 두려움에 영향을 미친다는 사실을 제시하고 있다.

한편, 공공장소에서 낯선 남성에 의한 성적괴롭힘 경험은 피해경험의 하나로서 '범죄에 대한 두려움'을 설명해주는 중요한 변인이 될 수 있을 뿐 아니라 사회통제모델의 관점에서도 여성의 '범죄에 대한 두려움'을 설명하는 매우 중요한 변인이 될 수 있다. 사회통제모델은 성적괴롭힘이라는 경험이 범죄만큼 심각한 경험은 아니지만 어떻게 '범죄에 대한 두려움'을 야기할 수 있는가를 제시해준다. 사회통제모델에서는 '범죄에 대한 두려움'이 범죄에 대한 직접적인 경험보다는 무질서를 경험함으로써 야기된다고 주장한다. 무질서는 범죄와 경험적으로 밀접하게 관련되어 있고, 따라서 무질서는 심각한 범죄피해가 발생할 가능성이 있다는 것을 보여주는 상징적인 단서가 된다는 것이다. 그리고 일반적으로 사람들은 범죄보다는 무질서를 더욱 일상적으로 자주 경험하기 때문에 범죄보다는 무질서가 두려움에 있어서 더 많은 변이를 만들어내는 것으로 상정한다(Hunter, 1978:9, La Grange et al. 1992:313에서 재인용).

특히 이 모델에 대한 경험적인 연구결과들은 '범죄에 대한 두려움'을 야기하는 데 있어 물리적 무질서보다는 사회적 무질서가 더 중요하다는 점을 보여주고 있다. 사회적 무질서란 '파괴적이거나 무례한 사회적 행동'을 의미한다. 본 연구에서 관심을 갖는 성적괴롭힘은 여성이라는 특정 성(gender)을 향해서 행해지는 무례한 사회적 행동의 일종이라 할 수 있다. 즉, 성별로 특정화된 무질서(gender specific incivility: Goodey, 1994)이다. 따라서 사회적 무질서가 두려움을 야기하며, 범죄보다 두려움에 있어서 더 많은 변이를 만들어낸다는 사회통제모델은 성적괴롭힘이 '범죄에 대한 두려움'을 야기할 수 있다는 점을 보여준다. 다만 사회통제모델은 지역주민들이 사회적 상호작용을 통해서 응집성을 형성해나가는 단위인 근린지역(neighborhood)을 기본단위로서 해서 그러한 거주지역의 사회적 환경요인으로부터 받는 얻게 되는 위험에 대한 인식과 '범죄에 대한 두려움'을 다루고 있기 때문에 여성이 경험하는 성적괴롭힘의 문제를 제대로 다루지 못했다. 그러나 성적괴롭힘은 근린지역이나 지역성이라는 지리학적 한계를 넘어서 확장되는 가부장제적인 사회관계를 기초로 하여(Painter, 1992) 다양한 상황과 장소에서 발생하는 것이다. 따라서 사회통제모델에서와 같이 인근지역이라는 제한적인 상황에서의 일반적인 사회적 무질서뿐 아니라 직장, 학교, 공공장소 등에서 광범위한 상황에서 성으로 특정화되어 있는 사회적 무질서인 성적괴롭힘이 '범죄에 대한 두려움'에 미치는 영향을 살펴볼 필요가 있다.

둘째, 여성의 피해경험은 피해경험의 유무뿐 아니라 피해자와 가해자와의 관계를 중요하게 고려하여 가해자의 유형에 따라 피해경험과 두려움 간의 관계에 유의미한 차이가 있는가를 살펴볼 필요가 있다. 일부의 연구자들은 친밀한 관계에서 발생하는 폭력 및 성폭력에 관심을 기울이면서 이러한 유형의 폭력에 대한 경험이 여성의 낯선 사람에 대한 두려움과 '범죄에 대한 두려움'에까지 영향을 미친다고 주장한다(Smith, 1988; Stanko, 1985). 친밀한 관계에 있는 사람에 의한 신체적 폭력 및 성폭력피해경험은 피해여성이 평소에 믿었던 사람들에게, 안전하다고 가정되는 집에서 발생하여 피해자들의 안전에 대한 평소의 기대와 믿음을 깨뜨리기 때문에 낯선 사람에 의한 피해에 비해 주위 세계에 대한 불안감과 두려움을 더 많이 유발하고 사람을 판단하는 능력에 대한 확신감을 감소시킨다는 것이다(Schepple and Bart, 1983). 한편, Agnew(1985)는 피해자가 피해의 영향을 중화시키기 위해서 사용하는 중화기제(neutralization mechanism)에 대해 논의하면서, 피해자가 중화기제를 사용하기 어려운 피해의 특성 중 하나로 안전한 것으로 가정된 사람들에게 피해를 당하는 상황을 지적하고 있다. 이러한 논의들은 친밀한 사람에 의한 신체적·성적 폭력피해경험은 낯선 사람에 의한 피해경험에 비해 안전에 대한 인식과 두려움에 더 큰 영향을 미칠 것이라는 점을 가정할 수 있게 한다.

그러나 가해자와 피해자와의 관계가 두려움에 미치는 영향에 대한 경험적인 연구결과들은 확정적이지 않다. Foa와 Riggs(1994), Scheppele과 Bart-(1983), Smith(1988) 등은 친밀한 관계에 있었던 남성 혹은 믿을 만한 사람으로 간주하고 있었던 남성으로부터 성폭력을 당한 여성이 그렇지 않은 여성에 비해 그들의 안전에 대한 평가가 급격하게 변화하며, 두려움이 더 커지는 심각한 결과를 낳는다는 사실을 보여주고 있다. 반면에 일부의 연구는 낯선 사람에 의한 성폭력이 장기간에 걸쳐 더 큰 두려움을 낳는다는 결과를 보여주기도 하고(Ellis et al., 1981), 어떤 연구는 낯선 사람과 잘 알고 지내는 사람 간의 차이는 피해 이후의 반응에 차이를 만들어내지 못한다는 점을 보여주기도 한다(Kayleen et al., 2001).

여성의 피해경험을 측정하기 위해서 고려해야 할 세 번째 요소는 피해경험을 측정하기 위해서 준거가 되는 기간의 문제이다. 성폭력피해를 경험한 여성에 대한 경험적인 연구들은 성폭력의 피해경험은 다른 범죄유형에 비해 피해자에게 미치는 신체적·정신적 피해가 매우 크고, 그 영향력이 상당히 오랜 기간 지속된다는 점을 보여주고 있다(Burt and Katz, 1985; Gordon and Riger, 1989; Madritz, 1997 ; Stanko, 1990). 이러한 연구결과들은 여성의 피해경험을 측정할 때 기존의 연구에서처럼 응답자들에게 지난 12개월간의 피해경험만을 질문하는 것은 조사시점 이전의 피해경험이 장기간에 걸쳐 '범죄에 대한 두려움'에 영향을 미칠 수 있다는 점을 고려할 수가 없다는 점을 시사한다. 따라서 여성의 피해경험은 일생동안의 피해경험으로 측정해야 할 필요가 있다.

(2) 성차별적인 사회화경험과 전통적 성역할 이데올로기

취약성모델에서는 범죄피해위험에 더 많이 노출되있다고 인식하는 사람일수록, 피해의 결과를 심각하다고 인식하는 사람일수록, 피해상황으로부터 자신을 방어할 능력이 부족하다고 인식하는 사람일수록 '범죄에 대한 두려움'이 높을 수 있다는 것을 제시하고 있다(Killias, 1990). 그러나 Hale(1996:95)은 위와 같은 취약성 인지에 있어서의 차이는 사회화과정의 결과일 수 있다는 점을 지적하고 있으며, Boers(1991:8)는 개인에 의해서 위험한 것으로 간주되는 상황은 그 개인의 사회화의 역사에 따라 다르다는 점을 지적하고 있다. 이와 같은 지적들은 '범죄에 대한 두려움'은 단지 범죄나 무질서에 대한 경험의 산물일 뿐 아니라 어린시절의 사회화과정에 의해서 점진적으로 학습될 수 있다는 중요한 사실을 지적해주고 있다.

또한, 사회화과정의 중요성이 제기되는 것은 두려움이라는 현상이 여성의 본질적인 특성이 아니라 학습된 것이며, 이는 사회화과정을 통해서 형성된 문화적으로 학습된 기대, 관념, 통념들이 '범죄에 대한 두려움'을 형성하는 데 영향을 미칠 수 있다는 점을 보여준다. 성별화된 사회에서 여성에게 주어지는 사회화의 주된 내용은 전통적으로 여성에게 기대되는 역할에 관련된 것이며, 이러한 전통적 성역할에 대한 학습은 사회 내에서 여성의 취약하고 불리한 위치를 당연한 것으로 받아들이도록 함으로써 여성 스스로가 자신을 통제하도록 만들고, 지배적인 사회구조가 유지될 수 있도록 한다. Madritz(1997)는 범죄, 범죄자, 피해자와 관련된 관념이나 이미지들은 그 사회의 가장 지배적인 성역할 이데올로기를 반영하고 있으며, 이러한 이미지와 관념들이 '범죄에 대한 두려움'을 높인다고 주장한다.

이러한 논의들을 종합해볼 때 '범죄에 대한 두려움'은 단지 범죄와 무질서에 관련된 정보와 지식 그리고 이를 기초로 해서 형성되는 주관적인 위험평가뿐 아니라 위험 및 두려움과 관련된 사회화경험과 이를 통해서 형성된 성역할 이데올로기가 미치는 영향을 종합적으로 분석해야 할 필요가 있다.

다. 대안모델의 구성

본 연구에서는 기존에 '범죄에 대한 두려움'을 설명하기 위해서 사용되었던 일반적인 모델인 '피해경험모델', '사회통제모델', 그리고, '취약성모델'로부터 '범죄에 대한 두려움'을 설명하는 데 유용한 변인들을 추출하고, 이와 함께 본 연구의 연구대상이 여성이라는 점을 고려하기 위해서 여성주의학자들의 남성폭력에 대한 개념 및 사회통제이론, 그리고 성역할사회화이론을 도입하여 여성의 '범죄에 대한 두려움'과 그에 대한 반응의 원인을 설명하는 분석틀을 구성하고자 한다. 각 이론과 모델로부터 추출한 주요 변인은 〈표 2-1〉에 제시되어 있으며, 〈그림 2-1〉은 변인들 간의 추정된 인과적 연계를 도식적으로 나타낸 것이다.

〈표 2-1〉와 〈그림 2-1〉에 제시한 바와 같이, 본 연구의 종속변인은 여성의 '폭력범죄에 대한 두려움'과 '범죄의 두려움에 대한 행동적 반응'이다. 독립변인으로는 피해경험모델로부터 직접적인 피해경험과 간접적인 피해경험을 추출하였다. 본 연구에서 간접적인 피해경험은 가족구성원, 친구 등과 같은 타인의 범죄피해경험을 함께 공유하는 것만을 다루고 있으며, 수집한 자료의 한계 때문에 매스 미디어를 통한 간접적인 범죄피해경험은 다루지 않을 것이다. 사회통제모델로부터 사회적 무질서와 물리적 무질서를 추출하였으며, 취약성모델로부터는 인지된 취약성이라는 변인을 추출하였다. 그리고 범죄의 두려움에 대한 행동적 반응에 관한 분석에서는 폭력범죄에 대한 두

려움을 다른 변인들과 마찬가지로 독립변인으로 설정한다.

한편, 기존모델들과는 달리 여성의 범죄에 대한 두려움을 사회구조적인 맥락에서 접근하기 위해서 남성폭력피해경험의 특성 및 본질과 성차별적인 사회화경험 및 전통적 성역할 이데올로기를 고려하였다. 먼저 여성적 피해경험을 고려하기 위해서 피해경험모델에서 중요한 변인으로 다루는 직접적인 피해경험을 남성폭력에 대한 직접적인 피해경험 특히, 성적괴롭힘 피해경험으로 측정하였으며, 피해경험유무뿐 아니라 피해의 정도, 가해자와 피해자의 관계 등을 고려하여 변인을 측정하였다.

성차별적인 사회화경험은 '범죄에 대한 두려움'에 있어서의 성차를 설명하는 논의들을 참조하여 고정관념적 성역할사회화와 여성의 성적 취약성에 대한 사회화로 구분하여 측정할 것이다. Goodey(1994)는 남성-성적인 공격자 혹은 가해자/여성-성적 피해자라는 성별화된 성역할에 대한 학습이 '범죄에 대한 두려움'에 영향을 미친다는 점을 제시하고 있다. Burt와 Estep(1981)은 경험적인 연구를 통해서 어린시절 피해위험에 관련된 주의(warning) 특히, 여성의 성적인 취약성에 대한 관련된 주의가 여성의 '범죄에 대한 두려움'에 영향을 미친다는 점을 보여주고 있다. 여성의 성적 취약성에 관련된 내용은 명시적이지는 않지만 주로 여성의 성폭력피해와 관련된 암시로 이루어져 있다는 점에서 그 구체적인 내용은 여성의 성폭력피해위험에 관련된 것이라고 할 수 있다.

마지막으로 전통적 성역할 이데올로기는 일반적인 여성적 특성에 대한 통념과 범죄, 피해, 피해자에 대한 통념들에 스며들어 있는 전통적 성역할기대로 나누어서 측정하고자 한다. 구체적으로 전통적 성역할 이데올로기는 여성성-남성성에 대한 고정관념적 이미지, 피해자로서 여성에 대한 통념, 성폭력피해에 대한 통념으로 구분하여 각 요인들과 여성의 '범죄에 대한 두려움'과의 관계를 살펴볼 것이다.

<표 2-1> 변인의 구성

	이론 및 모델	범주	개념	측정 및 조작적 정의
종속 변인	폭력범죄에 대한 두려움			
	폭력범죄의 두려움에 대한 행동적 반응			회피행동
				보호행동
독립 변인	피해경험모델	피해경험	직접적인 피해경험	지난 1년간 폭력범죄피해
	급진적 여성주의의 남성폭력에 대한 이론			일생동안 성폭력피해 (가해자와의 관계 고려)
				일생동안 성적괴롭힘 피해 (가해자와의 관계 고려)
	간접피해경험모델		간접적인 피해경험	간접적인 폭력피해
				간접적인 성폭력피해
	사회통제모델	인지된 무질서		물리적 무질서
				사회적 무질서
	여성주의 성역할 사회화이론	사회화 경험 (부모의 성차별적 양육태도)		고정관념적 성역할
				여성의 성적 취약성
	여성주의이론	성역할 이데올로기	성고정관념	여성성 수용 정도
			성범죄피해에 대한 통념	순결상실로서의 성범죄
			피해자로서 여성에 대한 통념	남성과 비교한 여성의 피해 위험 및 결과의 심각성
매개 변인	피해경험모델 /위험해석모델	인지된 피해위험		폭력피해의 가능성
	취약성모델	인지된 취약성		통제력의 부족
				예상되는 피해결과의 심각성

　마지막으로 본 연구에서는 인지된 피해위험과 인지된 취약성이 남성폭력에 대한 직접적인 피해경험, 간접적인 피해경험, 인지된 무질서, 성차별적인 사회화경험 및 성역할 이데올로기가 '범죄에 대한 두려움'에 미치는 영향을 매개하는 매개변인으로 고려할 것이다. Ferraro(1995)는 상징적 상호작용론을 근거로 해서 '범죄에 대한 두려움'은 한 상황을 잠재적으로 위험이 높은 것으로 판단한 것에 대한 몇 가지 반응 중의 하나로 생각하고, 사람들이 어떻게 자신의 범죄피해위험을 해석해내는가에 관심을 갖고 있다. 즉 기존의 '범죄에 대한 두

려움'을 설명하기 위해서 고려하였던 실제적인 범죄발생, 다른 사람의 범죄피해경험, 물리적·사회적 환경과 같은 요인들은 행위자가 그에 대해 어떠한 의미를 부여하느냐에 따라 다르게 인식되고, 이에 따라 '범죄에 대한 두려움'도 달라진다고 주장한다. 이러한 논의에 따라 본 연구에서도 '인지된 피해위험'을 매개변인으로 설정하였다. 한편, 어떤 상황에서 범죄피해가 발생할 가능성을 판단하고 인지하는 것 이외에도 피해에 직면해서 자신이 그 상황을 통제하기 어렵다고 인식하는 것이나 피해의 결과가 심각하다고 인식하는 것도 '범죄에 대한 두려움'에 영향을 미칠 수 있으며(Killias, 1990; Warr, 1985), 이와 같은 인식들은 사회화과정에 있어서의 차이에 의해서 달라질 수 있다는 점이 제시되고 있다(Hale, 1996). 이러한 논의에 따라 본 연구에서는 인지된 피해위험과 인지된 취약성을 매개변인으로 고려하였다.

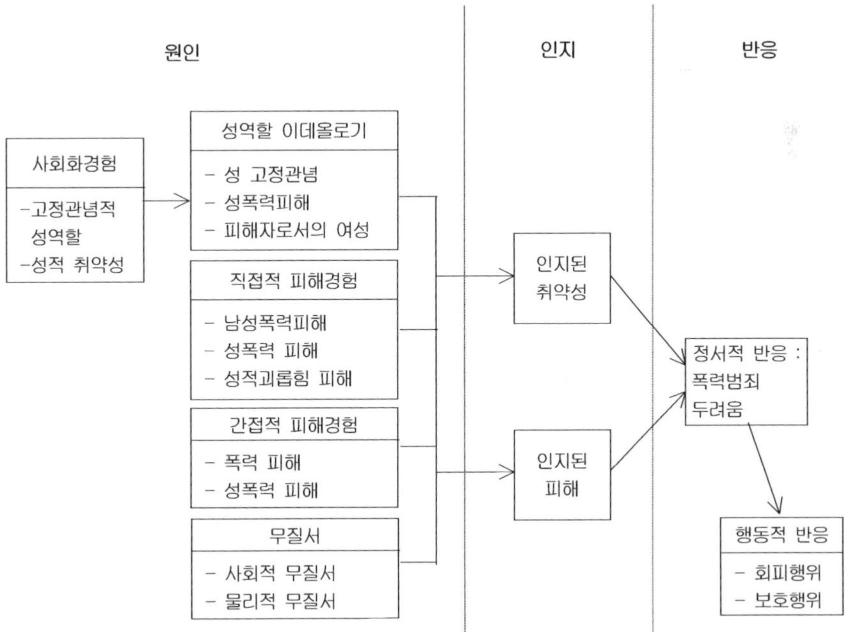

<그림 2-1> 여성의 '범죄에 대한 두려움'과 그에 대한 반응에 대한 연구모델

본 연구의 분석틀은 기존의 분석틀과 몇 가지 점에서 차별성을 갖고 있다.

첫째, '범죄에 대한 두려움'에 관한 일반모델들이 '범죄에 대한 두려움'에 영향을 미치는 독립변인으로 범죄에 대한 직·간접적인 경험과 무질서에 초점을 맞춘 것과는 달리 본 연구에서는 일상적으로 발생하는 남성의 권력남용의 한 형태인 성적괴롭힘 피해경험과 성차별적인 사회화 및 지배적인 성역할 이데올로기의 영향을 고려하였다. 이를 통해서 여성의 '범죄에 대한 두려움'과 가부장제 사회구조 및 그 사회 내에서 여성의 불평등한 사회적 지위 간의 관계를 파악하였다.

둘째, 기존연구들은 여성의 '범죄에 대한 두려움'을 형성하는 주요한 계기로 남성폭력에 대한 실제적인 피해경험이나 어린시절 부모로부터 받은 성차별적인 사회화경험을 각각 강조할 뿐 경험적인 분석틀에서 두 변수를 함께 다룬 연구는 없다. 본 연구에서는 두 변인들을 동시에 고려함으로써 두 변인들 간의 상호작용관계와 다른 변인들을 통제한 상태에서 각 변인들이 '범죄에 대한 두려움'에 미치는 상대적인 영향력을 살펴볼 수 있을 것이다.

셋째, 기존연구에서 여성주의학자들이 남성폭력에 대한 직접적인 피해경험을 측정함에 있어서 성폭력이나 가정폭력피해에 초점을 맞춘 반면에, 본 연구에서는 여성이 거리나 대중교통시설과 같은 공공장소에서 일상적으로 경험하는 남성폭력인 성적괴롭힘 피해경험을 여성의 '범죄에 대한 두려움'을 설명하는 중요한 독립변인으로 설정하였다. 이와 같이 여성의 일상적인 남성폭력피해경험을 정확하게 포착하는 것은 직접적인 피해경험과 '범죄에 대한 두려움' 간의 명확한 관계를 보여주며, 여성의 두려움의 패러독스를 이해하는 계기를 마련해줄 수 있을 것이다.

넷째, 개인의 인지, 태도, 정서를 형성하는 데 있어 사회화경험은 매우 중요하며, 위험을 인지하고 그에 대해 반응하는 것은 그 사회의 문화적 구조나 기대에 따라 달라질 수 있다는 평범한 사실에도 불구하고, 기존연구에서 성차별적인 사회화경험과 여성의 '범죄에 대한 두려움'과 그에 대한 반응과의 관계를 경험적으로 밝힌 연구는 거의 없다.[50] 한편, 기존연구에서는 성차별적인 사회화경험을 통해서 형성되는 전통적인 성역할 이데올로기가 반영되어 있는 범죄, 피해, 피해자에 대한 지배적인 통념들이 여성의 '범죄에 대한 두려움'과 그에 대한 반응에 미치는 영향을 경험적으로 분석한 연구도 거의 없다. 그러나 여성의 '범죄에 대한 두려움'을 설명하는 데 있어 성차별적인 사회화경험 및 성역할 이데올로기를 고려하는 것은 '범죄에 대한 두려움'이 개인적 피해경험에 대한 직접적인 반응일 뿐 아니라 문화적으로 학습된 결과임을 보여줌으로써 '범죄에 대한 두려움'이라는 현상에 대한 이해의 폭을 넓혀줄 수 있을 것이다. 한편, 성차별적인 사회화경험 및 전통적 성역할 이데올로기의 영향을 고려하는 것은 왜 여성이 회피적이고 자기규제적인 방식으로 '범죄에 대한 두려움'에 반응하며, 이와 같은 반응방식이 어떻게 여성의 사회통제에 기여하는가를 설명할 수 있도록 해줄 것이다.

다섯째, '범죄에 대한 두려움'이라는 현상을 폭넓게 이해하기 위해서 관련된 개념을 다차원적으로 파악하고, 각 차원들 간의 관계를 고려하였다. 먼저 본 연구에서는 '범죄에 대한 두려움'이라는 개념을 인지(perception)와는 개념적으로 구별되는 것으로 설정하고, '범죄에 대한 두려움'은 인지에 의해서 야기되는 감정적인 반응으로 이해함으로써 인지적 차원을 감정적인 차원에 선행하는 매개변인으로 설정하였다. 이를 통해서 인지적 차원인 인지된 피해위험과 인지된 취약성에 영향을 미치는 요인들을 살펴보고, 다른 한편으로는 인지된 피해위험과 인지된 취약성이 '범죄에 대한 두려움'에 미치는 영향을 살펴보았다. 한편, 기존모델에서는 '범죄에 대한 두려움'을 인지적 측면과 감정적인 측면으로 분리하기는 했지만, 지나치게 위험해석모델에 치중함으로써 '범죄에 대한 두려움'이 전적으로 피해위험에 대한 평가 및 인식에 의해서 결정되는 것으로 이해하였다. 그러나 본 연구의 분석틀에서는 자신의 피해위험에 대한 평가 및 인지가 두려움을 설명하는 가장 중요한 요인이기도 하지만, 피해위험

---

50) 경험적인 연구로는 Burt와 Estep(1981)의 연구가 있다. 이들 연구는 대학생을 대상으로 한 연구로 연구결과를 일반화하는 데 한계를 갖고 있으며, 다른 변인들을 통제한 상태에서 사회화경험의 영향을 고려하지 못했다는 한계점을 갖는다.

이 동일한 경우에도 자신의 범죄피해에 대한 취약성을 어떻게 인지하느냐에 따라 '범죄에 대한 두려움'의 수준이 달라진다는 점을 고려했다.

마지막으로 '범죄에 대한 두려움'의 행동적인 차원을 범죄에 대한 인지(인지된 피해위험과 인지된 취약성) 및 '범죄에 대한 두려움'에 의해서 영향을 받는 종속변인으로서 설정하였다.

Ⅲ. 연구방법

　본 연구에서는 여성의 '범죄에 대한 두려움'을 연구하기 위해서 양적 연구와 질적 연구를 병행해서 사용하는 방법론적 삼각화 기법(methodological triangulation techniques)[51]을 사용하였다. 양적인 연구방법은 연구대상이 되는 사회적 현상에 대한 일반적인 경향을 보여주고, 그에 영향을 미치는 요인들을 수량화된 자료를 통해 보다 명확하게 제시할 수 있다는 장점이 있다. 우리나라의 경우 여성의 '범죄에 대한 두려움'에 대한 체계적인 경험적인 연구가 전혀 없기 때문에 수량화된 자료를 통해 여성의 '범죄에 대한 두려움'에 대한 일반적인 경향과 그에 영향을 미치는 요인들을 보여주는 것은 의미 있는 작업이라 할 수 있다.

　질적 연구방법은 기존의 '범죄에 대한 두려움'의 연구가 대부분 양적인 조사방법을 사용함으로써 몇 가지 점에서 한계점을 갖기 때문에 이를 보완하고자 하는 목적에서 사용되었다. 첫째, '범죄에 대한 두려움'이라는 현상은 연구대상자들이 일상적인 삶 속에서 경험하는 매우 복잡하고 미묘한 사회심리적 현상이며, 연구대상자가 특정 대상 및 환경에 대해 부여하는 의미와 해석의 문제가 중요한 사회적 현상이다. 따라서 구조화되지 않은 자연스러운 분위기에서 연구주제에 대해 이야기함으로써 연구대상자들이 그러한 현상에 부여하는 의미를 파악하는 것이 필요하다. 둘째, '범죄에 대한 두려움'이란

---

51) 삼각화기법이란 개념은 1959년 Campbell과 Fiske(1959)가 하나의 심리학적 특성을 측정하기 위해서 두 가지 이상의 양적 방법을 사용하는 다중방법 – 다중특성 행렬의 기법을 지칭하는 개념으로부터 출발하였다. 이후 Denizin(1978)은 네 가지 상이한 유형의 삼각화기법을 소개하고 있는 데, 자료의 삼각화, 연구자 삼각화, 이론 삼각화, 방법론 삼각화가 그것이다. 본 연구의 삼각화기법은 방법론적인 삼각화로서 하나의 연구나 여러 보완적 연구 내에서 동일현상을 연구하기 위해 질적 방법과 양적 방법을 공히 사용하는 것을 말한다(염시창, 1998:40).

다차원적인 현상임에도 불구하고, 양적인 조작화 과정에서의 제한된 개념화 방식 때문에 시간적·공간적 차원에 따른 차이와 여성이 위치하고 있는 상이한 사회적 영역에 따른 두려움 및 두려움에 대한 반응에 있어서의 다양성과 차이를 고려하기 어렵다(Farrall, Bannister, Ditton and Cilchrist, 1997). 셋째, 기존의 양적인 연구에서는 '범죄에 대한 두려움'과 그로 인한 행동적 변화 간의 관계에 대한 이해가 부족하였다. 이는 부분적으로 '범죄에 대한 두려움'에 대한 양적인 연구가 대부분 횡단적인 접근방법을 사용하고 있다는 점에서 기인한다고 할 수 있다. 횡단적인 접근방법을 통해서는 시간의 변이에 따른 관계의 변화를 알기 어렵기 때문이다. 다른 한편으로는 기존의 양적 연구들이 범죄의 두려움에 대한 반응을 지난 1년간 응답자들이 취한 몇 개의 회피적·보호적 전략에 의해서 행동적인 반응을 양화하는 방법을 취했기 때문이다. 이러한 문항들은 사람들이 범죄의 두려움에 대해 반응하는 일반적인 경향을 보여주기는 하지만, 너무나 일반적이거나 보편적인 것들이어서 사람들이 두려움이라는 감정적인 스트레스를 대처하기 위해서 사용하는 다양한 방식을 포괄할 수 없었다. 특히, 여성의 경우 '범죄에 대한 두려움'에 직면해서 사용하는 다양한 전략들이 장기간에 걸친 미묘한 행동적인 적응이라는 점(Hindelang et al., 1978; Pain, 2000)을 포착하기가 어려웠다. 본 연구에서는 기존의 '범죄에 대한 두려움'에 대한 양적인 연구가 갖는 한계점을 인식하여 여성의 '범죄에 대한 두려움'에 대한 분석의 깊이와 폭을 넓히기 위한 목적에서 질적인 연구방법을 병행하여 사용하였다. 아래에서는 본 연구에서 사용한 연구방법과 절차를 보다 구체적으로 제시하기로 하겠다.

A. 질적 연구방법: 포커스 그룹 인터뷰

본 연구는 질적 연구방법 중에서 포커스 그룹 인터뷰(focus group inter-view)를 사용해서 질적인 자료를 수집하였다. 포커스 그룹 인터뷰란 면접진행자가 보통 6-8명의 면접대상자들을 한 장소에 모이게 한 후 비구조적이고 자연스러운 분위기에서 조사목적과 관련된 주제에 대해 면접함으로써 자료를 수집하는 질적 연구의 한 방법이다(Patton, 1987). 이 방법이 개별면접(individual interview)과 다른 점은 집단동학(group dynamics)을 이용하여 양질의 자료를 얻을 수 있다는 점이다. 면접자와 피면접자만의 상호작용으로 이루어지는 개별면접에 비해 포커스 그룹 인터뷰는 연구주제에 대해 소수의 피면접자들이 자연스럽게 대화하도록 함으로써 피면접자들이 대화과정에서 다른 피면접자의 이야기를 들으면서 그 주제에 관련된 새로운 생각을 떠올릴 수 있으며, 피면접자의 자연스러운 의견 및 태도 표출에 자극을 받아 다른 피면접자들도 부담 없이 의견을 표출하게 되므로 양질의 정보가 도출될 수 있다. 또한, 집단동학을 통해 연구자가 조사 이전에 고려하지 못한 주제를 드러냄으로써 자유로운 사고의 흐름을 자극하는 장점이 있다.

여성의 '범죄에 대한 두려움'이라는 본 연구의 연구주제는 조사대상자들이 밝히기 꺼려하는 민감한 주제가 아니기 때문에 특별히 개별면접을 필요로 하지 않을 뿐 아니라 포커스 그룹 인터뷰가 몇 가지 점에서 더 적절한 것으로 판단되어 자료수집방법으로 선정하였다. 먼저 여성에게 있어 '범죄에 대한 두려움'은 일상적인 삶에서 느끼는 감정이라고 할 수 있는데 다른 피면접자들과의 자연스러운 대화과정을 통해서 자신의 경험과 감정이 다른 사람들과 공유된 것임을 확인함으로써 주제에 대해 더욱 솔직하게 의견을 표출할 수 있을 것이다. 또한, 두려움에 대한 반응이 무의식적이고 자기규제적인 방식으로 표출된다는 점에서 다른 피면접자의 이야기를 들으면서 처음에 그에 관해 떠올리지 못했던 경험이나 생각들을 이끌어내도록 작용할 수 있다는 장점이 있다.

본 연구에서 포커스 그룹 인터뷰의 대상자는 20세 이상의 여성이며, 서울·경기지역의 거주자에 한정하였다. 포커스 그룹 인터뷰는 총 6회 걸쳐 실시하였으며, 30명의 여성이 참여하였다. 기존연구를 검토해보면, 여성의 경우 '범죄에 대한 두려움'에 영향을 미치는 중요한 사회인구학적 요인은 연령과 자녀유무이다. 이를 고려하기 위하여 포커스 그룹은 크게 미혼여성 그룹과 자녀를 둔 기혼여성 그룹으로 나누었다. 미혼여성 그룹은 다시 그들의 주된 생활영역과 생활양식을 고려하기 위해서 대학생 그룹, 대학원생 그룹, 직장여성 그룹으로 세분하였다. 포커스 그룹 인터뷰 대상자들의 사회인구학적 특성을 제시하고 있는 〈표 3-1〉에서 나타난 바와 같이 포커스 그룹 인터뷰 대상자들의 연령분포는 20대 초반에서 40대 중반에 집중되어 있다. 연령과 '범죄에 대한 두려움' 간의 관계를 분석하고 있는 외국의 연구들에 따르면, '범죄에 대한 두려움'에 있어서의 연령 간의 차이는 60세 미만 집단과 60세 이상 집단 간의 차이만이 유의미한 것으로 나타난다(Clemente & Kleinman, 1977; Conklin, 1975; Garofalo, 1977; Hindelang et al., 1978). 한편, 본 연구의 양적 조사자료를 분석한 결과에 따르면, 50세 미만과 50세 이상 집단 간의 차이가 유의미한 것으로 나타났다. 따라서 본 연구의 포커스 그룹 인터뷰 자료를 통해서는 여성의 연령에 따른 '범죄에 대한 두려움'과 그에 따른 사회적 결과에 있어서의 차이를 보여주기 어렵다는 한계를 갖고 있다. 그러나 본 연구의 포커스 그룹 인터뷰자료의 분석에서는 자녀의 범죄피해에 대한 두려움의 정도와 내용을 보여줌으로써 부분적으로 여성 간의 연령 차이에 따른 '범죄에 대한 두려움'의 차이를 보여줄 수 있을 것이다.

미혼여성에 대해서는 4번의 그룹 인터뷰가 실시되었으며, 자녀를 둔 기혼여성에 대해서는 2번의 그룹 인터뷰를 실시하였다. 포커스 그룹 인터뷰 그룹의 적정한 크기는 연구의 목적에 따라 달라지지만, 대부분의 포커스 그룹은 6-12명이 적당한 것으로 제시되고 있다. 본 연구에서는 2회의 포커스 그룹 인터뷰는 8-9명을 대상으로 하여 실시하였으며, 4회는 3-4명이 참여하는 소규모 포커스 그룹 인터뷰를 실시하였다. 8-9명이 참여하였던 1회의 미혼여성에 대한 그룹 인터뷰와 1회의 자녀를 둔 기혼여성에 대한 그룹 인터뷰에서는 그룹 간에는 동질적으로 구성하되, 그룹 내에서는 아파트 거주 여부, 자녀의 성별, 동네 주변환경, 자동차 사용여부 등과 같은 변수들을 고려하여 이질성이 확보되도록 하였다. 한편, 4차에 걸친 소규모 그룹 인터뷰에서는 공통의 특성과 관심을 갖는 사람들로 구성된 동질적인 샘플링이 되도록 하였다. 참여자들의 사회인구학적 특성에 관한 자료는 〈표 3-1〉과 같다.

<표 3-1> 포커스 그룹 인터뷰 대상자의 특성

구분	나이	학력	결혼 여부	직업 유무	동거 가족	자녀수	거주형태	교통수단	거주지
A-1	39	대졸	기혼	전업주부	가족	1녀 1남	아파트	지하철	강남구 대치동
A-2	36	초대졸	기혼	전업주부	가족	1녀 1남	연립	지하철	강서구 염창동
A-3	44	대졸	기혼	전업주부	가족	2녀 1남	아파트	지하철	마포구 염리동
A-4	38	대졸	기혼	전업주부	가족	1녀 1남	아프트	승용차	노원구 월계동
A-5	40	대졸	기혼	전업주부	가족	2남	단독	지하철	관악구 봉천동
A-6	36	고졸	기혼	전업주부	가족	1녀 1남	단독	지하철	성동구 금호동
A-7	37	고졸	기혼	전업주부	가족	2남	상가	승용차	중랑구 묵동
A-8	45	대졸	기혼	전업주부	가족	2녀	아파트	승용차	서초구 반포2동
A-9	38	대졸	기혼	전업주부	가족	1녀 2남	아파트	승용차	광진구 광장동
B-1	27	대졸	미혼	직장여성	단독	–	단독	지하철, 승용차	동작구 대방동
B-2	31	대졸	기혼	직장여성	가족	1남	아파트	버스	성동구 금호동
B-3	26	초대졸	미혼	직장여성	가족	–	단독	버스, 승용차	서대문구 홍은동
B-4	25	대졸	미혼	직장여성	가족	–	아파트	버스	서초구 서초동
B-5	29	고졸	미혼	직장여성	가족	–	단독	버스, 승용차	성동구 홍익동
B-6	27	대졸	미혼	직장여성	단독	–	연립	지하철	관악구 신림동
B-7	27	대졸	기혼	직장여성	가족	–	아파트	지하철	강서구 화곡동
B-8	32	고졸	기혼	직장여성	가족	1남 1녀	아파트	지하철	마포구 성산동
C-1	24	대졸	미혼	직장여성	언니1명	–	빌라	버스, 택시	영등포구 당산동
C-2	21	고졸	미혼	직장여성	가족	–	연립	지하철	관악구 신림동
C-3	28	대졸	미혼	직장여성	가족	–	아파트	지하철, 승용차	성동구 마장동
C-4	21	대졸	미혼	직장여성	단독	–	빌라	지하철, 승용차	서대문구 대현동
D-1	32	대재	미혼	야간대학생	가족	–	빌라	버스, 지하철	의정부시 가능동
D-2	26	대재	미혼	야간대학생	가족	–	빌라	버스, 지하철	은평구 역촌동
D-3	22	대재	미혼	야간대학생	가족	–	아파트	지하철	송파구 잠실동
E-1	29	대학원졸	미혼	직장여성	친구1명	–	단독	지하철	서초구 서초동
E-2	29	대학원졸	미혼	직장여성	언니1명	–	단독	지하철	은평구 신사동
E-3	29	대학원졸	미혼	무직	언니1명	–	단독	버스	마포구 아현동
F-1	44	고졸	기혼	전업주부	가족	1남 1녀	단독	버스	중구 장충동
F-2	36	고졸	기혼	전업주부	가족	2녀	단독	버스	중구 장충동
F-3	36	대학원졸	기혼	전업주부	가족	1남 1녀	아파트	버스	중구 장충동

포커스 그룹 인터뷰 참여자의 2/3는 포커스 그룹 인터뷰전문조사기관에 의뢰해 체계적인 표집방법을 통해서 구해졌고, 보완적으로 실시된 그룹 인터뷰는 눈덩이 표집과 유사한 방식을 사용하였다. 포커스 그룹 인터뷰의 참여자는 우리나라 여성의 일반적인 집단을 대표하지 않는다. 그러나 포커스 그룹 인터뷰의 목적이 텍스트를 통해서 그 결과를 일반화하고자 하는 것이 아니기 때문에 큰 문제가 되지 않을 것으로 판단하였다.

포커스 그룹 인터뷰는 미리 준비된 인터뷰 가이드라인을 갖고 실시하였다(〈부록 3〉과〈부록 4〉 참조). 인터뷰의 가이드라인은 반구조화된 방식의 질문으로 구성하였으며, 기본적으로 양적인 자료수집을 위해서 사용된 설문지의 내용과 유사하다. 연구자가 그룹 인터뷰 전에 반구조화된 질문을 준비하기는 했지만, 참여자들이 편안한 상태에서 '범죄에 대한 두려움'이라는 주제에 대해 자유롭게 이야기할 수 있도록 하였다. 그리고 인터뷰과정 중 연구자의 관심에 따라 심층적인 질문(probing question)이 던져졌다. 포커스 그룹 인터뷰는 보통 2시간에서 2시간 30분에 걸쳐 진행되었으며, 포커스 그룹 인터뷰 전에 참여자들은 모두 양적인 분석을 위해서 작성하였던 설문지에 응답하도록 하였다. 포커스 그룹 인터뷰의 자료는 녹음과 녹화의 방식을 사용해서 수집했으며, 녹음된 자료는 녹취한 후 분석에 사용하였다.

B. 양적 연구방법: 질문지법

I. 자료수집방법

본 연구의 양적 자료는 필자가 직접 참여하여 조사를 기획하고 실시한 제6차 한국의 범죄피해 조사자료의 일부를 사용하였다. 본 연구의 조사대상에 대한 구체적인 제시에 앞서 한국의 범죄피해조사의 조사대상 및 표본추출방식을 살펴보면 다음과 같다. 한국의 범죄피해조사는 제주도를 제외한 전국의 15세 이상의 남녀를 대상으로 지난 1년간의 범죄피해실태, 범죄 및 '범죄에 대한 두려움'에 대한 인식, 형사사법기관에 대한 일반인들의 태도 등을 조사할 목적으로 실시하였다.

범죄피해조사의 목표 표본수는 2,000명이며, 조사과정에서 나타날 수 있는 각종 오류와 부실응답 등을 고려하여 목표 표본수에 2.5%를 추가한 2,050명에 대하여 실제 조사를 실시하였다. 조사대상 지역은 읍·면·동을 일차 표집단위로 하여 선정하였다. 먼저 가장 최근의 센서스인 2000년의 「인구주택총조사」결과 집계된 지역별 15세 이상 인구수를 토대로 규모비례확률표집방법(PPS)을 이용하여 하나의 표집단위에서 20명을 조사할 수 있게 모두 100개로 결정하였으며, 각 지역별로 20-21명을 조사하였다. 조사대상지역이 선정된 다음에는 시도별로 센서스 인구의 분포를 감안하여 성별과 연령별로 조사 표본수를 적절하게 배분하여 실제 조사에서 성별, 연령별 분포가 전체 인구분포를 반영하도록 노력하였다. 그리고 가구를 방문하였을 때 접촉할 가능성이 큰 것으로 판단되는 학생과 주부집단에 대해서는 표본의 상한선을 정하였다. 이렇게 하여 학생(대학생 포함)은 20%를 넘지 않도록 하였고, 남자의 경우 무직자(실업자 등)가 5% 이내, 여자의 경우 가정주부 및 무직자(실업자 포함)가 35%를 넘지 않도록 하였다. 지정된 동이나 읍·면 내에서 조사할 가구는 다음과 같이 선정하였다. 동이 지정된 경우에는 지정된 동에서 먼저 통의 수를 파악한 후 가운데 통을 선정하고, 통이 선정되면 전체 반의 수를 파악한 다음 가운데 반을 조사하며 조사할 반이 결정되면 반장 집으로부터 시작하여 한 집 건너씩 조사하도록 하였다.

조사는 2003년 2월 17일부터 3월 7일까지 19일간 실시하였다. 조사원은 서울, 경기, 인천, 대전, 강원도, 충청남북도 지역의 경우에는 리서치전문기관인 리서치뱅크의 조사원 풀을 이용하였으며, 그 이외의 지역은 해당 지역에 소재한 대학교의 협조를 얻어 조사방법론에 관한 강의를 수강한 학생 가운데 선발하였다. 리서치전문기관의 경우 조사에 앞서 본 연구자가 조사원을 대상으로 질문지의 내용을 포함한 조사과정상의 유의점 등을 교육하였다. 한편, 각 지방대학의 경우 담당교수를 대상으로 질문지의 내용을 포함한 조사과정상의 유의점 등을 설명하고, 해당 담당교수가 조사원을 교육하는 방식을 취하였다. 현지조사는 면접을 원칙으로 하였으며, 조사대상자가 학력이 높고 특히 원하는 경우 자기기입식을 병행하였다.

본 연구는 위와 같은 전국자료 중 서울시, 6대 광역시 및 경기지역(읍면지역은 제외)에 거주하고 있는 20세 이상의 여성 557명에 대한 자료를 추출하여 분석대상으로 사용하였다. 본 연구의 분석에 사용된 구체적인 조사대상지역은 〈표 3-2〉와 같다. 서울, 6대 광역시, 경기지역에 할당된 표본수는 전국에서 각 지역의 인구수가 차지하는 비율을 정확하게 반영하여 그 비율에 따라 할당된 것이다. 또한 성별, 연령별 표본수도 각 지역의 성별분포, 연령별 분포52)를 고려하여 반영하였다.

---

52) 연령별분포는 각 연령대별 분포를 사용하지 않고, 각 지역의 남자와 여자의 기준 연령을 각각 산출하여 기준연령을 중심으로 5:5의 비율이 되도록 표집하였다.

<표 3-2> 표본의 선정: 지역 및 표본수

시	구·시·군	읍·면·동(N)	구·시·군	읍·면·동
서울특별시	용산구	이촌1동(20)	광진구	노유2동(21)
	동대문구	전농2동(20)	중랑구	면목7동(21)
	성북구	정능1동(20)	강북구	미아9동(21)
	도봉구	창3동(20)	노원구	중계4동(21)
	은평구	대조동(20)	서대문구	홍제4동(21)
	마포구	망원2동(20)	양천구	망원2동(20)
	강서구	가양2동(20)	구로구	개봉3동(21)
	영등포구	당산2동(20)	동작구	상도4동(21)
	관악구	봉천9동(20)	서초구	잠원동(21)
	강남구	삼성1동(20)	송파구	풍납2동(21)
	송파구	잠실본동(20)	강동구	성내1동(21)
부산광역시	동구	수정5동(20)	부산진구	부암3동(21)
	동래구	안락2동(20)	북구	금곡동(21)
	해운대구	반여2동(20)	사하구	다대2동(21)
	연제구	거제3동(20)	사상구	덕포1동(21)
대구광역시	동구	신천1.2동20)	서구	평리3동(21)
	북구	복현1동(20)	수성구	중동(21)
	달서구	이곡동(20)		
인천광역시	남구	주안3동(20)	남동구	구월4동(21)
	부평구	산곡1동(20)	계양구	계산1동(21)
	서구	가좌3동(20)		
광주광역시	서구	화정3동(21)	북구	운암2동(20)
	광산구	비아동(21)		
대전광역시	중구	대사동(20)	서구	갈마1동(21)
	서구	갈마1동(21)	대덕구	법1동(20)
울산광역시	남구	무거1동(21)		
경기도	수원시 권선구	세류2동(21)	수원시 팔달구	매탄4동(20)
	성남시 중원구	금광1동(21)	성남시 분당구	중탑동(20)
	의정부시	녹양동(21)	안양시 동안구	귀인동(20)
	부천시 원미구	상동(21)	광명시	광명4동(20)
	평택시	송북동(21)	안양시	와동(20)
	고양시 덕양구	화정2동(21)	고양시 일산구	주엽2동(20)
	시흥시	연성동(20)	하남시	신장2동(21)
	용인시	동부동(20)	안성시	안성2동(21)

본 연구에서 연구대상을 도시지역으로 한정한 것은 '범죄에 대한 두려움'이 다분히 도시적인 현상이라는 점 때문이다. '범죄에 대한 두려움'과 관련이 있는 높은 수준의 범죄율, 사회적 유대와 응집력의 약화, 이로 인한 비공식적 사회통제력의 약화 등과 같은 지역적 특성들은 농촌지역보다는 도시지역과 더 밀접한 관련이 있다. 따라서 일반적으로 볼 때 대도시에 사는 사람들이 교외나 농촌지역에 사는 사람들보다 '범죄에 대한 두려움'이 더 높다(Clemente and Kleinman, 1977; Conklin, 1971; Lawton and Yaffee, 1980). 이와 같이 도시와 농촌은 '범죄에 대한 두려움'에 있어서의 차이를 보이며 이를 경험적인 자료를 통해서 보여주는 것도 의미 있는 작업이지만, 본 연구의 목적이 도시와 농촌 간의 지역성격의 차이에 따른 두려움의 차이를 보여주고자 하는 것이 아니기 때문에 본 연구의 연구주제를 더욱 명확히 부각시키기 위해서 행정구역상 읍면지역으로 분류되는 지역은 조사대상에서 제외하였다.

한편, 조사대상을 20세 이상의 성인여성으로 한정한 것은 청소년들의 경우 학교라는 장이 삶에 있어 가장 중요한 영역이며, 따라서 그들이 느끼는 '범죄에 대한 두려움'은 성인여성과는 그 양상이 매우 달라 별도로 연구되어야 할 것으로 판단되었기 때문이다. 이와 같은 과정을 통해서 추출된 557사례를 최종적인 통계분석에 사용하였다.

2. 변인의 구성과 측정

가. 종속변인

(1) '범죄에 대한 두려움'

(가) '범죄에 대한 두려움'의 측정을 둘러싼 쟁점

어떤 주어진 현상의 발생을 기술하고, 설명하고, 예측하기 위해서는 연구의 대상이 되는 변수들이 적절하게 측정되어야만 한다. 다른 사회과학분야와 마찬가지로 '범죄에 대한 두려움'의 연구도 측정의 문제로부터 고통을 받고 있는 분야 중의 하나이다. '범죄에 대한 두려움'에 대한 연구는 1960년 이후로 연구자와 정책입안자로부터 많은 관심을 받고 있지만, 이 개념의 특성이 무엇인가 혹은 어떤 조작적 도구를 사용하여 이 개념을 측정할 것인가에 대해서는 뚜렷한 합의가 없는 실정이다. 이에 따라 다수의 경험적인 연구들이 실시되었음에도 불구하고 일관되지 않은 경험적인 결과를 낳고 있다. 또한, '범죄에 대한 두려움'의 합리성-비합리성에 관한 논쟁의 상당부분이 위험 (risk), 걱정(worry), 두려움(fear) 간의 개념구분에 실패하거나 개념의 명확함이 부족하기 때문에 나타나는 것으로 지적되고 있다.

Fatta와 Sacco(1989)는 '범죄에 대한 두려움'이라는 개념을 둘러싼 모호성을 명확하게 하기 위해서 기존의 경험적인 연구에서 '범죄에 대한 두려움'을 측정하기 위해서 사용되었던 측정치들을 인지적, 정서적, 행동적 측정치로 분류하고 있다. 이러한 분류틀은 '범죄에 대한 두려움'이 어떤 방식으로 측정되어야 하는가의 문제를 해결하는 데 도움을 줄 뿐 아니라 범죄를 둘러싼 일련의 인식과 행동들이 범죄에 대한 일관적인 의미를 형성하기 위해서 개인 내에서 어떠한 방식으로 작동되고 관련되어 있는가를 이해하는 데 도움을 줄 수 있다.

각각의 측정치에 대해 좀더 자세히 살펴보면, 인지적 측정치(cognitive measure)는 응답자에게 범죄의 피해자가 될 위험성을 판단하도록 함으로써 두려움을 측정하는 방식이다. 이러한 측정방식은 '범죄에 대한 두려움'을 측정하는 가장 일반적인 측정치로서 널리 사용되어 왔다. "당신은 당신이 살고 있는 동네에서 밤에 혼자 밖에 있을 때 얼마나 안전하다고 느끼십니까?"라는 문항(Baumer, 1985; Garofalo, 1979; Liska, Lawrence, & Sanchirico, 1982; Maxfield, 1984; Riger, Stephanie, Gordon, & Lebailly, 1978 등)과 "당신은 살고 있는 동네에서 밤에 혼자 걷고 있을 때 얼마나 안전하다고 느끼십니까?"(Baker et al., 1983; Box et al, 1988 등)라는 문항이 인지적 측정치의 대표적인 방식이다. 이와 같은 인지적 측정치는 비교될 수 있는 외적인 실체 즉 범죄율이나 피해율과 같은 객관적인 측정치를 갖고 있으며, 이를 통해서 사람들이 범죄에 대해 갖고 있는 신념의 정확성을 탐구할 수 있다(Fatta and Sacco, 1989).

그러나 이러한 인지적 측정치들은 감정적·정서적인 요소들을 갖고 있지 않기 때문에 두려움의 측정치로서는 부적당하다(Ferraro and LaGrange, 1987). 두려움은 인지된 피해위험과는 다른 기본적으로 심리적인 경험이다(Ferraro, 1995). 위험은 인지적 판단을 수반하지만, 두려움은 성격상 좀더 정서적·감정적인 것이다. 경험적인 연구결과들은 인지된 범죄피해위험과 '범죄에 대한 두려움' 간의 상관관계는 높지 않으며(Ferro and LaGrange, 1987), '범죄에 대한 두려움'은 인지된 범죄피해위험뿐만 아니라 인지된 범죄피해의 심각성(perceived seriousness)을 고려한 승법적 함수(multiplicative function)에 의해서 적절하게 설명될 수 있다는 점을 제시하고 있다(Warr and Stafford, 1983). 또한, Warr(1985)는 연구대상자의 특성(성, 연령, 거주지역 등)이 '범죄에 대한 두려움'과 인지된 범죄피해위험 간의 관계에 영향을 미치며, 따라서 인지된 범죄피해위험을 '범죄에 대한 두려움'의 측정치로서 사용하는 데 있어 내재된 측정오류를 감수하려고 하는 연구자들은 그때 발생하는 오차가 무작위적인 것이 아니라 연구대상자의 특성과 관계가 있다는 사실을 인식해야 한다는 점을 주장하고 있다.

이러한 논의들은 인지된 범죄피해위험과 '범죄에 대한 두려움'은 관련되어 있는 개념이지만 구별되는 현상이기 때문에 인지된 범죄피해위험이라는 인지적 측정치를 통해서 '범죄에 대한 두려움'을 측정하는 것이 적절하지 않다는 점을 시사한다. 또한, 인지된 범죄피해위험은 인과론적으로 볼 때 '범죄에 대한 두려움'에 선행하는 것으로 즉, '범죄에 대한 두려움'의 예측치(predictor)의 하나로서 역할을 한다는 것을 의미한다고 할 수 있다(Fatta and Sacco, 1989; Ferraro, 1995). 따라서 인지된 범죄피해위험을 '범죄에 대한 두려움'을 측정하는 대리지표로 사용하는 것은 부적절하다고 할 수 있다.

정서적 측정치(affective measure)는 "당신은 동네 근처에서 어두운 밤거리를 혼자 걸을 때 범죄피해를 당할까봐 얼마나 두려워하십니까"와 같은 문항에 의해서 측정된다. 범죄에 대한 걱정이나 특정 범죄의 피해자가 되는 것에 대한 가능성을 측정하는 인지적 측정치와는 달리 정서적 측정치는 비교할 수 있는 객관적인 외적인 실체를 갖지 않는다. 따라서 두려움이라는 감정적인 반응에 대해 합리적인지 아닌지를 판단할 수 없다.

마지막으로 행동적 측정치(behavior measure)는 사람들의 행위를 통해서 두려움을 측정하기 위한 시도이다. 예를 들어, 안전감을 느끼기 위해서 안전을 위한 조치가 어느 정도로 필요하다고 느끼는가 혹은 범죄피해의 가능성 때문에 특정지역을 피해 다니는가 등을 질문하는 방식이다(Gomme, 1986; Ollenberger, 1981; 최인섭·박순진, 1994). 그러나 Garofalo(1981)가 지적하듯이 회피행동이나 보호행동과 같은 범죄에 대한 반응은 선택 가능한 사항에 대한 고려(예를 들어, 비용)와 다른 것과 비교해서 범죄 및 안전의 문제에 부여하는 가치에 의해서 매개되기 때문에 '범죄에 대한 두려움'은 '범죄에 대한 두려움'으로 인해서 취하게 되는 행동적 반응과는 분리해서 측정해야 할 필요가 있다. 이에 대해 대부분의 연구자들은 이러한 측정치가 '범죄에 대한 두려움'의 지표라기보다는 '범죄에 대한 두려움'으로 인한 결과라는 입장을 취하고 있다(Garofalo, 1981; Gate and Rohe, 1987; Maxfield, 1987).

이상의 논의를 통해서 '범죄에 대한 두려움'의 측정치는 범죄피해위험성에 대한 판단이나 관심보다는 정서적·심리적인 상태를 반영해야 하며, 인지된 범죄피해위험이라는 인지적 측정치와 행동적 측정치는 '범죄에 대한 두려움'을 측정하는 대리지표로 사용하기에는 부적절하다는 결론을 내릴 수 있다. 그리고 인지된 범죄피해위험은 '범죄에 대한 두려움'의 예측치로서, 행동적 측정치는 '범죄에 대한 두려움'의 결과로서 종합적으로 다루어져야 할 필요성을 보여준다.

이와 같이 '범죄에 대한 두려움'을 인지, 정서, 행동 중 어느 측면에서 측정하고 개념화할 것인가의 문제와는 별도로 '범죄에 대한 두려움'을 측정하기 위해서 '범죄'라는 단어를 명시화할 것인가 그리고 일반적인 '범죄'라는 근거보다는 일반인들이 접하기 쉬운 범죄유형을 특정화하여 제시하는 문제가 중요한 쟁점이 되고 있다. 앞에서 설명한 바와 같이 기존의 연구에서 인지적 측정치가 가장 널리 사용되고 있는데, 인지적 측정치에서는 '범죄'라는 단어를 언급하지 않고 있다. 이러한 측정치에서는 범죄에 대한 근거가 암시적이기 때문에 두려움이 '어두움'이나 '낯설음'에 대한 두려움인지 아니면 '범죄에 대한 두려움'인지 명확하기 구분하기 어렵다. 또한, 응답자들이 이 측정치를 통해서 범죄를 떠올리더라도 응답자들에 따라 생각하는 범죄유형이 달라질 수 있다. 측정하고자 하는 '범죄에 대한 두려움'은 고려되어지는 범죄유형이 무엇이냐에 따라 달라질 수 있다는 연구결과(Ferraro, 1995; Warr, 1985; Warr and Stafford, 1983)를 고려해볼 때, 측정치로서 결점을 갖고 있다고 할 수 있다. 따라서 '범죄에 대한 두려움'은 특정범죄유형별로 구분하여 측정하는 것이 바람직하다. 또한 일반적으로 단일문항을 사용하는 것보다 특정 범죄유형별로 구분하여 여러 문항으로 '범죄에 대한 두려움'을 측정하는 것은 측정치의 신뢰성의 확보라는 점에서도 필요하다.

이외에도 '범죄에 대한 두려움'을 측정하는 데 있어 몇 가지 문제점이 더 지적되고 있다. 그중 하나는 여성주의 진영에서 제기되는 문제로 기존의 연구들이 '범죄에 대한 두려움'을 측정하는 데 있어 범죄가 낯선 사람에 의해서 집 밖에서 발생한다는 사실을 암묵적으로 가정하고 있다는 점이다(Stanko, 1995). 둘째, 자신에게 중요한 타자의 범죄피해에 대한 두려움 즉, 사랑하는 사람과 가족의 범죄피해에 대한 두려움은 한 개인이 느끼는 두려움의 중요한 부분을 차지하고 있으며, 경우에 따라서는 자신에 대한 두려움보다 훨씬 더 큰 두려움의 근원이 될 수 있다는 점이다(Mesch, 2000; Warr, 1992, 2000; Tolluch, 2000). 그러나 대부분의 연구들은 자신의 범죄피해에 대한 두려움에 초점을 맞춤으로써 이와 같은 점을 간과하고 있다.

(나) '범죄에 대한 두려움'의 측정

이와 같은 논의들을 종합하여 본 연구는 '범죄에 대한 두려움'을 다음과 같은 방식으로 정의하고 측정하였다. 첫째, '범죄에 대한 두려움'을 인지된 범죄피해위험과는 개념적으로 구분되는 것으로 보고, "범죄 혹은 개인이 범죄와 관련시키는 상징들에 대한 걱정이나 불안감으로부터 야기되는 정서적인 반응(Ferraro and LaGrange, 1987:71; Garofalo, 1981:840)"으로써 정의하였다. 따라서 기존의 인지적 측정치와 행동적 측정치는 '범죄에 대한 두려움'이라는 정서적인 반응과 분리하여 측정하고, 인지적 측정치는 '범죄에 대한 두려움'을 야기하는 예측치(predictor)로서, 행동적 측정치는 '범죄에 대한 두려움'의 결과로서 '범죄에 대한 두려움'의 모델 안에서 포함시켜 다루었다. 둘째, 범죄에 대한 명확한 근거를 제시하기 위해서 4가지 범죄유형별로 '범죄에 대한 두려움'을 측정하였다. 셋째, 기혼여성의 경우 자신의 범죄피해에 대한 두려움만큼 자녀의 범죄피해에 대한 두려움이 개인의 범죄피해에 대한 두려움의 중요한 측면을 구성할 것으로 판단하여 자신의 범죄피해에 대한 두려움과 자녀의 범죄피해에 대한 두려움을 구분하여 측정하였다. 구체적인 측정방식은 아래에서 자세히 다루도록 하겠다.

위에서 밝힌 바와 같이 본 연구에서는 범죄유형별로 '범죄에 대한 두려움'을 측정하였으며, 두려움이라는 것이 인지된 피해위험과는 달리 정서적·심리적인 측면을 갖는다는 점을 고려하기 위해서 "얼마나 두려워하는가"라는 표현을 사용하였다. 또한 본 연구에서 '범죄에 대한 두려움'은 폭력범죄에 대한 두려움으로 한정하였다. 대부분의 연구들은 폭력범죄에 대한 두려움과 재산범죄에 대한 두려움은 그 정도와 영향을 미치는 요인에 있어서 상이하다는 점 때문에 두 가지 유형을 구분하여 측정하고 있다. 본 연구도 이러한 논의를 따라 재산범죄와 폭력범죄에 대한 두려움을 구분하였으며, 특히, 본 연구의 주된 초점을 부각시키기 위해서 폭력범죄에 한정하여 두려움을 측정하였다. 여성이 자신의 안전에 대해 느끼는 불안감과 두려움은 신체적인 해(physical harm)와 성적인 완결성에 대한 침해와 관련되어 있으며, 성이나 섹슈얼리티에 기초해서 발생하는 폭력범죄가 가부장제라는 사회구조하에서 여성의 '범죄에 대한 두려움'에 대한 원인으로서 어떻게 작용하며, 두려움 그 자체가 여성에 대한 사회통제에 기여함으로써 기존의 사회구조를 재생산하는 수단이라는 점을 밝히고자 하는 본 연구의 관심에 적절한 것으로 판단되었기 때문이다.

구체적으로 폭력범죄에 대한 두려움은 주거침입강도, 노상강도, 낯선 사람에 의한 폭행, 낯선 사람에 의한 성폭행 등 4가지 유형의 폭력범죄에 대해 그러한 피해를 당할까봐 얼마나 두려워하는가로 측정하였다. 구체적인 문항을 열거하면 다음과 같다. "집 안에 강도가 침입하여 가족을 위협하거나 폭행하여 돈이나 물건을 빼앗아 갈까봐 두렵다", "집 밖에서 강도에게 위협이나 폭행을 당하여 돈이나 물건을 빼앗길까봐 두렵다", "낯선 사람에게 폭행을 당할까봐 두렵다", "낯선 사람에게 성폭행을 당할까봐 두렵다", 각각의 문항에 대해서는 두려움의 정도를 4점 척도로 평가하도록 하였다. '전혀 그렇지 않다'에 1점, '그렇지 않은 편이다'에 2점, '그런 편이다'에 3점, '매우 그렇다'에 4점을 부여하였다. 즉, 점수가 높아질수록 폭력범죄에 대해 두려워함을 의미한다. 그리고 4가지 항목을 합쳐서 '폭력범죄에 대한 두려움'이라는 지수(index)를 구성하였다. 이러한 지수의 적합성을 검증하기 위해서 신뢰도 검증을 한 결과 alpha값이 .85로서 상당히 신뢰할 만한 척도로 볼 수 있다.

한편, 범죄유형별로 두려움을 측정한 것 이외에 본 연구에서는 '범죄에 대한 두려움'을 자신의 '범죄에 대한 두려움'과 자녀의 '범죄에 대한 두려움'을 구분하여 측정하였다. 구체적으로 나 자신, 아들, 딸이 범죄피해를 당할까봐 얼마나 걱정하는가를 질문하였다. 걱정의 정도를 5점 척도로 평가하여 '전혀 걱정하지 않는다'에 1점, '걱정하지 않는 편이다'에 2점, '그저 그렇다'에 3점, '걱정하는 편이다'에 4점, '매우 걱정한다'에 5점을 부여하였다. 점수가 높아질수록 타인의 범죄피해에 대해 걱정한다는 것을 의미한다.

(2) 범죄의 두려움에 대한 반응: 회피행동과 보호행동

범죄의 두려움에 대한 반응은 Gate와 Rohe(1987)의 논의[53]를 참조하여

---

53) Gate와 Rohe의 구분에 대해서는 제2장 이론적 논의를 참조할 것.

회피행동과 보호행동 두 가지로 구분하였다. 회피행동은 범죄피해를 당할까 봐 다음과 같은 행동을 얼마나 자주 하는가로 측정하였다. 구체적으로 회피행동은 "어떤 곳을 피해 다니는 것", "밤에 혼자 다니기가 무서워 누군가와 같이 다니는 것", "밤에 일이 있어도 밖에 나가기가 무서워서 일을 다음으로 미루는 것", "밤에 혼자 택시를 타지 않는 것" 등 4가지 항목으로 질문하였다. 각 질문에 대해 '전혀 그렇지 않다', '가끔 그렇다', '자주 그렇다', '항상 그렇다'의 4점 척도로 측정하였다. 즉, 점수가 높아질수록 회피행동을 자주 하는 것으로 해석할 수 있다. 한편, 4문항을 합쳐서 '회피행동'이라는 지수를 구성하였다. 이러한 복합척도의 적합성을 검증하기 위해서 신뢰도 검증을 해 본 결과 alpha값이 .79로 신뢰할 만한 척도라고 할 수 있다.

보호행동은 주로 집 안에 안전장치나 방어장치를 구비해 놓았는가를 중심으로 측정하였다. 보호조치는 "밤에 잘 때 꼭 창문까지 잠그고 잔다", "현관이나 창문에 이중자물쇠를 설치하였다", "창문 밖에 쇠창살을 설치하였다", "비디오폰을 설치하였다", "관할 경찰소에 비상벨·방범전화를 연결하였다", "민간경비회사와 경비계약을 맺고 있다"라는 문항을 제시하고, 이와 같은 조치를 취한 적이 있는지 없는지를 측정하였다. 이러한 6가지 문항을 합쳐서 "보호행동"이라는 복합척도를 구성하였다.

나. 독립변인 및 매개변인

(1) 직·간접적인 폭력피해경험

본 연구에서 직접적인 폭력피해경험[54]은 성폭력범죄피해경험과 성적괴롭힘 피해경험으로 나누어 측정하였다. 성폭력범죄피해는 일생동안의 경험으로 측정하였으며, 가해자가 낯선 사람이었는지 아는 사람인지에 따라 구분하여

---

54) 주거침입강도, 노상강도, 폭행과 같은 일반적인 폭력범죄의 경우에는 피해경험이 있는 응답자의 수가 5명에 불과하여 독립변인의 측정에서 제외시켰다.

측정하였다. 일생동안의 경험으로 측정한 것은 성폭력범죄피해경험의 경우 그 피해결과가 매우 심각하며, 장기간에 걸쳐 영향을 미칠 수 있다는 점을 고려하기 위한 것이다(Ellis et al., 1981). 가해자의 유형을 구분한 것은 다른 범죄유형에 비해 성폭력범죄가 친밀한 사이에서 많이 발생한다는 사실을 고려하기 위한 것이다.

어떤 행위를 성적괴롭힘에 포함시킬 것인가에 대해서는 논자에 따라 다양하다. 성적괴롭힘에 강간이나 강제추행 등을 포함시키는 경우도 있고, 강간이나 강제추행 등을 성적괴롭힘의 범위에서 제외시키는 경우도 있다(전영실, 1999). 본 연구에서는 성적괴롭힘을 성폭력과 구분되는 개념으로 규정하였다. 강간, 강제추행과 같은 성폭력은 앞서 살펴본 성폭력범죄피해경험에 포함시켰다. 성적괴롭힘의 범위에는 언어적(음란한 농담이나 외모에 대한 성적인 비유나 평가, 성적인 내용의 언급 등), 시각적 성적괴롭힘(외설적인 그림, 낙서, 음란출판물을 게시하거나 보여주는 행위, 성과 관련된 자신의 특정 신체부위를 고의적으로 노출하거나 만지는 행위 등)과 함께 신체적 성적괴롭힘을 포함시켰는데,55) 여기서 신체적 성적괴롭힘이란 입맞춤, 포옹, 뒤에서 껴안기, 가슴, 엉덩이 등 특정 신체부위를 만지는 행위 등 강간이나 강제추행에 비해 비교적 가벼운 신체적 접촉을 지칭하는 것으로 사용하였다. 본 연구에서는 성폭력이나 성적괴롭힘 모두 여성의 성적 자기결정권을 침해한다는 의미에서 동일한 남성폭력으로 보지만, 기존연구에서 간과했던 흔히 낮은 수준의 침해행위로 생각했던 성적괴롭힘이 여성의 '범죄에 대한 두려움'에 미치는 효과에 주목하기 위해서 성폭력과 성적괴롭힘을 분리해서 개념화하였다. 성적괴롭힘도 성폭력과 마찬가지 일생동안의 경험으로 측정하였고, 가해자의 유형에 따라 낯선 사람에 의한 성적괴롭힘과 아는 사람에 의한 성적괴롭힘으로 구분하였다.

---

55) 일반적으로 직장이나 학교라는 상황에서 발생하는 성적괴롭힘은 언어적, 시각적, 신체적, 성적 서비스형 성적괴롭힘으로 구분된다(한국여성민우회, 1998; 전영실, 1999; 한정자, 2001).

구체적으로 낯선 사람에 의한 성적괴롭힘은 한적한 거리, 공원이나 버스, 지하철, 쇼핑센터 등과 같이 사람이 많이 모인 곳에서 "낯선 사람으로부터 성적으로 불쾌하거나 모욕적인 말, 욕을 들었다", "낯선 사람이 손을 잡거나 신체의 일부분을 만졌다", "낯선 사람이 뒤에서 껴안거나 몸을 고의로 밀착시킨 적이 있었다", "낯선 남자가 내 앞에서 성기를 일부로 노출시킨 채 서 있었던 적이 있었다", "낯선 사람으로부터 음란전화를 받아 본 적이 있었다"와 같이 5가지 항목에 대한 경험여부를 측정하였다. 아는 사람에 의한 성적괴롭힘은 "아는 사람으로부터 성적으로 불쾌하거나 모욕적인 말, 욕을 들었다", "아는 사람이 손을 잡거나 신체의 일부분을 만졌다", "아는 사람이 뒤에서 껴안거나 몸을 고의로 밀착시킨 적이 있었다" 등 3가지 항목에 대한 경험여부를 측정하였다.

간접적인 범죄피해경험은 조사대상자의 친구, 친척, 이웃이 피해경험을 당한 적이 있는가로 측정하였다. 간접적인 범죄피해경험은 '범죄에 대한 두려움'을 측정하기 위해서 사용된 범죄유형과 동일한 항목을 제시하였으며, 피해경험이 있으면 1, 없으면 0으로 부호화하였다.

(2) 무질서

무질서는 범죄 이외에 범죄와 밀접하게 관련되어 있는 상징들이 사람들로 하여금 범죄피해의 위험이 높다는 인식과 두려움을 부추길 수 있다는 점에서 고려하였다. 위협적인 환경조건은 두 가지 방법으로 측정이 가능하다. 하나는 객관적인 측정방식으로 훈련받은 조사자들이 조사대상이 되는 지역의 물리적 환경조건을 평가하도록 하는 것이다. 다른 하나는 개인적인 수준에서 응답자들이 인지한 것으로 주관적인 측정방식이다. Convington과 Taylor(1991)는 '범죄에 대한 두려움'을 설명함에 객관적인 환경조건보다는 인지된 주관적인 환경조건의 설명력이 세 배 정도 더 높다는 사실을 보여주고 있다. 이는 객관적인 무질서보다는 응답자에 의해서 주관적으로 인지된 무질서가 '범죄에 대한 두려움'을 설명하는 데 있어 더 중요한 변수임을 의미한다. 본 연구에서는 위협적인 환경적인 조건은 응답자에 의해서 주관적으로 인지된 것으로 측정하였다.

본 연구에서는 사회통제모델에서 무질서(incivility)와 ‘범죄에 대한 두려움’의 관계를 분석한 연구를 참조하여(Box et al, 1988; Covington and Tylor, 1991; Gates and Rohe, 1987; Lewis and Maxfield, 1980; Lewis and Salem, 1986; Taylor and Hale, 1986), 위협적인 환경조건을 동네 주위에 아무렇게나 버려진 쓰레기, 관리되지 않은 빈집이나 빈터, 어둡고 후미진 곳, 불량청소년들이 자주 모이는 장소, 밤에 술 취한 사람들이 많이 돌아다니는 것, 십대 청소년들이 떼를 지어 몰려다니는 것 등 여섯 가지 항목으로 질문하였다. 그리고 위와 같은 여섯 가지 항목의 문항은 ‘전혀 그렇지 않다’에서 ‘매우 그렇다’까지의 4점 척도로 구성하였다. 점수가 높아질수록 환경조건을 열악하고 위협적인 것으로 인식한다는 것을 의미한다.

기존연구에서는 위협적인 환경조건이라는 개념을 물리적 환경조건과 사회적 환경조건으로 나누어 측정하는 것이 일반적인 경향이다. 물리적 환경조건은 아무렇게나 버려진 쓰레기, 관리되지 않은 빈집이나 빈터, 어둡고 후미진 곳 등 불량하고 열악한 물리적인 환경을 말하며, 사회적 환경조건은 무질서하거나 남을 배려하지 않는 위협적인 사람들의 존재 및 행동을 의미하는 것으로 불량청소년들, 밤에 술 취한 사람 등의 존재에 관련된 3항목이 포함된다. 이러한 분류가 경험적으로 타당한가를 살펴보기 위해서 요인분석을 한 결과 위협적인 환경적인 단서는 〈표 3-3〉과 같이 2개의 요인으로 분류됨을 알 수 있다. 요인 1은 사회적 무질서, 요인 2는 물리적 무질서로 명명하였다.

<표 3-3> 무질서에 대한 요인분석

문　　항	요인1	요인2
주위에 쓰레기가 아무렇게나 버려져 있고 지저분하다	.27	.65
사람이 살지 않은 채 내버려 둔 빈집이나 빈터가 있다	.02	.85
어둡고 후미진 곳이 많다	.41	.67
불량 청소년들이 자주 모이는 장소가 있다	.78	.26
밤에 술에 취한 사람들이 많이 돌아다닌다	.73	.29
십대 청소년들이 떼를 지어 몰려다니는 것을 자주 볼 수 있다	.89	.06

(3) 성차별적인 사회화경험

본 연구에서는 성차별적인 사회화경험을 가정 내에서 부모로부터의 사회화경험에 한정하였다. 가정 이외에 학교, 매스 미디어와 같은 사회화기관의 역할이 중요하기는 하지만, 가정은 사회화가 이루어지는 일차적인 장소이며, 초기 사회화과정에서 부모의 양육방식이 고정관념적인 성역할사회화 및 성의 사회화에 매우 중요하다는 점에서 가정 내에서 부모에 의해서 이루어지는 사회화경험에 초점을 맞추었다. 사회화경험의 구체적인 내용은 기존의 이론적 논의를 참조하여 고정관념적 성역할사회화(Garofalo, 1977; Goodey, 1994, 1996; Walklate, 1997; Warr, 1985)와 여성의 성적 취약성에 대한 사회화(Burt and Estep, 1981; Sacco, 1990)로 구분하여 구성하였다.

구체적으로 고정관념적인 성역할사회화경험은 위험과 관련된 남성-보호/여성-의존이라는 고정관념적 성역할을 측정하기 위해서 "험한 세상을 살아가는 데 있어 여자는 보호해 줄 남자가 필요하며, 남자는 여자를 보호해야 할 책임이 있다고 생각하셨다", "위험이 뒤따르는 일은 남자가 먼저 해야 한다고 생각하셨다"의 2가지 문항으로 측정하였다. 여성의 성적 취약성에 대한 사회화는 "남자는 괜찮지만, 여자는 혼자서 여행을 가면 안 된다고 생각하셨다", "남자는 괜찮지만, 여자는 혼자서 여행을 가면 안 된다고 생각하셨다", "여자는 노출이 심하거나 눈에 띄지 않는 정숙한 옷차림을 해야 한다고 늘 강조하셨다”의 3개 문항으로 측정하였다.

응답결과를 요인분석과 신뢰도검증을 통하여 척도의 적합성을 검증한 후 각 요인별로 복합척도를 구성하였다. ‘고정관념적 성역할사회화’와 ‘여성의 성적 취약성과 관련된 사회화’ 지수(index)의 Cronbach Alpha값이 각각 .74, .77로 상당히 신뢰할 수 있는 것으로 볼 수 있다. 이러한 하위차원들이 제대로 구분되는가를 검증하기 위해서 요인분석을 해 본 결과, <표 3-4>와 같이 두 가지 요인으로 구분됨을 알 수 있다.

<표 3-4> 사회화경험에 대한 요인분석

문 항	요인1	요인2
힘한 세상을 살아가는 데 있어 여자는 보호해줄 남자가 꼭 필요하며, 남자는 여자를 보호해야 할 책임이 있다고 생각하셨다	.39	.72
위험이 뒤따르는 일은 남자가 먼저 해야 한다고 생각하셨다	.30	.81
남자는 괜찮지만, 여자는 혼자서 여행을 가면 안 된다고 생각하셨다	.83	.12
남자는 괜찮지만, 여자가 밤에 밖에 나돌아 다니는 것은 위험하다고 가르치셨다	.87	.14
여자는 노출이 심하지 않거나 눈에 띄지 않는 정숙한 옷차림을 해야 한다고 늘 강조하셨다	.77	.18

(4) 전통적 성역할 이데올로기

전통적 성역할 이데올로기는 여성성-남성성에 대한 전통적인 관념의 수용, 성폭력피해에 대한 통념, 피해자로서의 여성에 대한 통념으로 나누어 측정하였다. 기존의 연구들은 의존성과 수동성과 같은 특성들이 ‘범죄에 대한 두려움’과 관련이 있다는 점을 제시하고 있으며, 이와 같은 특성은 여성의 고유한 심리적 특질에서 기인한 것으로 본다. 그러나 본 연구에서는 이는 여성의 고유한 심리적 특질이 아니라 사회화과정을 통해서 학습된 것으로 설정하고 있기 때문에 여성성-남성성에 대한 전통적인 관념의 수용 정도를 파악하고자 한다. 한편, '범죄에 대한 두려움'과 범죄, 피해, 피해자에 대한 지배적 이데올로기와의 관계를 파악하는 연구들은 여성의 '범죄에 대한 두려움'은 성폭력범죄가 핵심을 이루며, 성폭력피해에 대한 이미지들이 두려움을 더욱 강화시킨다고 보고 있다. 그리고 피해자로서의 여성의 이미지 즉 성폭력이라는 특수한 피해로 인해 남성에 비해 범죄피해위험에 더 많이 노출되어 있으며, 피해결과도 남성보다 더 심각할 것이라는 이미지 등이 '범죄에 대한 두려움'에 영향을 미친다고 주장한다(Madritz, 1997).

이에 따라 여성성 – 남성성에 대한 성고정관념은 "남자가 여자보다 독립적이다", "남자가 여자보다 모험심이 강하다", "여자가 남자보다 순종적이다"와 같은 3문항에 대해 응답자의 생각을 표시하도록 하였다. 성폭력피해에 대한 통념은 "성폭행당한 여성은 순결이나 정절을 잃은 것이다"의 한 문항으로 측정하였다. 마지막으로 피해자로서 여성에 대한 통념은 "남성보다는 여성이 범죄피해의 위험에 더 많이 노출되어 있다"와 "여자가 범죄피해를 당한다면 남자에 비해 피해결과가 더 심각하고 오래 지속될 것이다"로 측정하였다. 각 문항에 대한 응답은 4점 척도로 구성하였는데, '전혀 그렇지 않다'에 1점, '매우 그렇다'에 4점을 부여하였다. 점수가 높아질수록 전통적 성역할 이데올로기를 더 많이 수용하고 있다는 것을 의미한다.

(5) 인지된 폭력피해위험

인지된 폭력피해위험은 응답자들이 자신의 폭력범죄피해의 위험을 어느 정도로 평가하고 있는가를 측정하기 위해서 사용하였다. '범죄에 대한 두려움'의 측정에 관한 논의에서 살펴본 바와 같이 초기의 '범죄에 대한 두려움'의 연구는 "당신은 당신이 살고 있는 동네에서 밤에 혼자 밖에 있을 때 얼마나 안전하다고 느끼십니까?"와 같이 안전에 대한 판단을 측정하는 인지적인 측정치를 통해서 '범죄에 대한 두려움'을 개념화하였다. 그러나 인지된 피해위험과 '범죄에 대한 두려움'을 개념적으로 구별하고, '범죄에 대한 두려움'을 범죄유형별로 측정하는 경향과 더불어 인지된 피해위험도 범죄유형별로 측정하고 있다(Ferraro, 1995, 1996; Ferraro and LaGrange, 1992; Miethe and Lee, 1984; Warr and Stafford, 1983). 본 연구에서도 이러한 경향에 따라 폭력범죄에 대한 두려움을 측정하기 위해서 제시된 4가지 범죄유형별로 응답자들로 하여금 그와 같은 범죄들이 앞으로 일어날 가능성이 어느 정도라고 생각하는가를 평가하도록 하였다.

구체적인 문항을 열거하면 다음과 같다. "집 안에 강도가 들 가능성", "집 밖에서 강도를 당할 가능성", "낯선 사람에게 폭행을 당할 가능성", "낯선 사람에게 성폭행을 당할 가능성"에 대해 그 정도를 5점 척도로 평가하도록 하였다. '아주 낮다'에 1점, '낮은 편이다'에 2점, '그저 그렇다'에 3점, '높은 편이다'에 4점, '아주 높다'에 5점을 부여하였다. 즉 점수가 높아질수록 폭력 범죄피해의 위험이 높다고 인식한다는 것을 의미한다. 4가지 항목을 합쳐서 '인지된 폭력피해위험'이라는 지수(index)를 구성하였다. 이러한 지수의 적합성을 검증하기 위해서 신뢰도 검증을 한 결과 alpha값이 .85로서 상당히 신뢰할 만한 척도로 볼 수 있다.

(6) 인지된 취약성

인지된 취약성을 측정하기 위해서 본 연구는 Killias(1992:61-62)의 개념 틀을 약간 수정하여 사용하였다. 그는 사회심리학 분야와 군대라는 환경에서 취약성을 다루는 기존의 연구결과를 종합하여, 취약성이 1) 피할 수 없는 위험에의 노출, 2) 통제의 상실, 즉 효과적인 방어, 방어적인 조치 혹은 도피 가능성의 부족, 3) 심각한 결과의 예측이라는 세 가지 차원을 갖는다고 보았다. 그런데 여기서 위험에의 노출은 피해가능성을 어떻게 인지하느냐의 문제로 위에서 살펴본 인지된 피해위험이라는 개념과 동일하다. 이러한 방식으로 취약성의 개념에 인지된 피해위험까지 포함시키는 것은 범죄피해결과에 대한 무방비함이나 위험에 대한 민감성이라는 본래 취약성이 갖고 있는 개념의 초점을 잃게 한다는 점에서 비판을 받고 있다(Hale, 1996). 따라서 본 연구에서는 Killias의 취약성의 세 차원 중 위험에의 노출은 제외하고 통제의 상실과 심각한 피해결과의 예측에 대해서만 측정하였다. 구체적으로 통제의 상실은 "누군가가 나를 공격(혹은 성폭행)한다면, 그 상황에서 나는 내 자신을 방어할 수 있다"로, 심각한 피해결과의 예측은 "내가 범죄피해를 당한다면 다른 사람에 비해 피해의 결과가 더 심각하고 오래 지속될 것이다"로 측정하였다. 각 문항에 대해서는 '전혀 그렇지 않다'에서 '매우 그렇다'까지의 4점 척도로 측정하였다. 통제의 상실과 관련된 항목은 재범주화(recode)를 하여, 전체적으로 점수가 높아질수록 인지된 취약성이 높아짐을 의미한다.

3. 조사대상자의 특성

가. 사회인구학적 특성

구체적으로 최종분석에 사용된 조사대상자의 사회인구학적 특성을 제시한 것이 〈표 3-5〉이다.56) 먼저, 연령분포를 보면, 20대가 22.9%, 30대가 26.8%, 40대가 27.5%, 50대가 15.9%, 60대 이상이 6.8%를 차지하고 있는 것으로 나타났다. 교육수준을 보면, 중학교 졸업 이하가 19.6%, 고등학교 졸업이 44.7%, 대학교 졸업 이상(전문대학교 졸업 포함)이 35.7%였다. 직업분포를 살펴보면, 주부가 36.5%였고, 학생이 8.4%, 직업을 가진 여성은 51.2%, 기타가 3.9%였다. 직업을 가진 여성의 경우 구체적인 직업유형을 살펴보면, 판매서비스직이 전체의 30.9%, 관리사무직이 9.5%, 전문직이 7.9%, 생산직이 2.9%를 차지하고 있는 것으로 나타났다. 마지막으로 소득수준을 살펴보면, 180만 원 이하가 20.3%, 181만 원 이상－300만 원 이하가 48.7%, 301만 원 이상이 31.0%를 차지하는 것으로 나타났다.

---

56) 본 연구에서 사용하는 양적 자료는 주로 여성에 관한 것이며, 남성에 관한 자료는 비교의 목적을 위해서만 제시할 것이다.

<표 3-5> 조사대상자의 사회인구학적 특성　　　　　　단위: 명(%)

구　분		빈도(%)
연령	20대	128(22.9)
	30대	150(26.8)
	40대	154(27.5)
	50대	89(15.9)
	60대 이상	38(6.8)
	계	559(100,0)
교육수준	중학교 졸업 이하	109(19.6)
	고등학교 졸업	249(44.7)
	대학교 졸업 이상	199(35.7)
	계	557(100.0)
직업	전문직	44(7.9)
	관리사무직	53(9.5)
	판매서비스직	173(30.9)
	생산직	16(2.9)
	학생	47(8.4)
	주부	204(36.5)
	기타	22(3.9)
	계	559(100.0)
소득수준	180만 원 이하	103(20.3)
	181-300만 원 이하	259(48.7)
	301만 원 이상	145(31.0)
	계	532(100.0)

나. 피해경험 관련특성

본 연구에서 중요한 독립변인 중의 하나로 다루고 있는 여성의 피해경험 관련특성을 살펴보면 〈표 3-6〉과 같다. 552명의 응답자 중 일생동안 성폭력범죄, 성적괴롭힘 중 한 가지라도 피해를 당한 적이 있다고 응답한 여성은 전체의 76.7%로 나타났다. 피해유형별로 보면, 성폭력범죄의 경우 5.2%(29명)만이 피해경험이 있다고 응답하였다. 그러나 성적괴롭힘의 경우에는 전체

114

응답자 가운데 76.5%가 일생동안 적어도 한 가지 유형 이상의 성적괴롭힘 피해를 경험하였다고 보고하였다. 강제추행, 강간미수, 강간과 같이 법적으로 규정된 매우 심각한 형태의 성폭력은 상대적으로 덜 발생하는 반면에, 원치 않는 성적인 대화, 가벼운 신체적 접촉, 음란전화, 성기노출 등과 같은 비교적 가벼운 형태의 피해가 좀더 보편적으로 발생하고 있음을 알 수 있다.

<표 3-6> 조사대상자의 남성폭력피해경험   단위: %(명)

구 분			"있다"고 응답한 비율
성폭력 범죄 피해경험	아는 사람	강제로 키스를 하거나 성기를 만짐	2.9(16)
		강제로 성행위를 하고자 했으나 실패	2.3(13)
		강제로 성행위	0.4(2)
		전체	3.9(22)
	낯선 사람	강제로 키스를 하거나 성기를 만짐	1.4(8)
		강제로 성행위를 하고자 했으나 실패	2.0(11)
		강제로 성행위	.4(2)
		전체	2.7(15)
		성폭력범죄피해경험 전체	5.2(29)
성적괴롭힘 피해경험	아는 사람	성적인 대화	34.6(193)
		손이나 신체의 일부분 만짐	24.2(135)
		껴안거나 몸을 밀착시킴	23.1(128)
		전체	46.1(346)
	낯선 사람	성적인 대화	25.7(143)
		음란하거나 음흉한 눈빛으로 쳐다보기	40.4(225)
		음란전화	55.7(310)
		성기노출	37.3(207)
		손이나 신체의 일부분을 만짐	18.9(105)
		뒤에서 껴안거나 몸을 고의로 밀착시킴	23.0(128)
		전체	72.9(404)
		전체 성적괴롭힘 피해경험	76.5(423)
전체 성범죄 피해경험			76.7(429)

피해자와 가해자 간의 관계유형별로 보면, 성폭력범죄는 아는 사람에 의한 피해경험이 있다고 보고한 여성은 3.9%, 낯선 사람에 의한 피해경험이 있다고 보고한 여성은 2.7%로 아는 사람에 의해 성폭력피해를 당한 여성이 더 많은 것으로 나타났다. 그러나 성적괴롭힘 피해경험은 이와는 다른 양상을 보여준다. 성적괴롭힘의 경우 직장이나 학교 등에서 아는 사람에 의해서 피해를 당했다고 보고한 여성은 46.1%였으나, 한적한 거리, 공원이나 버스, 지하철, 쇼핑센터 등과 같이 사람이 많이 모이는 공공장소에서 낯선 사람에 의해서 피해를 당했다고 보고한 여성은 72.9%로 조사대상 여성 10명 중 7명 정도가 공공장소에서 낯선 사람에 의해서 성적괴롭힘을 당한 경험이 있는 것으로 나타났다.

다음은 여성의 중복피해경험을 살펴보기로 한다. 본 연구에서는 각 피해유형별로 피해빈도를 측정하지 않았다. 그러나 성폭력의 경우 6가지 유형, 성적괴롭힘의 경우 9가지 유형의 피해경험을 측정하였으며, 성폭력과 성적괴롭힘 각각에 대해 가해자유형별로 나누어 피해경험을 측정하였기 때문에 개별사례가 당한 피해가지수를 통해 성폭력과 성적괴롭힘 피해 각각에 대해 중복피해정도를 알아볼 수 있다. 또한 성폭력과 성적괴롭힘 피해 각각에 대해 낯선 사람에 의한 피해와 아는 사람에 의한 피해의 중복성 여부를 알아볼 수 있다. 먼저 성폭력과 성적괴롭힘 피해에 대한 중복피해정도를 〈표 3-7〉을 통해서 살펴보면, 성폭력범죄의 경우 2가지 피해를 당한 여성이 27.6%(8명), 3가지 피해를 당한 여성이 2명(6.9%), 4가지 이상의 피해를 당한 여성이 3명(10.3%)으로 전체적으로 13명(44.8%)의 여성, 즉 성폭력경험이 있다고 응답한 여성 10명당 4명 이상이 일생동안 2가지 이상의 성폭력범죄피해를 당한 것으로 나타났다. 성적괴롭힘의 경우에는 77.8%의 여성이 2가지 이상의 피해를 경험하였으며, 4가지 이상의 피해를 당한 여성도 31.7%나 되는 것으로 나타났다. 이러한 결과는 여성이 비슷한 유형의 성폭력 및 성적괴롭힘 피해를 중복적으로 경험하고 있으며, 성폭력보다는 성적괴롭힘 피해를 더욱 빈번하게 중복해서 경험하고 있음을 알 수 있다.

<표 3-7> 조사대상자의 성폭력 및 성적괴롭힘 중복피해 정도

단위: 명(%)

구 분	성폭력범죄	성적괴롭힘
1가지	16(55.2)	112(27.7)
2가지	8(27.6)	95(23.5)
3가지	2(6.9)	69(17.1)
4가지 이상	3(10.3)	128(31.7)
합 계	29(100.0)	404(100.0)

성폭력범죄와 성적괴롭힘 피해를 가해자유형별로 구분해서 보면(〈표 3-8〉 참조), 성폭력범죄의 경우에는 아는 사람에 의해 피해를 당한 여성이 14명(48.3%), 모르는 사람에 의해 피해를 당한 여성이 8명(24.1%), 두 가지 유형의 피해를 모두 경험한 여성이 8명(27.6%)으로 나타났다. 피해경험이 있는 여성 10명 중 거의 3명에 다다르는 여성이 낯선 사람에 의한 성폭력과 아는 사람에 의한 성폭력을 중복적으로 경험하고 있음을 알 수 있다. 이를 〈표 3-7〉의 결과와 비교해보면, 아는 사람에 의해 피해를 당한 여성이 낯선 사람에 의한 피해를 중복적으로 경험하는 경우보다는 낯선 사람에 의해 피해를 당한 여성이 아는 사람에 의한 피해를 중복적으로 경험하는 경우가 더 많다는 것을 알 수 있다. 한편, 성적괴롭힘 피해의 경우 아는 사람에 의해 피해를 당한 여성이 20명(4.9%), 모르는 사람에 의해 피해를 당한 여성이 151명(37.3%), 두 가지 유형의 피해를 모두 경험한 여성이 234명(57.6%)으로 나타나 성폭력범죄에 비해 아는 사람에 의한 피해와 낯선 사람에 의한 피해를 중복적으로 경험하는 경우가 훨씬 더 많다는 것을 알 수 있다. 그리고 성적괴롭힘 피해의 경우에는 낯선 사람에 의한 성적괴롭힘 피해가 일반적이어서 아는 사람에게 성적괴롭힘을 경험한 여성의 대다수가 낯선 사람에 의한 성적괴롭힘 피해를 중복적으로 경험하고 있음을 알 수 있다.

<표 3-8> 성폭력범죄 및 성적괴롭힘 가해자 유형별 피해실태

단위: 명(%)

가해자 유형	성폭력범죄	성적괴롭힘
아는 사람	14(48.3)	20(4.9)
낯선 사람	7(24.1)	151(37.3)
두 가지 유형 모두	8(27.6)	234(57.8)
합 계	29(100.0)	405(100.0)

여성의 피해경험실태에서 나타난 위와 같은 결과들은 피해경험과 두려움 간이 관계를 고려함에 있어 몇 가시 함의를 갖는다. 첫째, 여성의 경우 피해경험을 법적인 카테고리 안에서만 정의하는 것은 여성이 실제 생활에서 경험하는 문제와 부합되지 않는다는 점이다. 기존의 연구에서는 강간범죄에 초점을 맞춤으로써 여성의 '범죄에 대한 두려움'을 강간범죄에 대한 두려움으로 제한하고 있다(Ferraro, 1995; Gordon and Riger, 1989; Riger and Gordon, 1981; Warr, 1984).[57] 그러나 본 연구의 실태조사결과에서 나타난 여성의 성적괴롭힘 피해경험의 편재성과 중복피해의 보편성은 강간뿐 아니라 여성에게 일상적으로 빈번하게 반복적으로 발생하는 사건들이 '범죄에 대한 두려움'을 야기할 수 있다는 점에 주목해야 할 필요성을 보여준다. 더 나아가 직장이나 학교 등에서 아는 사람에 의한 성적괴롭힘보다는 공공장소에서 낯선 사람에 의한 성적괴롭힘 경험이 더 일상적이라는 사실은 직장 및 학교 내에서 아는 사람에 의한 성적괴롭힘에 초점을 맞추었던 기존의 논의들과는 달리 여성의 피해실태를 정확히 이해하기 위해서는 공공장소에서의 성적괴롭힘 피해경험을 포함시켜야 할 필요성을 보여 준다.[58] 공공장소에서 낯선 사람에 의한 성적괴롭힘

---

57) Riger and Gordon(1989)은 여성의 강간범죄에 대한 두려움을 '여성적 두려움 (female fear)'이라고 명명하고 있다.

58) 국내외를 막론하고 공공장소에서 성적괴롭힘에 관한 연구는 거의 없다. 국내의 경우 성적괴롭힘에 대한 연구는 직장 내에서의 성적괴롭힘의 실태와 원인에 관한 연구에 초점이 맞추어져 있다(신성자, 1993; 이상은, 1995; 전영실, 1999; 한

경험은 피해자가 잠재적인 가해자가 누구일지를 모른다는 사실에 의해서 그러한 피해를 예측하여 미리 피하기 어렵게 만든다는 특성을 갖고 있으며, 이러한 특성들이 여성의 높은 수준의 '범죄에 대한 두려움'과 밀접한 관련이 있을 것으로 기대된다. 이에 대해서는 성적괴롭힘 피해경험과 두려움 간의 관계를 파악하는 부분에서 자세히 다룰 것이다.

둘째, 여성의 피해경험실태조사의 결과는 여성은 성폭력범죄 및 성적괴롭힘과 같이 남성이 경험하지 않는 다양한 형태의 피해를 경험함으로써 남성에 비해 훨씬 더 많은 피해를 경험하고 있다는 점을 보여준다. 따라서 성적괴롭힘과 같이 여성이 당하는 피해경험을 무시하고 여성의 피해경험을 평가했을 때 여성의 피해경험은 과소평가될 수밖에 없으며, 이와 같이 과소평가된 피해경험에 근거해서 두려움과의 관계를 검토한 연구들이 여성의 두려움이 비합리적인 것으로 보는 것은 정당하지 않다는 점이다.

다. '범죄에 대한 두려움'의 정도

'범죄에 대한 두려움'의 정도가 측정방식에 따라 달라지는가를 알아보기 위해서 본 연구는 가장 일반적으로 사용되는 "집 근처 밤거리를 혼자 걸을 때 범죄피해를 당할까봐 얼마나 두려움을 느끼십니까?"라는 문항과 4가지 범죄유형별 두려움을 측정하는 문항을 함께 사용하였다. 아래의 〈표 3-9〉에서 알 수 있듯이 '범죄에 대한 두려움'의 측정방식과 관계없이 일반적으로 여성은 남성에 비해 '범죄에 대한 두려움'이 훨씬 더 높게 나타난다. 이는 여성의 '범죄에 대한 두려움'은 남성의 '범죄에 대한 두려움'보다 훨씬 더 널리 퍼져있는 현상이라는 점을 보여준다. 즉 '범죄에 대한 두려움'이라는 사회적 현상은 매우 성별화되어 있음을 알 수 있다. 한편, 여성의 경우 10명 중 6명 이상이 범죄에 대해 두려워하는 것으로 나타나 '범죄에 대한 두려움'은 여성 사이에 널리 퍼져있는 중요한 사회적 현상 중의 하나임을 알 수 있다.[59]

정자, 2000 등).

<표 3-9> '범죄에 대한 두려움'의 실태

구 분	두렵다(%)		χ^2검증
	남자	여자	
범죄에 대한 두려움 – 포괄적 측정치	22.0	62.7	208.12***
주거침입강도에 대한 두려움	36.8	49.3	15.40**
노상강도에 대한 두려움	27.6	47.0	49.55***
낯선 사람에 의한 폭행에 대한 두려움	20.3	32.8	24.14***
낯선 사람에 의한 성폭행에 대한 두려움	–	35.0	–

** p<.01 *** p<.001

---

59) 범죄유형별 두려움의 경우 4가지 항목을 합쳐서 '폭력범죄에 대한 두려움'이라는 복합지수를 만들고, 그에 대한 남녀간의 차이를 살펴본 결과 남성의 평균의 2.16, 여성의 평균은 2.33으로 나타났다. 그리고 이러한 남녀간의 평균 차이는 0.001수준에서 유의미한 것으로 나타났다.

Ⅳ. 여성의 '범죄에 대한 두려움'의
특성과 원인

A. 여성의 '범죄에 대한 두려움'의 내용과 특성

이 절에서는 포커스 그룹 인터뷰의 자료를 중심으로 여성이 그들의 일상적인 삶과 경험 속에서 '범죄에 대한 두려움'을 어떤 방식으로 경험하며, 구체적으로 그것이 의미하는 바가 무엇인가를 살펴보기로 하겠다. 특히, 여성이 생활하는 주된 영역을 공공장소와 집으로 나누어 각 영역에서 여성의 '범죄에 대한 두려움'의 정도와 그 구체적인 내용을 살펴보기로 하겠다.

1. '범죄에 대한 두려움'의 의미와 내용

가. 공공장소에서의 두려움

(1) 동네 주변이나 거리에서

밤에 살고 있는 동네 주변에서 얼마나 안전하다고 느끼는가라는 질문에 대해 면접대상이 된 30명의 여성 중 3-4명의 여성을 제외하고는 모두가 불안하다고 응답하였다.[60] 그러나 안전하다고 이야기한 3-4명의 여성의 경우

---

[60] 낮에 동네 주변을 혼자 걷고 있을 때 안전하다고 느끼는가라는 질문에 대해 대다수의 여성은 안전하다고 이야기하였다. 이는 '범죄에 대한 두려움'의 수준이 공간적인 측면뿐 아니라 시간적인 측면에 따라 달라짐을 보여준다. 여성의 '범죄에 대한 두려움'은 어두움(darkness)이라는 환경과 밀접한 관련이 있다.

그들이 안전하다고 표현했다고 해서 폭력으로부터의 두려움이나 안전의 문제로부터 완전히 자유로운 것은 아니다. 아래의 E-3의 경우에는 혼자서 다세대 주택에 살고 있기 때문에 집에 들어갈 때 다른 사람들에게 자신이 그 집에 사는 사람임을 알리지 않기 위해서 주위를 기울인다. 한편, B-5는 뒤에 누군가가 쫓아오는 것 같은 느낌이 들면 발걸음의 속도를 늦춤으로써 그 사람을 먼저 보낸 후 걸어간다. 이러한 사례는 안전하다고 응답한 여성도 일상적으로 자신의 주위 환경에 대해 민감하게 반응하고 주의를 기울임을 알 수 있다. 이와 같이 여성은 안전의 문제를 늘 인식하고 있으며, 따라서 주위 환경을 늘 경계하고 감시한다. 이에 대한 자세한 논의는 '범죄에 대한 두려움'에 대한 반응을 살펴보는 부분에서 다루기로 하겠다.

> E-3: 결론은 겁이 없는 편인데. …… (중략) …… 저희 집은 원룸이 아니라 다세대라 저희집 현관문을 여는 게 밑에서 보일 수가 있어요. 2층인데. 그래서 누가 지나가거나 이럴 때에는 그 집에 안 들어가는 척하고 있다가 가고 나며 문 열고 들어가곤 그래요(29세, 미혼, 대학원생)

> 연구자: 무섭지 않다고 그러셨는데, 안전하다고 느끼시는 건가요?
> B-5: 밤에 안전하고, 안 무섭고 그런 건 아니구요. 혼자 늦게도 잘 다니는데요. 골목 지나다 보면은 누가 뒤에 오는 것 같으면은 그 사람보다 늦게 걸어가거나 그런 건 있거든요. 집 근처다 하면은 전화도 하고 그러는데, 그거 때문에 두렵고, 내가 막 도망다니고 그럴 정도는 아니구요. 무섭고 그런 건 아니구요(29세, 미혼, 사무직).

다음은 불안하다고 응답한 여성들의 이야기를 살펴보자. 아래의 면접자료에서 알 수 있는 것처럼 여성들이 동네 주변에서 불안감을 야기하는 물리적인 환경으로 주로 제시한 것들은 좁은 골목길, 막다른 골목길, 가로등 시설이 잘 안되어서 어두운 곳, 후미진 곳, 사람의 인적이 드문 곳, 주차를 많이 해 놓아 비좁아진 이면도로, 공사장 주변, 유흥업소 주변 등이다. 여성들이 주로 불안하거나 두렵다고 지적한 물리적 환경에서 어떤 범죄가 일어날 것 같은 생각 때문에 불안한가라는 질문에 대해 연령과 관계없이 대다수의 여성들이 '성폭력'이라고 이야기하였으며, 나이든 일부의 여성만이 강도나 신체적인 폭력을 당할까봐 두렵다고 이야기하였다. 좁은 골목길, 어둡고 후미진 곳, 유흥업소 주변 등에서 여성이 불안감을 느끼고 두려워하는 것은 성폭력에 대한 피해가능성 때문임을 알 수 있다.

C-1: 저는 집은 일산인데 너무 멀어서 언니랑 같이 영등포구에 살아요. 영등포 구청 근처가 대부분이 유흥가가 많은 편이라서 한적한 일산에 비해서는 많이 불안한 것 같아요. (전철)출입구에서 나오면은 그 앞이 다 유흥가, 술집이고 그래서 …… 그리고 아파트를 돌아서 들어가는데 그 근처가 밤이 되면은 불도 꺼지고, 가로등이 잘 설치된 것도 아니고 지나가면은 그러고 …… TV에 성폭력 같은 거 되게 많잖아요. 그런 일들이 하나하나 다 일어날 것 같아요. 뭐 들고 와서 때리진 않겠지만, 찝적대거나, 아니면 성폭행 같은 것이 생각이 나요. 그래서 괜히 낮에는 생각이 안 나다가 집 걸어가는 골목을 가면은 그런 생각이 스쳐지나가죠. 예전에 한 번은 누가 말 걸어온 적도 있어서, 그 뒤로는 더 뛰어가기도 하구요(24세, 미혼, 학원강사).

A-3: 옛날에 잠실에 아파트에 살 때, 뒤에 따라오는 남자들이 많았어요. 길도 어둡고, 아파트 단지가 많으니까 동과 동 사이가 다 골목길이 되더라구요 ……. (중략) …… 밤은 어두우니까 범죄를 일으키는 사람이 범죄를 일으킬 만한 조건이 딱 맞는 것 같아요. 보는 사람도 없고, 도움을 청할 대상도 없고, 그래서 사고가 많이 일어나는 것 같아요. (밤에는 어떤 범죄가 일어날 것 같아서 불안하신가요?) 여자들은 성범죄죠. 폭행, 술 취한 사람들이 이유 없이 사람 때리고 하지만, 그중에서 가장 두려운 건 성범죄에요(44세, 기혼, 전업주부).

B-1: 큰길은 (불안한) 생각이 안 드는데 집 앞이나 골목 걸어가고 그

럴 때 좀 불안하죠. 저는 한 번은 뒤에서 어떤 남자가 밤에 쫓아온 적이 있었어요. 집들이 있고, 가운데는 차들이 다니는데, 집 앞에 불법주차가 많아요. 그 주차한 데 사이로 가야 하는데, 가다 보면은 뒤에서 이상한 신음소리가 들려서 집 앞 가다가 식구들도 불러내서 같이 가고 그러죠. (그런 상황에서 어떤 종류의 범죄가 일어날 것 같은 생각 때문에 불안한가요?) 아무래도 남자가 쫓아오면은 성과 관련된 그런 것 때문에(27세, 미혼, 사무직).

여성이 제시한 물리적 환경이 성폭력에 대한 두려움을 야기하는 것은 단순히 그러한 물리적 환경의 존재 그 자체라기보다는 어두운 곳, 후미진 곳, 인적이 드문 곳에서 만나게 되는 낯선 남성의 존재이다. 대부분의 여성은 낯선 남성의 존재 자체를 불안감을 유발하는 환경으로 제시하고 있다. 이는 여성이 거리에서 위험한 존재와 위험하지 않은 존재를 판단하는 제일 중요한 기준은 성(gender)이라는 점을 보여준다. 어둡고 낯선 곳에서 여성을 마주친다고 해서 여성이 두려움을 느끼는 것은 아니다. E-3이나 C-2의 사례에서 알 수 있듯이 어둡고 인적이 드문 물리적 환경에서 낯선 남성의 존재 특히, 가까이 다가오는 남성의 존재는 여성에게는 성폭력이 발생할 수 있을 수 있다는 심각한 지표가 될 수 있다. 이러한 상황에서 궁극적으로 아무 일도 발생하지 않았더라도 여성은 어둡고 후미진 곳에서 낯선 남자들의 존재를 잠재적으로 위험한 것으로 판단하고, 거리에서 심리적인 긴장감을 늦추지 않는 것이다.

E-3: 가끔 저희 집으로 걸어갈 때 뒤에 누가 우연히 같은 방향이어서 따라 갈 때도 대체로 물론 남자가 뒤에 따라오면 약간 공포심이 들어요 ……. (중략) …… (남자가 계속 따라 온다는 건 뭐예요. 같은 방향으로?) 예예 그런 거죠. 같은 방향인데 …… 나에게 오고 있다는 느낌 때문에 두려운 거죠. 그런 적 많죠. (그 남자가 어떻게 할 거 같아서 두려운 거죠?) 조용할 때는 그러니깐 아무도 없을 때에는 당연히 그 어

떤 구체적인 범죄 이런 것까지는 연결되지 않지만 막연한 공포심 항상 너무 어렸을 때부터 교육 받아 온 거고. 어릴 때부터 항상 엄마가 저희 엄마가 그런데 민감하셨던 거 같아요(29세, 미혼, 대학원생).

C-2: (어두울 때 거리에 한두 명의 남자들이 있을 때) 발소리만 들어도 무섭던데. 괜히 쫓아오는 것 같고(21세, 미혼, 사무직).

그러나 여성이 거리에 있는 모든 낯선 남성을 두려워하는 것은 아니다. 아래의 A-7, F-2, E-2의 사례에서 알 수 있듯이 거리에서 술이 취해서 돌아다니는 남자, 남성이 남을 개의치 않고 거리에서 하는 무례한 행동들(벽에다 소변보기 등), 여럿이 몰려 있는 남학생들과 그들의 튀는 집단행동들은 특히 더 여성의 두려움이 대상이 된다. 이러한 남성의 존재와 그들의 무례한 행동들은 여성에게 범죄가 발생할 수 있음을 나타내는 지표로 여겨진다. 즉 사회통제모델에서 제기하는 사회적 무질서를 나타내는 상징적인 단서들로 작동한다.

A-7: 저희는 큰 도로 말고 이면도로 있는데 집이 있어서 IMF 이후에는 밤늦게 술 취한 사람들이 늘어서, 소리 지르고, 그래서 밤에 잠깐 나간다던가, 낮에는 거의 안 그렇지만 밤에는 그런 곳에서 우발적인 범죄가 일어나지 않을까 ……(37세, 기혼, 전업주부)

F-2: 며칠 전에 제가 (무섭다고 이야기했던) 집 근처 그 골목 있잖아요. 거기도 제가 비 오는데 거길 지나가는데 어떤 아저씨가 50대 된 아저씨가 낮인데 술이 좀 취했더라구요. 취해가지고 소변을 보는지 아무튼 그랬는데. 지나가다가 무심결에 딱 봤는데 아저씨가 소변을 보고 뒷정리를 안 하시고 딱 돈 거예요. 순간 딱 보는 순간 막 뛰었거든요. 일단은 혐오스러웠어요. 그리고 사람같이 안보이고 ……(37세, 기혼, 전업주부).

E-2: …… 바로 우리 집 옆에 있는 남자 고등학생들이 항상 야간 자율 끝나고 내려오면서 담배를 피고 막 가고 그래요. 우리 집 앞에서. 그러니까 그런 걸 대개 많이 목격을 한단 말이에요. 집은 3층이지만 현관문을 딱 열면 거기서 고등학생의 장정 같은 애들이 담배를 피고 있단 말이야. 그러면 무섭잖아요(29세, 미혼).

위와 같이 어둡고 후미지고 인적이 드문 곳에서 여성이 낯선 남성의 존재를 두려움으로 대상으로 여기는 것은 부분적으로는 여성이 그러한 환경에서 낯선 남성을 직접적으로 접촉한 경험에서 나온 것이라고 할 수 있다. 앞의 77-78쪽에서 제시한 C-1, B-1, A-3의 사례는 골목길이나 어두운 곳에서 남자들이 쫓아와서 외설적인 말을 하거나 치근거리고 몸을 잡아 끌거나 하는 등의 거리에서의 성적괴롭힘 피해를 직접적으로 경험함으로써 그러한 물리적 환경에서 만나게 되는 낯선 남성의 존재 자체를 성적괴롭힘이나 성폭력의 발생가능성을 보여주는 단서로서 생각하게 되고 이에 따라 두려움을 느끼게 된다. 이러한 사례에서 주목해야 할 점은 과거 거리에서 낯선 남성에게 당하게 된 성적괴롭힘의 피해경험이 그러한 환경에서 다시 성적괴롭힘이 발생할지도 모른다는 두려움을 유발하기도 하지만 대부분 이는 좀더 심각한 형태의 성폭력에 대한 두려움과 연결되어 있다는 점이다. B-1의 사례에서 잘 드러나는 바와 같이 여성 특히, 젊은 여성은 단순히 밤에 어둡고 인적이 드문 골목길에서 남자가 쫓아오거나 치근거리는 것을 구애나 관심의 표현이라기보다는 성에 관련된 범죄와 관련시킨다. 즉, 뒤쫓아 오면서 치근거리기, 신체의 일부분(가슴, 엉덩이, 손 등)을 만지고 도망가기, 외설적인 말, 성기 노출과 같이 일반적으로 사람들에 의해서 비교적 심각도가 낮은 것으로 인식되고 형사사법기관에 의해서 범죄로 인식되지 않는 사소한 낯선 남성의 행동들도 그 특성이 '성적인 것'이기 때문에 여성으로 하여금 성적으로 취약하다는 인식을 불러일으키는 것으로 보인다.

한편, 아래의 면접사례들에 나타난 바와 같이 여성은 거리에서의 직접적인 피해경험 이외에도 TV나 다른 사람의 이야기를 통해서 알게 된 성폭력에 대한 정보들로 인하여 그러한 환경에서 낯선 남성의 존재를 불안한 것으로 인식하기도 한다.

> C-2: 상가들이 많은 지역인데, 큰길엔 그냥 상관이 없지만 골목에 가면은 여관들이 많아서, 아침에 출근할 때는 그 길이 좀 빠른 길이라서 출근은 그쪽으로 가는데 퇴근할 때는 그쪽으로 안가요. 술 취한 사람들도 많고, 좀 이상한 사람도 보이고. (이상한 사람이란 어떤 사람인가요?) 흔히 말하는 변태들 있잖아요. 여관 앞에 술 취한 사람들이 많은데, 가끔 보면은 덩치 큰 사람들이 3, 4명씩 다니기도 하는데, 혹시 나한테 눈빛 하나 이상하다고 때리거나 그러기도 하잖아요. 그럴까봐 더 숙이고 다니게 되고, 웬만해서는 그 골목으로는 안 다니게 되고, 왠지 모를 불안감, TV에 보면은 그런 게 심하게 나오고 그러니까(21세, 미혼, 사무직).

> D-2: 야간에 수업을 마치고 나면 거의 12시 다 되어서 집에 들어가게 되는데 굉장히 불안해요. 제 친구 중에서 유난히 그런 걸 많이 당한 친구가 있어서, 아까 이야기한 것처럼 모르는 남자들한테 끌려가다시피 한 경우 말이에요. 걔는 고등학교 수학여행 때 한 번 그리고 교회 가는 길에 밤에 외국인 노동자한테 한 번 …… (중략) ……. 주변에 친구가 그런 일을 많이 당하다 보니까 역시 겁이 많이 났어요(27세, 미혼, 야간대학생).

위와 같은 면접결과들은 여성이 개인적으로 성폭력범죄피해를 당했는지 아니든지 간에 관계없이 다른 사람을 통해서 듣거나 TV와 같은 대중매체를 통해서 형성된 공포스러운 성폭력에 대한 이미지가 여성의 '범죄에 대한 두려움'을 야기하기에 충분하다는 것을 보여준다.[61] 한편, 아래의 사례 A-6과

---

61) 연구자가 미혼여성을 인터뷰한 시점은 80년대 화성에서 발생한 연쇄 성폭력 살

A-8은 여성이 머릿속에서 그리는 두려운 장소와 안전한 장소에 대한 지도가 대중매체나 다른 사람들한테 들은 것을 통해서 형성된 이미지로 가득 차 있음을 좀 더 직접적으로 보여주고 있다.

> A-6: 매체에서 나오는 그게 어떻게 보면 실제로 일어나는 거잖아요. 그래서 더 두려움이 느껴져요. 내가 그 장소에 가서 좋은 생각만 할 수 있는데 이 장소에서 이런 일이 벌어졌다고 생각이 들어서 두려운 거예요. 매체가 생활하는 데 더 불안감을 주기도 하더라구요(36세, 기혼, 전업주부).

> A-8: 주변에서 들은 걸 나한테 연관시키는 것 같아요. 매체나 신문에서 본걸 결부를 하죠. 이런 상황에서는 이럴 수도 있다는데 ……. 우리 아파트 단지에서 성폭행했다고 하잖아요(아파트 단지 내 후미진 곳에서 여학생 성폭행사건). 그럼 애가 어디 가면은 나도 가까운 데 나가서 서 있게 되고. 나도 똑같은 일을 당할 수 있다라는 생각을 하게 되죠(45세, 기혼, 전업주부).

위에서 제시된 사례들을 종합해보면, 물리적 환경 자체가 여성에게 불안감이나 두려움을 야기하기보다는 여성이 직·간접적인 경험을 통해서 그러한 물리적 환경에서 예상하게 되는 남성폭력의 가능성 혹은 인지된 남성폭력의 위험이 더 중요하다는 점을 알 수 있다.

(2) 대중교통시설에서: 버스나 지하철

1998년의 한 조사결과에 따르면, 서울시에 거주하고 있는 여성 중 46.1%가 지하철이나 버스 등 대중교통시설을 이용할 때 성폭력피해를 당할까봐

인사건을 다룬 '살인의 추억'이라는 영화가 인기리 상영 중이었다. 인터뷰한 여성의 대부분은 이 영화를 본 후 성폭력범죄에 대한 두려움이 훨씬 더 커졌다는 점을 지적하고 있다.

두렵다고 응답하였다(최인섭·김성언, 1998). 이러한 경향은 본 연구의 인터뷰자료를 통해서도 확인할 수 있다. 특히, 젊은 여성은 여러 사람들이 이용하는 시설이기 때문에 가시성(visuality)이 높고, 감시할 수 있는 사람들이 많아(guardianship) 범죄피해의 가능성이 비교적 적다고 판단되는 버스나 지하철 등에서도 자신의 신체적인 안전에 대해 불안감을 느끼고 있는 것으로 나타났다.

버스나 지하철에서 많이 발생하는 피해유형은 소매치기와 성적괴롭힘이다(황지태, 2003). 인터뷰한 대부분의 여성은 대중교통시설에서 소매치기를 당한 경험들이 한두 번 정도 있는 것으로 나타났다. 그러나 소매치기의 경험이 여성으로 하여금 대중교통시설을 두려운 장소로 인식하게 하지는 않는다. "소매치기는 돈만 손해를 보는 것"(A-6, 36세, 기혼, 전업주부)이라는 생각 때문에 여성은 소매치기의 경험에 대해 큰 의미를 두지 않는다. 오히려 한두 번의 경험을 통해서 어떤 상황에서 소매치기를 당하기 쉽다는 것을 알게 되고, 그러한 상황에 더욱 주의하도록 만듦으로써 이후의 피해에 더 잘 대처할 수 있다는 생각이 들도록 하기도 한다.

그러나 대중교통시설에서 성적괴롭힘에 대한 두려움은 매우 높았다. 학생이나 직장여성의 경우 출퇴근시간에 어쩔 수 없이 사람들로 붐비는 대중교통시설을 이용해야 하기 때문에 그러한 두려움을 거의 매일 느끼고 있다고 이야기하고 있다. 그리고 성적괴롭힘에 대한 두려움은 주로 젊은 여성에 의해서 표현되었다. 나이든 여성의 경우에는 대중교통시설에서 성적괴롭힘에 대한 두려움이 젊은 여성만큼 높지는 않다. 이들은 대중교통시설보다는 밤에 혼자 택시 타는 것을 더 두려워한다.

이와 같이 젊은 여성이 버스나 지하철에서 낯선 남성으로부터 성적괴롭힘에 대해 두려워하는 것은 버스나 지하철에서 성적괴롭힘이 매우 일상적으로 발생하기 때문이다. 인터뷰한 대부분의 여성은 버스나 지하철에서 성적괴롭힘을 한두 번 이상 경험하였다고 보고하였으며, 버스나 지하철을 이용할 때 일상적으로 다른 여성의 피해를 목격하고 있다고 보고하였다. 버스나 지하철에서 주로 발생하는 성적괴롭힘의 유형은 사람들이 많이 붐비는 시간의 경우에는 가슴, 허벅지, 엉덩이 등 신체의 일부분을 만지거나 뒤에 껴안기 등의 원치 않는 신체적 접촉 등이며, 사람들이 비교적 적은 한산한 시간의 경우에는 성기노출 등이다. 이러한 성적괴롭힘에 대한 직·간접적인 경험은 아래의 B-1의 사례에서처럼 여성이 안전하다고 느낄 수 있다고 가정되는 버스나 지하철 같은 대중교통시설을 '위험한 장소'로 인식하도록 만든다. 또한, 원치 않는 신체적 접촉 등은 사람들이 많이 붐비는 곳에서 발생하기 때문에 여성은 누가 잠재적인 가해자인지, 그것이 정말로 가해행동인지를 구분하기가 어렵기 때문에 대중교통시설을 이용할 때 끊임없이 주위의 남자들을 경계하고 이러한 여성의 행동이 주변의 남성을 불편하게 만들기도 한다. 이러한 여성의 방어적 예방적 행동들은 대중교통시설에서 적대적이고 위협적인 분위기를 만들어 낸다.

> E-1: 내 뒤에서 남자가 고등학교 때 이상한 짓을 하고 있는데 나는 그걸 몰랐어요. 뒤에서 추행을 하고 있었는데 나는 그걸 몰랐어요 ······ (중략) ······ 내 옆에 아저씨가 그 아저씨를 엄청 호통을 치는 거예요. 뭐 하는 짓이냐고 당신. 완전 차 안에 있는 사람이 다 쳐다보는데 나만 모르고 있었어요 ······ (중략) ······ 그 잠깐의 경험인데 그 사건 있던 이후로는 버스에서 우연히 치마를 입고 다니니까 의도 하지 않게 가방이 닿을 수도 있고 때로는 사람들 몸끼리 부딪칠 수 있고 그렇잖아요. 그때마다 머리가 쭈뼛쭈뼛 서는 거예요. 그 뒤에 이 사람이 나한테 어떻게 했을까를 막 생각을 하게 되잖아요. 심하면 그거를 나한테 부볐다. 그런 걸 생각하니까 그때부터 정말 뭐 너무 싫었어요. 그래서 그때부터는 노이로제 같은 게 ······ 내가 언제든지 버스를 타면 조심을 해야겠다. 정말 위험한 장소다 ······.(29세, 미혼, 연구직)

> 연구자: 지하철이 안전하다고 생각하시나요?
> C-2: ······ 아침에 출근하면서 2호선을 타는데 신림에서 사당까지 가는

데 항상 사람들이 많아요. 장난 아니에요. 그래서 한 30분 먼저 나와요. 사람 없을 때 타려고. 가끔 소문이 그런 아저씨들이 있어요. 사람이 워낙 많다 보니까 한번까지는 사람들이 많아서 밀치다가 그런가보다 치는데, 한 정거장 이상 가는 데까지 그런 느낌이 들면은 어떻게 해야 할지 모르겠어요 …… (중략) ……. 거의가 4, 50대 된 아저씨들이 그러더라구요. 뭐라고 말할 수도 없고, 더럽다고 하나, 느낌이 너무 불쾌해서 어떻게 해야 할지 모르겠는 그런 거. 표현이 안 될 것 같아요.
연구자: 그런 경험들이 내 신체가 안전하지 않다라는 느낌을 더 강화시키나요?
C-2: 그렇죠. 그러면은 하루 종일 기분이 이상하고, 흑시나 다른 사람이 다가와도 이 사람도 그렇지 않을까 하는 느낌을 받으면서 그 사람도 경계하게 되는 것 같아요(21세, 미혼, 사무직).

성적괴롭힘이 여성으로 하여금 두려움을 야기하는 대상과 방식은 장소에 따라 달라진다. 앞서 살펴본 거리 특히, 혼자 어두운 거리를 걷고 있을 때 성적괴롭힘 피해경험은 좀 더 심각한 성폭력에 대한 전조로서 파악되기 때문에 성폭력에 대한 두려움으로 이어진다. 그러나 여성이 버스나 지하철에서 느끼는 신체적 안전에 대한 두려움은 대부분 성적괴롭힘 그 자체에 대한 두려움이라고 할 수 있다. 버스나 지하철의 경우 신체적 성적괴롭힘이나 성기노출과 같은 시각적 성적괴롭힘은 사람들이 많이 모이는 시간에 발생하기 때문에 그 피해가 회피할 수 없는 상황에서 지속적으로 이루어진다는 특성을 갖는다. 여성은 그것들을 '위협적'이고 '불쾌하고', '기분 나쁜' 그리고 '불안한' 것으로 경험하지만, 다른 감시자(다른 승객들)의 존재로 인해 대부분의 여성은 성적괴롭힘이 더 나아가 더욱 심각한 유형의 성폭력으로 이어지리라는 예측을 하지 않는다. 즉, 성적괴롭힘 피해경험과 그로 인한 두려움이 더욱 심각한 성폭력 즉 강간에 대한 두려움으로까지 이어지지는 않는다.

그러나 C-1의 사례는 버스나 지하철에서의 성적괴롭힘 경험이 성폭력이나 폭력에 대한 두려움을 유발할 수도 있음을 보여준다. 많은 사람들이 모여 있는 곳에서의 성적괴롭힘이 발생할 경우 여성은 수치심, 모욕감 때문에 적절하게 대응하지 못하기도 하지만 적극적으로 대처할 경우 버스나 지하철에서 자신을 따라 내려 자신에게 해코지를 할지도 모른다는 불안감이 있기 때문이다.

연구자: 버스나 지하철에서 불안하다는 느낌을 가져본 적이 있으신가요?
C-1: 한번은 9시 반인가 10시 사이였는데 사람이 별로 없잖아요. 아침이었는데. 사람들이 다 출근한 후라서 텅텅 비었어요. 가장 가장자리에 앉았는데 어떤 사람이 섰어요. 저는 그냥 서 있나 보다 했는데 그 사람이 계속 서 있는 거에요. 기분이 이상한 거에요. 땅 보고, 다이어리 보고 그랬는데 이상해서 많이 돌리지도 않고 눈만 이렇게 해서 봤는데 변태인 거에요. 바지 자크를 열어서 성기만 내놓고 볼 때까지 기다리는 거에요. 되게 찝찝한 거에요. 그런 거 자체가 남자보다는 여자가 나약하기 때문에 거기서 오는 쾌감 같은 거. 그런 걸 즐기는 것 같아요.
연구자: 그게 단순한 불쾌감인가요 아니면은 그 사람이 보여주는 거 외에 뭔가 나한테 다른 신체적인 위협을 할 것 같은 건가요?
C-1: 저 사람이 내리고 내가 그 다음에 내려야지 하는 생각이 들었어요. 같은 장소에 내리면은 안 된다는 생각은 했어요(24세, 미혼, 학원 강사).

버스나 지하철에서 여성이 느끼는 두려움의 대상이 심각한 성폭력이든 성적괴롭힘이든 간에 관계없이 공공장소에서 빈번하고 일상적인 성적괴롭힘의 경험은 남성과 여성 간에 매우 다른 사회적 실재를 만들어낸다. 남성과는 달리 여성은 성적괴롭힘에 대한 두려움 때문에 버스나 지하철과 같은 공적인 공간에서 자유롭지 못하거나 안전하지 않다고 인식하고 있다. 최인섭·김성언(1998)의 조사결과에 따르면, 대중교통시설, 백화점, 시장 등 사람이 많이 몰리는 곳에 있을 때 범죄피해를 당할까봐 두렵다고 응답한 남성은 6.7%에 불과하였으며, 낮에 집에 혼자 있을 때와 더불어 범죄피해에 대한 두려움이 가장 낮은 장소로 나타났다. 이와 같이 공공장소에서 불안감과 두려움은 여성으로 하여금 지속적으로 성적인 위협의 가능성을 경계하고, 의식적·무의식적으로 주위 환경을 감시하도록 하고 있다.

나. 집 안에서의 두려움

공공장소에서 대부분의 여성이 불안하거나 두렵다고 이야기한 반면에, 여성은 집 밖에 있는 것에 비해 집 안에 있는 것이 훨씬 더 안전하다고 인식하며 따라서 두려움을 덜 느끼게 된다고 이야기하고 있다. 집안을 상대적으로 안전하게 느끼는 이유로는 대다수의 여성이 자신의 환경에 대한 '통제력'을 지적하고 있다. 환경에 대한 통제력 혹은 통제감은 두 가지를 통해서 얻어지는 것으로 보인다. 하나는 집 주변에 미리 이중자물쇠, 쇠창살, 비디오폰, 심지어는 홈 시큐러티의 설치와 같은 예방적 조치를 취함으로써 이러한 도구를 통해서 외부로부터 낯선 침입자를 통제할 수 있다고 느끼는 것이다. 이는 여성의 예방적 행동이 범죄에 대한 불안감과 두려움을 어느 정도 완화시켜줄 수 있음을 의미한다.

> A-3: 집 안에 들어오면은 범죄에 대한 불안감보다는 귀신이 좀 무섭거든요. 집 안에 있으면 이중으로 문도 있고 차단도 되고, 범죄에 대한 것은 집 안에서는 별로 불안하지 않아요"(44세, 기혼, 전업주부).

> B-8: 집에서는 제가 단속을 잘하고 그러면 예방이 잘 되지만 밖에서는 뜻하지 않게 예방과 상관없이 당하니까 집 밖에서가 좀더 위험하다는 생각이 들어요(29세. 기혼, 사무직).

한편, 통제감은 친숙한 환경으로부터도 나온다. 아래의 사례에서처럼 집안은 익숙하고 친숙한 환경이기 때문에 어떤 위협적인 상황이 발생한다면 그 상황을 어느 정도 통제할 수 있다고 느끼기 때문이다.

> B-1: 제가 사는 집이니까 누구보다 집 구조를 잘 알잖아요. 누가 들어
> 와도 내가 호신용으로 뭐 하나 두고 있으면 괜히 그쪽으로 가서 내가
> 공격을 해서 그 사람을 쓰러뜨리고 도망을 간다던가. 집 밖에서는 호신
> 무기를 내가 들고 다니는 것도 아니고 그래서 꼼짝 없이 당하지만, 집
> 안에서는 낯선 사람이 문을 따고 들어오거나, 밧줄 타고 내려온다던가,
> 내려오는 과정에서 그 사람과 눈을 마주치게 되잖아요. 나한테 칼이나
> 총을 들고 가까이 오지 않는 이상 내가 집 안에서 하다못해 프라이팬
> 을 들고 때릴 수도 있고.(27세, 미혼, 사무직).

위와 같은 여성 자신의 설명은 집 안에서 느끼는 여성의 폭력범죄에 대한 두려움이 가족구성원이나 알고 있는 사람으로부터의 폭력에 대한 두려움은 아니며 외부로부터의 낯선 사람의 침입에 관한 것에 집중되어 있음을 드러내준다. 외부로부터 낯선 사람에 대한 침입을 두려워하기 때문에 집을 요새화하여 침입을 막을 수 있다고 생각하거나 침입하더라도 적절히 대처할 수 있다고 생각함으로써 불안감이나 두려움이 다소 낮아진다.

좀더 구체적으로 여성이 집 안에 있을 때 두려워하는 범죄유형을 살펴보면, 아래의 면접결과에서 나타나듯이 연령에 관계없이 집에 침입한 낯선 사람에 의한 강도와 성폭력으로 집약된다. 여성에게 있어 강도와 성폭력범죄에 대한 두려움은 뚜렷하게 구분하기 어려운 것으로 보인다. 몇몇 미혼여성이 집 안에서 성폭력범죄를 당할까봐 두렵다고 이야기하고 있기는 하지만 대부분의 여성은 집 안에 있을 때 가장 두려워하는 것은 강도범죄이다.

그러나 아래의 면접결과들이 보여주듯이 여성이 강도범죄를 두려워하는 것은 단지 강도가 집 안에 들어와서 자신이나 가족을 위협하여 돈이나 물건을 빼앗는 것에 대한 두려움으로 그치지 않고, 성폭력범죄에 대한 두려움으로 이어짐을 알 수 있다. 이러한 결과는 여성에게 있어 성폭력범죄는 다른 유형의 '범죄에 대한 두려움'을 높이는 효과를 갖는 "대표범죄(master offence)"로서의 작

동한다는 Ferraro(1996)의 주장을 뒷받침해준다.[62]

A-9: 저는 집에 강도가 들어와서 성폭행당한다, 그런 것이 좀 두렵거든요(38세, 기혼, 전업주부).

B-5: 성폭력이 무조건해서 벌어지는 게 아니라, 집에 들어오는 건 일단 금품을 털러 들어가잖아요. 여자면은 때리고, 그리고 입막음식으로 성폭력을 하는 거 같거든요. 일단 돈 때문에 성폭력도 일어나는 것 같거든요(29세, 미혼, 사무직).

2. 여성적 두려움(female fear)의 특성

가. 성폭력범죄에 대한 두려움

위에서 살펴본 면접자료들은 여성의 '범죄에 대한 두려움'의 핵심은 성적 괴롭힘 및 성폭력에 대한 두려움, 특히 낯선 남자에 의한 성적괴롭힘 및 성폭력에 대한 두려움이라는 점을 보여준다. 이는 여성에게 '안전'이나 '두려움'이라는 단어가 신체적인 해나 폭력보다는 성적인 침해나 성폭력과 밀접한 관련이 있음을 보여준다. 또한 성적괴롭힘 및 성폭력에 대한 두려움은 일상적으로 활동하는 거리, 집안, 버스나 지하철 같은 대중교통시설에 이르기까

---

62) 성폭력범죄가 주범죄로서 작동한다는 점은 여성의 소매치기나 성적괴롭힘에 대한 걱정 및 두려움에서도 나타난다. 대부분 범죄학자들은 소매치기는 대인범죄나 폭력범죄보다는 재산범죄로 구분하고 있지만 여성은 소매치기를 당할 때 그 사람과 눈이 마주치거나 누군가에게 범죄사실을 알릴 경우 자신에게 해코지를 할 수 있다고 생각하고, 자신이 여성이기 때문에 해코지의 방법이 성폭력일 수 있다고 생각한다. 그리고 공공장소에서의 두려움에서 살펴본 바와 같이 성적괴롭힘에 대한 걱정도 궁극적으로 좀더 심각하다고 인식되는 성폭력범죄에 대한 두려움 때문이다.

지 여성에게 널리 퍼져있는 여성의 삶에서 지속적으로 존재하는 위협이라는 점을 보여준다. Stanko(1995)는 성폭력의 실재는 여성존재의 핵심적인 부분이며, 일상생활의 전반에 걸쳐 경험되는 것이라고 주장한다. 이러한 주장은 두려움에까지 확장해서 성폭력에 대한 두려움은 여성존재의 핵심적인 부분이며, 일상생활의 전반적인 상황에 걸쳐 경험되는 것으로 표현할 수 있다.

이와 같이 여성이 다른 범죄유형에 비해 성폭력을 더 두려워하는 것은 여성이 그들이 단지 여성이기 때문에 성폭력으로부터 자유로울 수 없으며, 성폭력이 광범위한 상황과 장소에서 일어나는 일상적인 것이라고 생각하고 있기 때문이다. 즉, 단지 여성이기 때문에 피해가능성이 높은 것으로 인지하고 이것이 '범죄에 대한 두려움'을 야기한다. 그러나 면접결과들은 성폭력범죄에 대한 두려움은 부분적으로 성폭력범죄의 피해결과를 매우 심각한 것으로 인식하고 있기 때문이라는 사실을 보여준다. 피해가능성뿐 아니라 성폭력범죄라는 여성에게 특수한 범죄에 대한 피해결과의 심각성에 대한 인식이 여성으로 하여금 성폭력범죄에 대해 두려워하게 한다는 것이다.

면접결과를 보면 여성은 성폭력의 피해를 여성으로서 '치욕적인 것', '굴욕적인 것'으로 표현하고 있다. 그리고 '평생을 죄인처럼 살아가거나', '대인관계가 위축되거나', '삶의 의미마저 잃어버리게' 할 심각한 범죄로 인식하고 있다. 이와 같은 결과는 여성이 성폭력범죄로 인한 신체적인 피해보다는 심리적·정서적 피해를 더욱 중요하게 생각하는 단면을 보여준다. 또한, 치욕감이나 굴욕감과 같은 심리적·정서적 피해를 중요하고 심각한 피해결과로 언급하는 것은 성폭력을 다른 유형의 신체적인 침해행위와는 다른 방식으로 생각한다는 점을 보여준다. 이는 성폭력피해를 끝까지 지켜야 할 정조나 순결을 상실한 것이라는 생각에서 나온 것이다. 이러한 인식들은 끝까지 저항해서 자기를 지키지 못했다는 자기비난과 죄책감을 낳고 자신을 사랑하는 주위사람들과 관계를 맺기 어렵게 될 것이라고 생각하게 만든다. 성폭력피해를 매우 심각한 것으로 인식하는 것 그래서 다른 범죄보다는 성폭력에 대해 더 두려워하는 것은 성적인 터부(taboo)와 성폭력을 둘러싼 통념들과 관련이 있다는 점을 보여준다. 즉 여성은 성폭력으로부터의 회복을 어렵게 만드는 문화적으로 정형화된 이데올로기적 요소들의 많은 것들을 수용하고 있기 때문에 성폭력범죄를 가장 두려운 범죄로 인식하고 있다고 할 수 있다.

B-1: 지갑 같은 거 잃어버리면, 저는 현금을 잘 안 갖고 다니니까, 카드 같은 거야 신고해서 막으면은 되는 거지만 성폭력은 여자로서 정말 치욕적인 거잖아요. 저는 결혼은 안했지만 남편이 될 사람이나, 가족들이나 똑바로 쳐다보기가 민망할 것 같아요. 여자로서 치욕감 같은 거 (27세, 미혼, 사무직).

B-3: 후유증이 좀 오래갈 것 같아요. 여자는 조신해야 하고, 그런 교육을 많이 받잖아요. 중요하고 창피한 부분을 모르는 남자에게 보여줬다고 생각을 하면 당연히 그런 생각(치욕감, 굴욕감)이 들 것 같아요(26세, 미혼, 사무직).

C-2: 자기랑 상관도 없고 모르는 사람이, 한번도 못 보던 사람이 자기를 범했다는 자체가 내가 살면서 삶의 의미를 잃을 것 같아요. 성폭행 당한 사람들을 보면은 항상 사람들에게 죽어지내고, 순결을 잃었다 그래서 자살한다는 이야기도 들었는데, 모든 일상이 폐인처럼 아무것도 못 살 것 같은, 내 의미를 다시 생각하면서 그럴 것 같아요. 무의미해질 것 같아요(21세, 미혼, 사무직).

위에서 제시한 면접자료와 같이 본인이 성폭력에 대한 일반적인 통념을 수용을 함으로써 성폭력범죄에 대해 두려워하기도 하지만, 아래서 제시한 E-2의 사례처럼 본인 자신이 성폭력범죄에 대한 통념을 수용하지 않는 여성이더라도 대부분의 여성은 우리 사회에서 성폭력과 그 피해여성을 바라보는 태도와 관념들에 대해 잘 알고 있는 것으로 나타났다. 아래의 면접사례는 강간범죄의 피해자를 비난하는 형사사법기관의 태도를 잘 알고 있기 때문에 자신을 스스로 관리하고 통제할 수밖에 없다는 것을 알고 있으며, 이에 대해 분개한다. 성폭력에 대한 관념들을 수용하고 있지는 않지만 여성은 성폭력을 피해야 할 책임이 여성 자신들에게 주어져 있고, 만약 성폭력의 피해자가 된 다면 비난당할 수 있다는 것을 알고 있다. 따라서 성폭력에 대한 두려움에 반응하는 방식은 성폭력범죄에 대한 통념을 수용하느냐 거부하느냐에 관계 없이 결국 자신의 삶을 스스로 통제하는 방식으로 나타난다는 것이다.

한편, 이 여성의 면접결과는 성폭력범죄의 피해자를 비난하는 관점은 성 적괴롭힘에까지 널리 퍼져있으며, 특히, 같은 입장에 선 여성의 경우에도 피 해자를 비난하기 때문에 성적괴롭힘을 당한 이후 대응하는 과정에서 다른 사람들의 시선과 반응을 더 두려워한다는 점을 잘 보여주고 있다. 이는 여성 의 성폭력에 대한 두려움은 성폭력 그 자체에 대한 두려움과 더불어 피해자 에 대한 비난에 대한 두려움을 포함하고 있음을 보여준다.

E-2: 여자가 강간 때문에 재판을 할 때 그 여자가 입었던 치마길이까 지 재잖아요. 나는 그런 게 일상생활을 할 때 엄청 스트레스가 돼요. 내가 남자를 만나건 여자를 만나건 누구를 만나건 간에 내가 하고 싶 은 데로 할 수 없고 늘 정숙 또는 깔끔 단정하게 아니면 요만큼도 책 잡히는 일 없이 늘 관리해야 된다는 거. 내가 사회생활하고 여성학을 하면서 느끼는 건데 엘리트들에 대한 편견이라는 생각이 드는데, 공부 를 많이 한 사람들도 그게 그렇게 행동을 하고 다니거나 그렇게 하고 다니는 것에 곱지 않은 시선을 보내잖아요. 나는 그게 대개 싫고 예를 들어서 내가 술 좋아한단 말이에요. 근데 그게 빌미를 제공했다 이거 죠. 우리는 그런 상황을 어떻게 대처해야 되는지를 배워서 알잖아요. 예를 들어서 싫으면 싫다는 표현을 분명하게 하거나 아니면은 따끔하 게 얘기를 해준다거나 그래서 내가 싫은 걸 그 사람에게 알리도록. 맨 날 그걸 들으면 뭐하냐고요. 내가 성적괴롭힘을 당하는 걸 두려워하는 게 아니고 그 사람이 성적괴롭힘을 하고 내가 어떻게 반응을 할 거 아 니야 그러면은 그 반응 이후가 더 두려운 거에요. 그리고 솔직히 어느

정도 의식이 되어 있는 사람을 제외하고는 직장에서 같이 일하는 동료 여자들도 내 편이 아니에요. 조직의 편이에요. 그리고 성적괴롭힘이라는 그 상황이 정말 몇 초간 일어나는 거잖아요. 그러니깐 20-30초간 일어났던 그 불쾌감을 내가 30-40분 동안 떠든다. 그러면은 다들 그런 일이 있었나. 언제?. 얘기를 하면 할수록 나만 지치고 그 사람이 나의 서포트 그룹이 되어줄 거라는 생각은 전혀 못하기 때문에 그런 거 때문에 오는 자기 자신의 철저한 통제가 스며드는 거 같아요. 심지어는 ○○씨 너무 오버하는 거 아니야. 혼자 그러는 거 아니야라고 이야기하기도 해요(29세, 미혼, 무직).

나. 공공장소에서 낯선 사람에 대한 두려움

기존의 주류 범죄학에서는 공간(space)과 장소(location)의 중요성이 무시되어 왔었다(Evans et al., 1992). 주류 범죄학의 입장에서 '범죄에 대한 두려움'을 연구했던 기존의 연구들도 이러한 경향에 따라 동네 근처의 거리와 같은 공공장소에서의 두려움에만 초점을 맞추어왔다. 한편, 일부에서는 '범죄에 대한 두려움'의 공간적 유형을 이해하기 위한 시도가 있었지만, 이들 연구의 대부분은 도시와 농촌 중 어느 지역에서 '범죄에 대한 두려움'이 더 높은가 (Bankston et al., 1987; Kennedy, 1984; Kennedy and Silverman, 1985, Krannich et al, 1985, 1989 등) 혹은 거주지역이나 거리에서 공간의 디자인이나 건축환경(built environment)이 두려움에 미치는 영향(Nair, Ditton and Phillips, 1993; 도건효, 1992; 박현선, 1995 등)에 초점이 맞추어져 있었다 (Pain, 1997).

그러나 여성주의학자들은 여성에 대한 폭력과 그에 대한 두려움은 지역적 특성이나 건축환경의 특성에 따라 별로 차이를 보이지 않으며, 여성이 두려운 장소와 안전한 장소를 구분하는 데 있어 가장 중요한 기준은 공적인 공간(public place)과 사적인 공간(private place) 간의 구분이라는 점을 보여주고 있다(Pain, 1991, 1997, 2001; Painter, 1992; Valentine, 1989). 이와 같이 여성의 '범죄에 대한 두려움'을 논의함에 있어 건축환경이나 지역의 특성보다는 사적인 공간과 공적인 공간 간의 차이와 그 함의가 논쟁의 중심에 있다는 점을 고려하여, 본 연구에서는 여성의 두려움에 있어서 공적인 공간과 사적인 공간 간의 차이를 살펴보았다.

앞에서 제시한 면접자료 결과에 의하면 여성은 집보다는 동네 주변, 거리, 대중교통시설 등에서 더 많은 불안감과 두려움을 느낀다. 이러한 경향은 양적 조사자료를 통해서 확인된다. 양적 조사자료에 대한 분석을 통해 여성의 공적인 공간과 사적인 공간에서 '범죄에 대한 두려움'에서의 정도 차이를 살펴보면(〈표 4-1〉 참조), 집 근처 거리를 밤에 혼자 걸을 때 두렵다고 응답한 비율은 61.7%인 반면에, 밤에 집에 있을 때 두렵다고 응답한 비율은 38.4%로 나타나 여성이 거리와 같은 공공장소보다는 집을 안전한 장소로 생각하고 있는 경향을 읽을 수 있다. 한편, 본 연구에서는 여성의 폭력범죄에 대한 두려움을 낯선 사람에 의한 폭력 및 성폭력과 가족이나 잘 알고 지내는 사람에 의한 폭력 및 성폭력으로 나누어 측정하였다.

가해자의 유형에 따른 분류는 공간적인 차원과 반드시 일치하지는 않지만, 낯선 사람에 의한 폭력 및 성폭력피해에 대한 두려움은 집이라는 사적인 공간보다는 공공장소와 밀접하게 연관되어 있다는 점에서 여성의 두려움의 공간적 차원을 간접적으로 보여준다고 할 수 있다. 그 결과를 살펴보면(〈표 4-1〉 참조), 낯선 사람에게 폭행을 당하는 것과 성폭행을 당하는 것에 대해서는 각각 32.8%와 35.0%의 여성이 두렵다고 응답한 반면에, 가족이나 잘 알고 지내는 사람에게 폭행을 당하는 것과 성폭행을 당하는 것에 대해서는 각각 여성의 15.9%와 13.2%만이 두렵다고 응답하였다. 여성은 집안보다는 집 밖에서, 가족, 애인 등과 같은 아는 사람보다는 낯선 사람에 대해 더 큰 위험을 느끼고 있음을 알 수 있다. 즉, 여성의 폭력범죄에 대한 두려움은 집 밖의 공적인 공간에서 낯선 사람에 대한 두려움이라고 할 수 있다.

그러나 여성에 대한 폭력이 발생하는 장소와 가해자의 유형을 보면, 여성이 두려워하는 공간적인 유형과 여성이 두려워하는 폭력이 실제로 발생하는 공간과 일치하지 않는다는 점을 알 수 있다. 1994년에서 1998년 동안 형사사법기관에서 처리된 성폭력범죄에 대한 기록을 통해 여성에 대한 남성폭력의 실태를 살펴보면, 낯선 사람에 의해서 발생한 성폭력범죄는 전체 사건의 39.4%에 불과하다(노성호 외, 1999). 또한 성폭력상담소의 피해자에 대한 상담결과에 따르면, 성폭력의 70% 이상이 아는 사람에 의해서 발생한다. 마지막으로 우리 사회에서 남편에 의한 아내 구타의 비율이 상당히 높다는 점을 감안해보면, 남성폭력의 상당부분은 사적인 공간에서 친밀한 사람들 사이에 발생하고 있다는 점을 쉽게 추론해 볼 수 있다. 이와 같은 사실을 여성의 '범죄에 대한 두려움'의 공간적 유형과 비교해보면, 여성의 폭력범죄에 대한 두려움은 성폭력 및 폭력의 공간적인 유형을 반영하고 있지 않는다는 점을 알 수 있다.

<표 4-1> 공간적 차원에서 본 여성의 폭력범죄에 대한 두려움

단위: %

구 분		두렵다고 응답한 비율
공적인 공간 －낯선 사람	집 근처 밤거리에서	61.7
	낯선 사람에게 폭행당하는 것	32.8
	낯선 사람에게 성폭행당하는 것	35.0
사적인 공간 －아는 사람	밤에 집에서	38.4
	가족이나 잘 알고 지내는 사람에게 폭행당하는 것	15.9
	가족이나 잘 알고 지내는 사람에게 성폭행당하는 것	13.2

그렇다면 여성에 대한 폭력범죄의 상당부분이 가족이나 잘 알고 지내는 사람에 의해서 주로 사적인 공간에서 발생함에도 불구하고, 왜 여성의 '범죄에 대한 두려움'은 집 밖의 낯선 사람에게로 향해져 있는가? 포커스 그룹 인터뷰의 결과는 두 가지의 가능성을 보여준다. 하나는 여성이 남성폭력에 대한 지배적인 통념들을 그대로 수용하고 있고, 이것이 '범죄에 대한 두려움'에

반영되었다는 것이다. 인터뷰 대상이 된 여성의 대다수는 가장 빈번하게 발생하는 전형적인 강간범죄는 공원이나 골목길, 인적이 드문 곳과 같은 '공공장소'에서 '낯선 사람'에 의해서 발생하는 것으로 인식하고 있다.63) 또한, 그러한 낯선 남자는 '돌출적인 상황'이나 '우발적인 상황'에서 모르는 여성에게 성폭행을 가한다고 인식하고 있다. 여성은 이러한 유형의 강간이 "진짜 강간"(Estrich, 1987)이라고 받아들이고 있다.

이에 따라 C-4의 사례나 C-1의 사례의 면접결과에 나타나는 바와 같이 아는 사람에게 성폭력을 당한 경우에는 피해자에게도 책임이 있을 것이라고 인식하며, 자신의 경우에는 처신을 잘하기 때문에 아는 사람에게 성폭력을 당할 위험이 없다는 방식으로 거리두기를 하고 있는 것으로 나타났다. 이러한 지배적인 통념의 수용은 여성으로 하여금 공공장소와 거기서 만나게 될 낯선 사람들을 두려워하게 만든다. 이러한 결과는 '범죄에 대한 두려움'은 무엇이 범죄이며, 누가 범죄를 저지를 것인가, 누가 범죄의 피해자가 되기 쉬운가, 범죄자와 피해자는 어떤 관계인가, 언제, 어디서 범죄가 발생할 것인가에 대한 지배적인 관념에 의해서 형성된다(Medritz, 1997)는 점을 보여준다.

> C-4: 아는 사람의 경우는 아니까 그런 상황까지는 안 갈 거라고 생각을 하는 것 같아요. 만약에 그런 상황이 생기더라도 계기가 있을 거 아니에요. 그런 계기를 안 만들도록 해야 되겠죠. 강도, 나쁜 사람이 그런다거나, 돌출적인 상황이 된다면은 모르지만 아는 사람에게 상황이 그런다면은. 낯선 사람에게 당하는 건 사고라고 치고. 그건 일반 사람일 것 같고(31세, 미혼, 학원강사).

> C-1: 아무래도 낯선 사람에게 당한 것보다는 본인한테 뭔가 좀 문제가 있을 것 같아요. 낯선 사람에게 당하는 것보다도 좀 더 큰(24세, 미혼, 학원강사).

---

63) 그러나 아동성폭력에 대해서는 이와 상이한 관념들을 갖고 있다. 이에 대해서는 이타적 두려움: 자녀의 범죄피해에 대한 두려움부분에서 살펴보기로 하겠다.

위와 같은 지배적인 통념의 수용은 대중매체와 사회화경험 등을 통해서 형성되는 것으로 보인다.[64] 먼저 대중매체의 영향을 살펴보면, 국내에서는 남성폭력범죄에 대한 대중매체의 보도성향에 대한 체계적인 연구가 없어서 단정 짓기 어렵지만, 외국의 연구결과에 의하면 대중매체에서 남성폭력은 대부분 낯선 사람에 의해서 공적인 장소에서 발생하는 것으로 그려지고 있다고 한다(Surrete, 1992). 거리에서 여성의 불안감을 보여주기 위해서 앞서 제시되었던 C-1, C-2의 사례는 거리에서 불안감을 느끼게 된 주요한 소스로 어두운 골목길이나 으슥한 곳에서 벌어지는 성폭력사건을 다룬 TV의 영향을 지적하고 있다. 전형적으로 대중매체에서 다루는 이야기나 사건들이 사람들의 이목을 집중시키고 정신병자에 의한 성폭력같이 뉴스가치성이 높은 것에 초점이 맞추어져 있다는 사실[65]과 범죄에 대한 경험이 일반적이지 않은 상황에서 대다수의 여성이 범죄에 대한 정보를 TV를 통해서 얻는다는 사실을 감안해보면[66] TV에서 전형적으로 다루는 남성폭력에 관련된 내용과 정보는 여성의 범죄 및 '범죄에 대한 두려움'에 대한 인식에 미치는 영향이 상당히 클 것이라고 추정할 수 있다.

한편, 연구자가 젊은 여성을 대상으로 한 포커스 그룹 인터뷰를 진행하고 있을 때에는 화성연쇄살인사건을 다룬 '살인의 추억'이라는 영화가 세인의 관심의 대상이었다. 이 영화는 어둡고 으슥한 곳에서 낯선 남성에 의해서 행해지는 전형적인 강간살인사건을 다루고 있는데, 인터뷰한 대부분의 젊은 여성은 이 영화를 본 후 두려움이 더 커졌고 한동안 밤에 거리를 걸어 다니는 것이 굉장히 불안하였다고 이야기하고 있다. 이는 뉴스, 영화, 범죄 관련프로

---

64) 부모로부터의 사회화경험과 대중매체의 이외에도 루머(Smith, 1981)나 경찰이나 기타 기관에서 제시하는 범죄예방과 관련된 조언(Stanko, 1995)들의 중요성이 제시되기도 한다. 본 연구에서는 이들을 자세히 다루지 못하였다.

65) 이에 대해서는 이병기·이기웅(1995)의 "범죄보도가 시민의 범죄인식에 미치는 영향"을 참조할 것.

66) 본 연구의 양적 조사결과에 의하면, 여성의 88%가 TV를 통해서 범죄에 대한 정보를 얻는 것으로 나타났다.

그램 등이 여성의 '범죄에 대한 두려움'의 구체적인 내용을 결정하고, '범죄에 대한 두려움'에 대처하는 방식에 영향을 미칠 수 있음을 보여준다.

사회화의 경험 또한 남성폭력이 공공장소에서 낯선 사람에 의해 발생한다는 잘못된 인식을 심어주는 데 중요한 역할을 하고 있는 것으로 보인다. 본 연구에서 여성을 대상으로 위험 및 두려움과 관련된 사회화의 경험을 조사한 결과, 조사대상의 69.8%가 어린시절 부모로부터 낯선 사람의 호의를 경계하도록 교육받았으며, 79.1%가 여자는 혼자 여행을 해서는 안 된다고 교육받았으며, 87.3%가 밤에 외출하는 것이 위험하다는 교육을 받았다고 응답하였다. 이는 여성에 대한 사회화가 집 밖의 낯선 사람에 대한 위험에 집중되어 있음을 보여준다. 이러한 사회화경험은 여성으로 하여금 공공장소에서의 낯선 사람에 대한 두려움을 야기할 수밖에 없는 것으로 보인다.

여성의 '범죄에 대한 두려움'을 공공장소에서 낯선 사람의 성폭력에 대한 두려움으로 만드는 두 번째 요인은 공공장소에서 낯선 남자로부터 경험하게 되는 성적괴롭힘 때문이라고 할 수 있다. 앞에서 거리와 버스와 지하철에서 여성이 느끼는 두려움을 보여주기 위해서 제시된 사례들은 공공장소에서 낯선 남성의 성적괴롭힘에 대한 직접적인 경험이 '범죄에 대한 두려움'과 관련하여 여성이 공간과 장소를 인식하는 방식에 영향을 미칠 수 있음을 보여주고 있다. 거리, 지하철, 버스 등과 같은 공적인 공간에서 여성이 흔하게 경험하는 낯선 사람에 의한 성적괴롭힘 피해경험은 자신의 신체적 안전 및 범죄피해에 대한 상당한 양의 걱정을 유발하고, 공적인 공간과 낯선 사람들을 예측할 수 없고 통제할 수 없다는 생각들을 강화할 수 있다는 것이다.

위와 같이 사회화나 대중매체를 통해서 얻게 된 남성폭력에 대한 정보와 공공장소에서 낯선 남성에 의한 성적괴롭힘 경험을 통해 '공공장소에서 낯선 사람에 대한 두려움'을 형성하게 되고, 공적인 공간은 생산의 영역이며 이에 관여하는 남성을 위한 장소이며 치열한 경쟁과 위험이 도사리고 있는 곳이고, 가정은 소비의 영역이며 여성을 위한 장소이며 위험한 외부세계에 대해 안전하고 천국과 같은 곳으로 그려지고 있는 공간에 부여된 통념들을 강화한다. 이는 두 가지 결과를 낳을 수 있다. 하나는 가정 내에서 친밀한 사람들 사이에 발생하는 범죄를 범죄로 인식하지 못하게 하는 결과를 낳는다.

두 번째는 여성에게 공공장소는 위험한 곳이며 여성은 범죄의 피해자가 되는 것을 피하기 위해서는 안전한 집에 머물러야 한다는 인식을 심어줌으로써 여성이 남성과 동등하게 공적인 영역에 참가하고 공공장소를 이용하는 데 영향을 미친다는 것이다(Pain, 1997; Valentine, 1989). 역사적으로 볼 때 남성과 여성의 공간사용의 중요한 측면은 집과 일터 간의 이분법에 명확하게 나타나 있다. 오늘날은 여성이 집 밖에서 일을 하게 되고 남성적인 영역에 많이 진출하게 됨으로써 집과 일터 간의 물리적인 격리가 예전만큼 명확하지 않게 되었지만, 공적인 공간에서의 '범죄에 대한 두려움'이 여성으로 하여금 공적인 활동에 덜 참여하게 되고 집에서 더 많은 시간을 보내게 함으로써 여전히 공공장소를 남성이 지배할 수 있는 이데올로기적인 기초를 제공해준다고 해석할 수 있다.

다. 이타적 두려움: 자녀의 범죄피해에 대한 두려움

'범죄에 대한 두려움'에 대한 기존 논의들은 연구대상자 자신의 개인적 두려움(individual fear)에만 초점을 맞추어 왔다. 그러나 이러한 연구경향을 여성이 연구대상이 되는 연구에 적용할 경우 자녀를 가진 기혼여성이 '범죄에 대한 두려움'과 관련하여 갖고 있는 중요한 측면을 간과하게 되는 결과를 낳을 수 있다. 자녀를 가진 기혼여성은 자신뿐 아니라 자녀의 안전과 범죄피해에 대해 두려워하며, 여성이 자녀의 안전 및 범죄피해에 대해 갖고 있는 두려움이 여성(어머니)의 삶의 질에 중요한 영향을 미칠 수 있기 때문이다. 이와 같이 자신이 아닌 다른 사람의 안전에 대한 걱정 혹은 '범죄에 대한 두려움'을 보통 이타적 두려움(altruistic fear)이라고 부르는데(Warr, 1992, 2000), 여성의 경우 이타적 두려움이 그들의 '범죄에 대한 두려움'을 구성하는 데 있어 매우 중요할 수 있다.

가족 내에서의 성역할과 성에 따른 노동 분업에 대한 연구들은 자녀를 둔 기혼여성이 '범죄에 대한 두려움'과 관련하여 갖는 다른 차원의 두려움 즉 이타적 두려움을 이해하는 맥락을 제공해주고 있다. 이들 연구들은 여성의 사회진출의 증가, 권리의 증진, 전통적인 성역할 개념의 약화 등과 많은 사회적인 변화에도 불구하고, 전통적 성역할 이데올로기에 기반하고 있는 모성 이데올로기가 여전히 건재하고 있음을 보여주고 있다(여성한국사회연구회편, 1995). 즉, 많은 사회적 변화에도 불구하고 우리 사회에서는 여전히 아이를 교육하고 보호하는 책임의 상당부분이 어머니에게 주어져 있으며, 아이들에게 무언가 잘못된 일이 발생하거나 나쁜 길로 빠진다면 그것이 어머니의 잘못이라는 관념들이 존재하고 있다.

이러한 논의를 통해서 자녀를 가진 여성에게는 자신의 개인적 두려움만큼이나 자녀들의 안전 혹은 '범죄에 대한 두려움'이 일상적인 삶에 있어 매우 중요한 문제일 수 있음을 추론해볼 수 있다. 한편, 자녀양육과 관련하여 여성에게 주어진 전통적인 성역할 관념의 존재와 더불어 위험 사회에서 모습을 드러내고 있는 아동의 안전을 둘러싼 다양한 위험의 존재로 아동보호와 관련된 적절한 어머니 역할의 수행에 대한 문화적 압력이 그 어느 때보다 높아지고 있다. 이로 인해서 여성의 자녀의 안전에 대한 걱정이 날로 높아져가고 있으며, 그에 대한 책임과 부담을 느끼게 하고 있다. 이와 같은 자녀의 안전에 대한 책임의 증가와 이에 대한 적절한 어머니 역할의 수행은 여성 자신의 삶이 따로 존재하지 않고 일상생활이 제한받을 수 있음을 의미한다고 하겠다.

위와 같은 논의들을 경험적으로 검증해보기 위해서 본 연구는 먼저 여성의 범죄피해에 대한 걱정을 자기 자신에 대한 걱정과 자녀에 대한 걱정으로 나누어 측정한 후 그 결과를 검토하였다. 자녀가 있는 여성을 대상으로 자신 및 자녀의 범죄피해에 대한 두려움을 알아본 결과에 의하면(〈표 4-2〉 참조), 자신의 범죄피해에 대한 두려움보다는 자녀의 범죄피해에 대한 두려움이 매우 높다는 점을 알 수 있다.

<표 4-2> 자신과 자녀의 범죄피해에 대한 두려움　　　　　단위: %(명)

구　분	걱정하지 않는다	그저 그렇다	걱정한다
나 자신의 범죄피해에 대한 걱정	16.3(68)	25.4(106)	58.4(244)
아들의 범죄피해에 대한 걱정	8.0(28)	8.5(30)	83.5(298)
딸의 범죄피해에 대한 걱정	5.1(15)	3.8(11)	91.5(266)

　이를 구체적으로 살펴보면, 자녀가 있는 여성의 경우 58.2%가 자신의 범죄피해에 대해 걱정한다고 응답하였다. 그러나 아들의 범죄피해에 대해서는 83.4%가 걱정한다고 응답하였으며, 딸의 경우에는 아들보다 더 많은 90.5%가 딸이 범죄피해를 당할까봐 걱정한다고 응답하였다. 이와 같은 결과는 자녀를 가진 여성은 개인적인 두려움에 비해 자녀를 향한 이타적 두려움이 더 일반적인 현상임을 보여준다.

　이러한 논의는 <표 4-3>을 통해서도 뒷받침된다. 자신의 범죄피해에 대한 걱정과 딸의 범죄피해에 대한 걱정을 교차시켜본 결과, 자신의 범죄피해에 대해 걱정하면서 딸의 범죄피해에 대해 걱정하지 않는 응답자는 5명에 불과한 반면에, 자신의 범죄피해에 대해 걱정하지 않으면서 딸의 범죄피해에 대해 걱정하는 응답자는 107명으로 훨씬 더 많은 것으로 나타났다.

<표 4-3> 자신의 범죄피해에 대한 걱정과 딸의 범죄피해에 대한 걱정
　　　　　간의 관계　　　　　　　　　　　　　　　　단위: 명

자신의 범죄피해에 대한 두려움	딸의 범죄피해에 대한 두려움			
	걱정하지 않는다	그저 그렇다	걱정한다	계
걱정하지 않는다	14	3	31	48
그저 그렇다	1	6	73	80
걱정한다	2	2	168	167
계	17	11	267	295

여성은 자기 자신보다 자녀의 안전 및 범죄피해에 대해 더 걱정하고 있을 뿐 아니라 자녀의 안전 및 범죄피해에 대한 책임이 여성에게 있으며, 잘못된 경우 어머니 역할을 제대로 하지 못한 것에 대해 죄책감을 느낄 것이라고 이야기하고 있다. 한편, 자녀의 안전 및 범죄피해에 대한 책임이 전적으로 여성의 책임이라는 점에 공감하지 않더라도 그 일을 전담하는 것은 여성이다. 이는 자녀를 가진 여성이 전통적인 성역할 이데올로기를 수용하고 있음을 시사한다. 그리고 이는 뒤에서 살펴볼 '범죄에 대한 두려움'에 대한 반응에서 알 수 있듯이 자녀의 범죄피해를 피하기 위해서 자녀를 돌보는 데 상당한 시간과 노력을 투자함으로써 어머니들의 삶을 제한하는 것으로 나타난다.

A-4: 아이에게 무슨 일이 생기면 그거 자체가 엄마 책임이라는 생각이 들어요. 저는 전업주부고, 아이들을 돌보고 있으니까 많은 죄책감을 느낄 것 같아요(38세, 중1 남, 초등3 여).

F-1: 당연하죠, 내 딸은 내가 책임저야지요. 왜냐면은 엄마탓으로. 어린아이가 성폭행을 당하면은 엄마탓으로 돌리는 경우가 많아요. 너가 아이를 잘못 관리하고 제대로 돌보지 못했지 때문에 생긴 착오다 …… (45세, 대1 남, 초4 여)

A-8: 애들 둘인데, 둘 다 밤늦게 들어오고 하면은 …… 무슨 일이 생긴다면 …… 책임은 아니지만 제가 전담을 하고 있죠(45세, 대2 여, 고3 여).

다음은 자녀의 성별과 연령에 따라 자녀의 범죄피해에 대한 두려움이 어떻게 달라지는가를 살펴보기로 한다. 먼저 자녀의 성별에 따른 차이를 살펴보면(〈표 4-4〉 참조), 아들을 가진 부모의 83.4%가 아들의 범죄피해에 대해 걱정한다고 응답한 반면에, 딸을 가진 부모의 90.5%가 딸의 범죄피해에 대해 걱정한다고 응답하였다. 아들보다는 딸을 가진 어머니들의 범죄피해에 대한 걱정이 더 높게 나타났으며, 자녀의 성별에 따른 어머니의 걱정의 수준의 차이는 0.001수준에서 통계적으로 유의미한 차이가 나타났다. 즉 자녀의 성별에 따라 어머니의 자녀에 대한 '범죄에 대한 두려움'은 차이를 보이고 있다. 이러한 사실은 딸과 아들을 모두 키우고 있는 어머니에 대한 면접자료에서도 나타난다.

A-9: 아들 둘에 딸 하나인데, 아들 둘은 그냥 놓아서 키우는 편이거든요. 딸이 굉장히 걱정스러운 편인데, 커갈수록 걱정이 되요. 신체적으로 변화가 오고 하니까 조심하라고 하는데, 아들은 별로 걱정 안 하는데 ……(38세, 기혼, 전업주부).

<표 4-4> 아들과 딸의 범죄피해에 대한 걱정 간의 평균 차이(대응표본 t-검증)

구 분	사례수	평균	표준편차	검증
아들의 범죄피해에 대한 걱정	225	4.05	.91	-5.64***
딸의 범죄피해에 대한 걱정	225	4.28	.88	

*** p<.001

이와 같이 어머니의 자녀의 범죄피해에 대한 걱정의 수준이 매우 높은 가운데에서도 아들보다는 딸의 피해에 대해서 더 많이 걱정을 하는 것은 딸의 경우 유괴, 학교폭력 등과 같이 남녀 구분 없이 공통적으로 겪을 수 있는 범죄피해에 대한 공통적인 걱정 이외에도 여자 아이만이 당할 수 있는 성폭력 피해에 대한 걱정 때문이다.[67] 포커스 그룹 인터뷰 대상자 중 딸을 가진 여성은 모두 딸의 안전에 대한 걱정의 대부분을 차지하고 있는 것은 딸이 성

---

67) 물론 아동성폭력의 경우 여자 어린이만이 그 대상이 되는 것은 아니다. 최근 들어 남자 어린이에 대한 성폭력의 문제가 대중매체를 통해 보도되기는 하였지만, 본 연구의 조사대상이 된 어머니들은 아동성폭력의 문제는 여자 어린이에 국한된 것으로 생각하는 것으로 나타났다.

폭력을 당할 수도 있다는 불안감 때문이라고 응답하였다. 특히 대중매체에서 아동성폭력에 대한 보도가 많이 되면서 여성은 딸에 대한 걱정은 유치원 여자아동들까지로 확대되어 어린 딸도 성폭력으로부터 자유로울 수 없다는 사실을 인식하고 있다.[68] 아래의 면접자료는 아들의 경우에는 나이가 어린 경우 유괴를 당할까봐 걱정하고 초등학생이나 중학생일 경우에는 학교폭력, 금품갈취 등을 걱정하지만, 딸의 경우에는 딸의 연령과는 상관없이 성폭력에 대한 걱정이 매우 크다는 점을 보여준다.

> 연구자: 자녀들을 걱정 많이 하시는데요, 아들만 둘이신 분은 걱정이 덜 한가요?
>
> A-5: 방향이 좀 다르죠. 남자애들은 학교에서 폭행하고, 돈 뺏기고 그런 거에 걱정이 되죠(40세, 초등6 남, 초등2 남).

> A-3: 딸들은 성추행 그런 거 많이 그렇고, 아들은 누구한테 맞거나, 돈을 뺏기거나, 한번은 1500원을 뺏겼는데 중학생 형들이 돈 내라고 할 때 그냥 주면은 될 텐데 그걸 안 줬데요. 그러니까 계속 괴롭혔다고 하더라구요. 다음부터는 좀 주고 빨리 도망오라고 그랬거든요(44세, 고1 여, 중2 여, 초등6 남).

> A-4: 딸이 더 강한 것 같아요. 여자애들에게는 성폭행 쪽을 생각하니까, 그랬을 경우에 받을 상처가 치유되지 않을 것 같은 두려움 때문에 더 강하고, 남자애들은 한 대 얻어맞고 돈을 뺏기고 말던지 하는데 여자애가 사건을 당하면은 치유되지 않는 큰 상처가 남을 것 같아서 항상 더 신경이 쓰이죠(38세, 중1 남, 초3 여).

---

68) 어머니들에게 여자 어린이의 성폭력에 대한 관심을 제고시킨 것은 1996년의 유치원 원장이 10여 명의 여자 어린이를 대상으로 한 성추행사건이 대중매체를 통해서 널리 알려졌기 때문이다. 대부분의 여성은 이러한 사건의 충격이 대단히 컸고, 그 이후로 여자 아이들의 성폭력에 대한 걱정이 훨씬 커졌다고 보고하고 있다.

한 가지 주목할 만한 사실은 여성에 대한 폭력피해의 상당수가 사적인 공간에서 알고 있는 사람에 의해서 발생함에도 불구하고 여성의 '범죄에 대한 두려움'이 공공장소에서 낯선 사람에 의한 것으로 정형화되어 있는 반면에, 딸의 성폭행에 대한 두려움은 두려움을 야기하는 상황과 대상이라는 측면에서 다르게 구성되어 있다는 점이다. 여성이 딸의 안전 혹은 범죄피해에 대한 걱정은 낯선 장소보다는 익숙하고 친숙한 장소에 집중되어 있고, 평소에 알고 지내는 사람을 위험하다고 인식하고 있다. 특히, 자녀의 나이가 어릴수록 어머니들은 알고 지내거나 안면 정도 있는 사람이 딸의 안전에 위협적이라고 생각한다. 여성이 딸의 안전에 위협적이라고 생각하는 대상은 하원 버스 기사, 알고 지내는 오빠, 사촌형제에서 남편에 이르기까지 다양하다. 최근의 아동성폭력에 대한 사회적 관심의 증가는 적어도 아동의 경우에 있어서는 성적 위험에 있어서 객관적인 사실을 반영하도록 하고 있는 것으로 보인다.

A-7: 어릴 때는 오히려 아는 사람에게 당할 것 같아요. 큰애가 같은 초등학교 같은 반 여자애와 같은 학원을 다녔는데 학원에 중고생 반이 같이 있었는데 어떤 오빠가 현관 계단 내려오는데 그 오빠가 너 정말 이쁘다 너 정말 좋아한다 그러면서 강제로 뽀뽀도 하고 갔데요. 전혀 생각지도 못하던 곳이잖아요. 그래서 걱정을 하기 시작했어요(37세, 중2 여, 초1 남).

A-1: 형님네 애들이 남자애들인데 대학생, 고등학생이거든요. 우리는 구정이나 명절에 가면은 거기서 며칠을 지내는데, 아이들이 컴퓨터 하고 늦게 자는 거에요. 그래서 불안해서 항상 너는 엄마 옆에서 자야 한다, 남편은 너무 지나치다 그래요. 사촌이 아무리 그러겠냐 그러는데 그건 모르는 거다, 젊은 애들은 모른다, 그래서 항상 애가 옆에 있어야지 편해요(39세, 고1 여, 초등6 남).

A-4: 집 밖에서는 낯선 사람이고, (중략) ……. 오빠 친구들이 왔을 때

동생만 놔두고 외출하는 것도 두렵고, 오빠가 있는 친구 집에 보낼 때
도 걱정되구요(38세, 중1 남, 초등3 여).

다음은 자녀의 연령별로 어머니의 자녀의 범죄피해에 대한 두려움이 달라
지는가를 살펴보기로 한다. 설문조사 시 자녀의 연령을 측정하지 않았기 때문
에 어머니의 연령에 따라 자녀의 범죄피해에 대한 걱정이 차이가 있는가를 분
석하였다. 〈표 4-5〉를 보면, 남자아이의 경우 30대 이하의 어머니의 경우 아들
의 범죄피해에 대한 걱정이 가장 높았으며, 어머니의 연령이 높아질수록 아들
의 범죄피해에 대한 걱정이 줄어드는 것으로 나타나 아들의 경우 중고생으로
올라갈수록 범죄피해에 대한 걱정이 줄어든다는 것을 유추해볼 수 있다. 딸의
경우에는 40대 어머니의 걱정의 수준이 가장 높았으며 그 다음이 30대인 것으
로 나타났으나, 이러한 차이는 통계적으로 유의미하지 않았다.

〈표 4-5〉 어머니의 연령별 자녀의 범죄피해에 대한 걱정의 평균 차이

자녀의 범죄피해에 대한 걱정	어머니의 연령					사례수	F값
	20대	30대	40대	50대	60대 이상		
아들	4.18	4.27	4.09	3.91	3.66	351	3.70**
딸	3.87	4.37	4.40	4.35	4.06	292	2.18

** $p < .01$

이러한 결과는 딸의 경우에는 연령에 관계없이 범죄피해를 당할까봐 걱정
한다는 사실을 보여준다. 전체적으로 보면, 어머니가 자녀의 범죄피해에 대
해 갖는 걱정은 아들의 경우 연령이 높아질수록 줄어드는 경향을 보이지만,
딸의 경우에는 연령에 관계없이 범죄피해에 대한 걱정이 지속적으로 높다는
것을 알 수 있다.

그러나 면접자료의 경우에는 딸의 경우 아주 어렸을 때보다는 2차 성징이

나타나는 신체적 변화기에 더 커진다는 점을 보여준다. 이러한 결과는 딸의 경우 어머니의 ‘범죄에 대한 두려움’은 사실상 성적인 피해위험에 대한 두려움이라는 점을 다시 한번 확인해준다.

A-9: 딸이 굉장히 걱정스러운 편인데, 커갈수록 걱정이 되요. 신체적으로 변화가 오고 하니까 조심하라고 하는데, 아들은 별로 걱정 안하는데 (중1 여, 초등5 남, 7살 남).

A-8: 국민학생 때는 어리니까 크게 그런 거 없이 중고등학생, 사춘기, 월경 하고 그러면서 어지치럼 느껴질 때, 그때가 불안한 것 같아요(45세, 대2 여, 고3 여).

위에서 살펴본 내용들을 정리해보면, 자녀를 둔 기혼여성의 경우에는 자신의 ‘범죄에 대한 두려움’보다는 자녀의 범죄피해에 대한 두려움이 더욱 일반적인 현상임을 알 수 있다. 이러한 결과는 미혼 여성에게는 해당되지 않는 어머니 역할이라는 사회적 정체성이 ‘범죄에 대한 두려움’의 또 다른 차원을 구성하고 있다는 점을 보여준다는 의미에서 ‘범죄에 대한 두려움’에 있어 여성 간의 차이를 보여주고 있다. 한편 생계유지자로서의 남편과 자녀양육과 보호자로서의 아내라는 가족 내의 성분업과 관련된 통념들이 남성보다는 여성에게 자녀의 안전과 범죄피해에 대한 책임과 부담을 더욱 느끼게 하고 이것이 자신보다는 자녀의 범죄피해에 대한 두려움에 반영되었다는 점에서 왜 여성이 남성보다 범죄에 대해 더 두려워하는가를 부분적으로 설명해 줄 수 있다.

또한 여성의 자녀의 범죄피해에 대한 두려움은 아들보다는 딸에 대한 두려움이 훨씬 크고 아들의 경우 연령이 높아질수록 범죄피해에 대한 두려움이 낮아지지만 딸의 경우 연령에 따른 차이가 거의 없는 것으로 드러났다. 그에 대한 내용 또한 딸의 경우 성적 피해 혹은 성폭력범죄에 대한 두려움으로 구성되어 있다. 이는 여성이 어린시절부터 성장할 때까지 어머니에게서 지속적으로 성적으로 취약하다는 메시지를 받으면서 자라난다는 것을 의미한다. 이는 여성으로 하여금 성적으로 취약하다는 느낌을 갖게 하고 이것이 폭력범죄에 대한 두려움으로 반영될 수 있다. 다른 한편으로 어머니의 딸에 대한 성폭력범죄에 대한 두려움은 아들보다는 딸이 비공식적인 통제의 대상이 되도록 만든다. 딸의 범죄피해에 대한 두려움으로 인하여 어머니는 딸에게 위험한 장소, 위험한 옷차림, 위험한 행동, 위험한 시간 등을 피하도록 가르치고 그러한 방식으로 행동하도록 규제하게 된다. 이것이 결국은 여성이 성인 된 후 '범죄에 대한 두려움'에 대해 자신의 라이프스타일을 변화시키거나 행동반경을 축소시키는 방식으로 반응하도록 만들 수 있다. 이에 대해서는 아래의 두려움의 사회화에서 좀 더 자세히 논의하기로 하겠다.

라. 두려움의 사회화(socialization of fear)

여성의 성폭력범죄에 대한 두려움, 공공장소에서 낯선 사람에 대한 두려움, 그리고 자녀의 범죄피해에 대한 두려움에서 살펴본 바와 같이 여성의 범죄에 대한 인식 및 두려움에는 사회 내의 지배적인 성역할 이데올로기가 반영되어 있는 범죄, 피해, 피해자들에 대한 통념들이 투영되어 있다. 그리고 이러한 지배적인 통념들은 대중매체와 알고 있는 사람들 간의 의사소통을 통해서도 형성되기는 하지만 가장 중요한 기제는 부모로부터의 사회화라고 할 수 있다. 부모로부터의 사회화는 남자와 여자 간의 성차별적인 고정관념적 성역할의 학습에 있어서 매우 중요한 역할을 하지만, 그 내용을 좀더 구체적으로 살펴보면 두려움에 대한 학습도 사회화의 직접적인 내용을 구성하고 있으며 두려움에 대한 학습도 남녀간에 다른 방식과 내용으로 구성되어 있음을 알 수 있다. 아래에서는 자녀를 둔 기혼여성의 자녀에 대한 사회화방식과 젊은 여성이 부모로부터 받은 사회화방식에 대한 면접자료를 중심으로 이를 구체적으로 살펴보기로 하겠다.

자녀의 범죄피해에 대한 두려움에서 살펴본 바와 같이 여성은 자신보다는 자녀들의 피해에 대해 더 많은 걱정을 하고 있으며, 자녀들을 안전하게 보호해야 할 일차적인 책임이 자신에게 있다는 것을 수용하고 있기 때문에 자녀들을 안전하게 보호하기 위해서 여러 가지 교육을 한다. 그러나 자녀의 성별에 따라 자녀의 안전을 위해서 제공하는 교육의 내용은 달라진다. 여자 아이의 경우 그 주된 내용은 "남자들을 조심하라", "낯선 사람을 조심하라", "밤에 늦게 다니지 마라", "밤에 혼자 다니지 마라", "집에 혼자 있을 때 배달 같은 것을 시키지 마라", "낯선 사람이 호의를 베풀어도 거절해라" 등이다. 또한 자녀의 옷차림에 신경을 쓰면서 눈에 띄는 옷을 입히지 않거나 치마를 입히지 않기도 한다. 이러한 내용의 교육들은 딸에게 명시적으로 성폭력에 대한 주의를 주는 것은 아니지만 대체적으로 여성은 남성에 비해 성적으로 취약하다는 메시지를 전달하고 있으며, 여성은 남성에 비해 성적인 피해위험이 높으므로 어떤 행동을 피하거나 어떤 장소나 상황을 피하라고 가르친다.

> F-1: 애한테도 교육을 시키죠. 혹시 너는 그래도 여자니까 아직 나이가 어리지만 그래도 …… 세상이 뉴스에도 나오잖아요. 납치했다. 유괴했다. 내지는 그런(성폭행당한) 여자애들 방송있잖아요. 그런 거 보면은 같이 볼 시간이 없으니까 나만 보게 되면은 이제 그것에 대해 1/2 정도 내가 옮겨주죠. 세상이 너무 험한 세상이니까는 절대로 너 혼자 다니지 말라고. 그리고 만에 하나 너 혼자 오는데 어떤 오빠나 뭐 인제 아저씨나 여자도 예외가 아니다. 언니나 아줌마도 조심해라. 니가 모르는 사람은 다 조심해라. 너한테 너무 친절하게 해주거나 내지는 뭐 한번 본 사람 내지는 한번 본 사람인데도 너를 아는 체 하면서 뭐 사주겠다고 뭐 어디 가서 시원한 음료수 사주네 …… 뭐 어 좋아하는 햄버거를 사주네 뭐 사주네 하면은 절대로 따라가지 말라고 …….(45세, 대1 남, 초등4 여)

> A-2: 구체적으로 성폭력 그런 거까지는 아니지만, 엘리베이터 타면은 조심해라, 낯선 사람 문 열어주지 말아라 그런 방식으로 이야기해요(36세, 초등5 여, 초등2 남).

A-1: 애랑 대화를 많이 해서 그럴 때는 어떻게 하라고 하고, 대화를 많이 해요. 남자애들은 혈기 왕성 하니까 어떻게 대처해야 한다고 하고, 그런 말을 많이 해요.(39세, 고1 여, 초등6 남)

그러나 아들의 경우에는 자신의 안전을 위해서 위험에 대처하는 방식에 대한 교육내용이 확연히 달라진다. 아들의 경우에는 별로 걱정을 하지 않기 때문에 신체적 안전과 관련된 내용을 거의 교육하지 않거나 위험한 상황에 닥치면 적극적으로 대처하도록 교육한다. 심지어는 친구와의 싸울 때나 부당하게 대우를 받을 때도 그 상황을 피하지 말고 끝까지 싸우라고 가르치기도 한다. 이렇게 위험이나 폭력적인 상황에서 스스로를 방어하도록 하기 위해서 어머니들은 대부분의 남자 아이들에게 태권도와 같은 호신술을 가르친다. 여자 아이의 경우 행동, 태도, 옷차림을 규제하면서 위험이 발생할 것 같은 시간이나 장소를 피하도록 가르치는 것과는 대조적이다. 여자 아이의 경우 스스로를 방어하도록 하기 위해서 태권도나 검도와 같은 호신술을 가르친 경우는 두 사례에 불과하였다.

A-4: 학교에서도 일방적으로 당하지 말라고, 부당하게 대우를 받거나 누가 못 살게 굴면은 끝까지 싸우라고 하고, 그럴 때 맞기만 하면은 계속 때리니까 너도 때리라고 그래요(38세, 중1 남, 초등3 여).

A-7: 니가 방어해라 하고 태권도장에 보내요. 남자애라서 일단 태권도를 가르쳤어요. 자기 몸은 방어할줄 알아야 한다고 생각했고(38세, 중2 여, 초1 남).

이와 같이 남녀간의 안전과 위험에 대한 차별적인 교육은 20대 여성을 대상으로 한 포커스 그룹 인터뷰결과에서도 확인된다. 성인이 되기 이전에 부모로부터 안전에 대한 주의나 교육을 받은 적이 있는가를 질문한 결과, 대부분의 젊은 여성은 부모들이 딸에게 성적으로 취약하니까 특히, 성폭력에 취

약하니까 안전하기 위해서는 항상 남자를 경계하고 밤늦은 시간에 다니지
말고, 행동을 조신하게 하도록 교육을 받았으며, 부모가 옷차림을 통제하는
경우가 많았다.

> C-1: 늦을 때는 항상 데릴러와 주시거나 늦은 시간에는 기다려 주신다
> 든지, 크고 나서는 오빠들이랑 너무 친해서 중학교 때까지도 업혀 다니
> 고 그랬는데, 기억이 나는 게 사촌 오빠들이랑 너무 친하지만 20살이 넘
> 어서는 지킬 것은 지키라는 이야기를 많이 하시더라구요. 철부지처럼 너
> 무 웃고만 다니지 말고 오빠들이랑 있을 때는 차분하게 있기도 하고, 남
> 자, 좁은 공간에 둘이 있지 말라고 하지 마시고(24세, 미혼 학원강사).

> C-4: 어떤 성폭행이나 그런 것이 일어난다면 여자의 경우가, 여자라는
> 것 때문에 안 되고, 성적으로 취약하기 때문에 조심하라는 ……. 밤에
> 너무 늦게 들어오지 말라고, 전화를 수시로 하라고, 옷을 너무 심하면
> 은 다른 옷으로 입으라던가 그런 거죠. 그런 것(혼자 여행 다니고 하는
> 것도) 안 되고 ……(21세, 미혼, 미술학원강사)

그러나 아래의 두 사례에서 볼 수 있듯이 딸에 대한 간섭과 통제가 남자
형제들에게도 적용되는 것은 아니다. 딸에 대해서는 위와 같은 방식으로 간
섭하고 통제하였지만, 아들인 남동생이나 오빠에 대해서는 어디를 가고, 어
떻게 행동하고, 어떤 옷을 입는지에 대해서 별로 간섭하지 않는다는 것이다.

> C-3: 다른 생활에서는 동생보다는 제가 모범생이라서 잔소리는 덜 들
> 었고, 차별적인 것은 학교에 들어가니까 시간 늦게 들어오는 것에 대해
> 서 저한테는 제재를 많이 하고, 동생한테는 별로 말이 없고 여행 같은
> 것 때문에 속상했어요. 여행 가고 싶은데 누구랑 가냐, 어디로 가냐,
> 친구 전화번호 적어놓고 가라, 그런 거 꼬치꼬치 물어보고 그런 게 좀
> 심한 것 같기도 하고(28세, 미혼, 사무직여성).

> C-2: 동생은 정말 전화도 없이 이틀을 안 들어와도 가만 두는데 저는 몇 시간만 늦어도 전화해서 빨리 들어오라고 하고, 시간 제약이 가장 심한 것 같아요 차이가. 물어 보면은 걔는 남자니까, 걔는 남자니까 괜찮고, 나는 여자라서 안 되는 거고, 더 이상 이야기가 없으시더라구요. 기분 나빠도 어쩔 수 없이 ……(21세, 미혼, 사무직여성)

위에서 살펴본 여성의 두려움에 관련된 사회화내용을 요약해보면 첫째, 성폭력의 지속적인 위험은 여자이기 때문에 불가피한 것이다. 즉 여성이라는 집단의 한 일원으로 여성 개개인들은 폭력에 취약할 수밖에 없다는 점을 학습 받는다. 둘째, 여성은 특히 집 밖의 공공장소에 있을 때 낯선 사람으로부터 피해위험에 취약하다는 것이다. 마지막으로 그러한 불가피한 위험을 피하기 위해서는 여성 스스로가 자신을 보호해야 하며, 이를 위해서는 의상, 행동, 라이프스타일, 섹슈얼리티 등의 전반에 걸쳐 하지 말아야 할 것과 넘지 말아야 할 것이 있다는 점이다. 또한 남성과 비교해볼 때 여성의 사회화의 특성 중의 하나는 개인적인 방어에 대한 교훈이나 교육의 내용이 거의 포함되어 있지 않고, 단지 성적으로 취약하다는 점만을 주지시키고 위험을 회피하며 안전을 위해서 다른 사람(특히, 남자)에게 의존하도록 가르친다. 즉 여성과 남성은 어린시절부터 피해위험과 그들과의 관련성 그리고 피해위험에 대한 상이한 메시지를 경험하고 있다.

위와 같은 내용을 중심으로 하는 두려움의 사회화는 왜 여성이 남성에 비해 폭력범죄에 대해 더 두려워하는가를 설명해줄 수 있다. 여성은 어린시절부터 남성과는 달리 성적으로 취약하다는 교육을 지속적으로 받게 되고, 이에 따라 범죄에 대해 더 두려워할 수밖에 없다는 것이다. 두려움의 사회화내용의 핵심이 성폭력의 지속적인 위험에 관한 것이라는 점은 왜 여성의 '범죄에 대한 두려움'이 성폭력에 대한 두려움을 중심으로 구성되어 있는가를 이해할 수 있게 해준다. 어린시절 부모로부터 여성은 항상 성적인 위험에 노출될 수밖에 없으며 스스로를 보호하기 위해서 일정한 방식으로 행동해야 한다는 것을 교육받게 될 경우 여성은 성(sexuality)이 그들의 삶에 있어 매우 중요하다고 인식하며, 따라서 잠재적으로 성적인 상황에서 그들의 성을 심각하게 침해하는 성폭력범죄에 대해 두려워할 수밖에 없을 것이다.[69] 한편, 위에서 살펴본 바와 같이 여성에 대한 두려움의 사회화는 단지 성적 취약성에 대한 내용만으로 구성된 것이 아니라 그러한 위험을 회피하는 방식에 대한 내용도 포함되어 있다. 이는 왜 여성의 두려움에 대한 반응이 일반적인 라이프스타일의 측면과 분리될 수 없는 특성이며, 그들의 성적 취약성이 젊은 여성에게는 하나의 상식적인 문제가 되는가를 이해하는 데 도움을 준다.

B. 여성의 '범죄에 대한 두려움'의 원인

1. 남성폭력에 대한 경험과 지식

가. 직접적인 남성폭력피해경험: 성적괴롭힘 피해경험을 중심으로

기존연구에서 '범죄에 대한 두려움'에 영향을 미치는 변인으로 고려한 것들 가운데 가장 논쟁이 많았던 변인은 직접적인 피해경험[70]이었다. 심리학

---

69) 이는 성폭력피해자의 대응양식에도 영향을 미칠 것이다.

70) '범죄에 대한 두려움'에 대한 기존의 연구들은 직접적인 피해경험을 '범죄에 대한 두려움'을 유발하는 중요한 요인으로 간주할 뿐 피해경험이 '범죄에 대한 두려움'을 유발하는 메커니즘에 대해서는 별로 관심을 갖고 있지 않았다. 일반적인 피해의 결과에 대해 관심을 갖고 있는 심리학 분야의 연구들은 이에 대한 통찰력을 제공해주고 있다. 일반적으로 부정적인 사건에 대한 피해경험은 세상은 선의로 가득 찬 곳이며, 세계는 의미 있는 곳이며, 나는 가치가 있다는 개인이 갖고 세 가지 기본적인 가정을 깨버리는 일상적이지 않은 스트레스 요인으로서 인식된다. 즉 피해경험은 그들 스스로와 세계에 대한 인식을 변화시켜, 그

분야의 연구결과에 의하면(Perloff, 1983), 일반적으로 사고, 질병, 범죄와 같은 부정적인 사건의 피해를 경험한 사람들은 그렇지 않은 사람들에 비해 이후에 다시 피해를 입을 가능성이 높다고 인식하고, 이러한 부정적인 느낌은 불안이나 두려움의 감정을 유발한다고 한다. 그러나 범죄학 분야에서 범죄피해경험과 두려움 간의 관계에 대해 분석했던 기존의 경험적인 연구는 다소 혼돈스러운 결과를 보여주고 있다. 일부의 연구자들은 과거에 피해경험이 있었던 사람이 피해경험이 없는 사람에 비해 더 두려워한다는 결과를 보여주는 반면에, 다른 연구에서는 두 변인 간에는 약한 상관관계가 있거나 관계가 없는 것으로 나타났다.

본 연구에서는 여성의 피해경험-두려움 간의 패러독스는 부분적으로 여성의 피해경험에 대한 보다 정확한 이해를 통해서 해결될 수 있다고 상정한다. 구체적으로 이야기하면, 여성의 피해경험은 남성과는 다르기 때문에 여성이 주된 피해대상이 되는 피해유형인 남성폭력(male violence against women)의 특성에 대한 고려가 필요하고, 이를 고려하여 피해경험과 두려움 간의 관계를 살펴볼 필요가 있다는 것이다. 이에 따라 본 연구에서는 여성의 직접적인 피해경험을 측정함에 있어 강도, 폭행과 같은 일반적인 폭력피해경험 이외에 남성폭력피해경험을 성폭력(강간 및 강제추행)피해와 성적괴롭힘 피해로 구분하여 각 폭력피해유형별로 범죄에 대한 두려움 간의 관계를 분석하였다. 그리고 성폭력과 성적괴롭힘 피해경험의 경우에는 피해여성과 가해남성과의 관계를 고려하기 위해서 낯선 남성에 의한 피해와 알고 지내는 남성에 의한 피해로 구분하였다. 마지막으로 여성에게 성적인 피해경험은 오랫동안 부정적인 영향을 미친다는 점을 고려하기 위해서 성폭력과 성적괴롭힘 피해의 경험을 일생동안의 경험으로 측정한 후 남성폭력피해경험 이후의

들의 주위 환경을 안전하지 않고 위협적인 것으로 인식하고, 다른 사람에 대한 신뢰감이 사라지게 만든다는 것이다. 한편, 피해로 인한 증가된 두려움은 부분적으로 그가 사용한 안전에 대한 개인적인 전략이 실패했다는 느낌으로부터 기인하기도 한다는 점이 지적되고 있다(Perloff, 1983).

시간경과에 따라 직접적인 남성폭력피해경험과 두려움 간에 차이가 있는가를 살펴보았다.

먼저 피해유형별로 피해경험과 '범죄에 대한 두려움' 간의 관계를 살펴보기로 한다(〈표 4-6〉과 〈표 4-7〉 참조). 직접적인 성폭력범죄피해경험여부에 따라 '범죄에 대한 두려움'이 달라지는가를 살펴보면(〈표 4-6〉 참조), 강간 및 강제추행과 같은 성폭력범죄피해경험이 있는 여성이 성폭력범죄피해경험이 없는 여성에 비해 '범죄에 대한 두려움'의 수준이 더 높은 것으로 나타났다. 그러나 두 집단 간의 평균 차이는 통계적으로 유의미하다고 할 만한 수준은 아니었다. 위와 같이 직접적인 성폭력범죄피해경험이 폭력범죄에 대한 두려움에 영향을 미치지 않는 것으로 나타났지만, 이러한 통계결과를 해석할 때 염두에 두어야 할 사실이 있다. 앞서 조사대상자의 피해경험 관련특성에서 살펴본 바와 같이 성폭력피해경험이 있는 여성은 전체의 5.2%에 불과하다. 따라서 성폭력범죄피해경험이 있는 여성과 피해경험이 없는 여성 간의 '범죄에 대한 두려움'의 평균을 비교하는 데는 통계적인 어려움이 있다. 이와 관련하여, Baumer(1985)는 대부분의 양적인 조사연구에서 범죄피해경험과 '범죄에 대한 두려움'이 관계가 없게 나타나는 것은 부분적으로는 피해경험이 있는 사람들의 수가 매우 적기 때문이라는 점을 지적하고 있다. 사회통계에서 관계를 나타내는 지표들은 변인들의 분포에 민감하기 때문에 사건(event, 즉 범죄피해경험)의 희귀성으로 인하여 '범죄에 대한 두려움'과의 높은 관계의 가능성을 사라지게 한다는 것이다(Smith, 1996). 한편 성폭력피해경험과 범죄에 대한 두려움 간의 관계가 통계적으로 유의미하지 않은 것은 본 연구에서 성폭력범죄피해경험을 지난 1년간의 피해경험이 아니라 일생동안의 피해경험으로 측정하였으며, 여성이 경험한 성폭력범죄피해의 대다수는 미수에 그친 사건이거나 강제추행이라는 점도 부분적으로 영향을 미칠 수 있음을 염두에 둘 필요가 있다.

<표 4-6> 직접적인 성폭력범죄피해경험에 따른 폭력범죄에 대한 두려움
의 평균 차이

구 분	사례수	평균	t값	유의도
없 다	522	12.93	.50	n.s.
있 다	27	13.26		

n.s.=non significance

　성적괴롭힘 피해경험과 폭력범죄에 대한 두려움 간의 관계분석은 성적괴롭힘의 유형을 시각적·언어적·신체적 성적괴롭힘의 세 가지 유형으로 분류하여 실시하였다. 먼저 시각적 성적괴롭힘 피해경험의 경우(<표 4-7> 참조), 피해경험이 없는 여성보다는 한 가지 이상의 피해경험이 있는 여성의 폭력범죄에 대한 두려움의 평균이 훨씬 더 높은 것으로 나타났으며, 이러한 평균 차이는 통계적으로 유의미하였다. 즉 시각적 성적괴롭힘 피해를 경험한 여성은 그러한 피해경험이 없는 여성에 비해 폭력범죄에 대한 두려움이 더 높다. 언어적 성적괴롭힘 경험유무에 따라 폭력범죄에 대한 두려움이 달라지는가를 살펴보면, 언어적 성적괴롭힘 피해경험이 없는 여성에 비해 피해경험이 있는 여성의 폭력범죄에 대한 두려움의 수준이 더 높게 나타났다.

　한편, 1가지의 언어적 성적괴롭힘을 경험한 사람에 비해 2가지 이상의 언어적 성적괴롭힘을 경험한 여성의 범죄에 대한 두려움의 평균이 더 높게 나타났다. 즉 언어적 성적괴롭힘의 피해를 여러 번 경험하였을수록 폭력범죄에 대한 두려움이 높아진다. 마지막으로 신체적 성적괴롭힘 피해경험에 따른 차이를 살펴보면, 신체적 성적괴롭힘 피해경험이 있는 여성이 그렇지 않은 여성에 비해 폭력범죄에 대한 두려움이 더 높은 것으로 나타났으며, 이러한 결과는 통계적으로 유의미하였다. 또한, 여러 가지 유형의 신체적 성적괴롭힘을 중복해서 경험했을 경우 한 가지 유형의 신체적 성적괴롭힘 피해를 경험했을 때보다 두려움의 수준이 더 높아지는 것으로 나타났다.

<표 4-7> 직접적인 성적괴롭힘 피해경험에 따른 폭력범죄에 대한 두려움
의 평균 차이

피해유형	범주	사례수	평균	F값	유의도
언어적 성적괴롭힘	없 다	182	8.84	7.32	***
	1가지	184	9.16		
	2가지	105	10.07		
	3가지	82	9.32		
시각적 성적괴롭힘	없 다	241	8.90	12.55	***
	1가지	192	9.96		
	2가지	118	9.35		
신체적 성적괴롭힘	없 다	332	9.06	3.65	**
	1가지	70	9.40		
	2가지	69	9.84		
	3가지	37	10.35		
	4가지	42	9.66		

* p<.05, ** p<.01, *** p<.001

성적괴롭힘 피해경험이 폭력범죄에 대한 두려움에 미치는 영향을 종합해
보면, 언어적·시각적·신체적 성적괴롭힘 모두 피해경험이 없는 여성에 비
해 피해경험이 있는 여성이 폭력범죄에 대한 두려움도 더 높았다. 또한, 성
적괴롭힘 피해경험이 많을수록 폭력범죄에 대한 두려움이 더 높아졌다. 이는
성적괴롭힘의 구체적인 피해유형과 관계없이 성적괴롭힘 피해경험의 피해가
지수가 폭력범죄에 대한 두려움에 유의미한 영향을 미치고 있음을 보여준다.
따라서 이후의 분석에서는 성적괴롭힘 피해경험을 세부유형별로 구분하여
분석하지 않고, 성적괴롭힘 피해경험 유무 및 피해가지수에 따라 폭력범죄에
대한 두려움의 수준이 달라지는가를 살펴보기로 하겠다.

이론적 논의에서 살펴본 바와 같이 남성폭력의 가해자와 피해자와의 관계
가 범죄에 대한 두려움에 미치는 영향에 대한 경험적인 연구결과들은 확정

적이지 않다. 이하에서 이를 경험적으로 분석해보기로 하겠다. 성폭력범죄피해경험의 경우 피해율이 매우 낮아 가해자 유형별로 구분해서 평균값을 구하고 그 평균값을 비교하는 데 통계적인 어려움이 있다. 따라서 본 연구에서는 성적괴롭힘 피해경험만을 대상으로 해서 가해자유형에 따라 폭력범죄에 대한 두려움의 수준이 달라지는가를 살펴보기로 하겠다. 그 결과를 구체적으로 살펴보면(〈표 4-8〉 참조), 성적괴롭힘 피해경험이 전혀 없는 여성의 평균 점수가 가장 낮고, 그 다음이 아는 사람에 의한 성적괴롭힘 피해경험이 있는 여성, 낯선 사람에 의한 성적괴롭힘 피해경험이 있는 여성, 두 가지 유형의 피해경험이 모두 있는 여성의 순으로 나타났으며, 이러한 집단 간 차이는 통계적으로 유의미하였다.[71] 집단 간의 평균 차이의 유의미성을 좀더 자세히 알아보기 위해서 사후검증을 해 본 결과, 성적괴롭힘 경험이 전혀 없는 여성과 두 가지 유형의 성적괴롭힘 피해경험이 모두 있는 여성 간의 평균 차이만이 통계적으로 유의미하였다.

〈표 4-8〉 성적괴롭힘 가해자유형별 폭력범죄에 대한 두려움의 차이

성적괴롭힘 가해자유형	사례수	평 균	F값	사후 검증
① 전혀 없음	147	8.75		
② 아는 사람	20	8.60	7.13***	①/④
③ 낯선 사람	150	9.72		
④ 모두 있음	232	9.84		

*** $p < .001$

이러한 사후검증결과는 성적괴롭힘 가해자와 피해자의 관계유형에 따라

---

71) 성적괴롭힘 피해경험이 없는 집단을 제외하고, 피해경험이 있는 집단을 대상으로 집단 간 평균 차이 검증을 하였을 때도 아는 사람과 낯선 사람 간의 차이는 유의미하지 않은 것으로 나타났다.

성적괴롭힘 피해경험이 폭력범죄에 대한 두려움에 미치는 영향이 크게 달라지지 않음을 보여준다. 이보다는 성적괴롭힘 피해경험이 없는 집단과 낯선 사람에 의한 피해경험이 있는 집단 간의 차이가 더 유의미하며, 중복피해의 경험이 폭력범죄에 대한 두려움에 영향을 미치고 있음을 알 수 있다. 따라서 이후의 분석에서는 가해자의 유형은 고려하지 않을 것이다.

본 연구에서 성적괴롭힘 피해경험은 지난 1년간의 경험이 아니라 일생동안의 경험으로 측정하였다. 따라서 성적괴롭힘 피해경험이 '범죄에 대한 두려움'에 영향을 미친다는 결과는 여성의 삶에 있어 성적괴롭힘 피해경험이 미치는 영향이 매우 지대하다는 사실을 입증해준다. 좀더 구체적으로 성적괴롭힘 피해경험 이후의 시간적인 경과에 따라 성적괴롭힘 피해경험이 '범죄에 대한 두려움'에 미치는 영향이 달라지는가를 살펴보기로 하겠다. 본 연구에서는 아쉽게도 성적괴롭힘 피해를 경험한 시점을 측정하지 않았기 때문에 이에 대한 대리지표로 응답자의 연령을 구분하는 방식을 사용하였다. 1999년 서울시 여성 1,500명을 대상으로 하여 지난 1년간의 성적괴롭힘 피해경험을 측정한 결과에 따르면(최인섭·김성언, 1999), 음란전화를 제외한 다른 유형의 성적괴롭힘 피해의 경우 거의 90% 정도가 30대 이하의 여성에게서 발생하였다. 따라서 조사대상자의 현재의 연령을 성적괴롭힘 피해경험의 시간경과를 나타내는 대리지표로 사용하는 것이 가능하다. 30대 이하의 여성은 비교적 최근에 성적괴롭힘 피해를 경험한 집단으로 40대 이상의 여성은 비교적 성적괴롭힘 피해를 경험한 시간이 많이 경과한 집단으로 구분할 수 있다.

그 결과를 보면(〈표 4-9〉 참조), 비교적 최근에 성적괴롭힘 피해를 경험한 집단이라고 간주되는 30대 이하의 연령집단에서 성적괴롭힘 피해경험은 폭력범죄에 대한 두려움에 통계적으로 유의미한 영향을 미치고 있다. 한편, 성적괴롭힘 피해경험 이후 상당한 시간이 경과한 것으로 간주되는 40대 이상의 연령집단의 경우에도 성적괴롭힘 피해경험이 폭력범죄에 대한 두려움에 통계적으로 유의미한 영향을 미치는 것으로 나타났다. 기존연구들은 강간과 같은 극단적인 성폭력범죄피해를 경험할 경우 피해여성이 상당히 오랜 기간 두려움, 공포, 불안감과 같은 부정적인 감정들에 의해서 영향을 받고 있음을 보여준다. 본 연구의 결과는 강간과 같은 성폭력범죄피해뿐만 아니라 사소한 것으로 간주되었던 성적괴롭힘 피해도 상당히 오랜 기간동안에 걸쳐 여성의 폭력범죄에 대한 두려움에 영향을 미치고 있음을 보여준다.

<표 4-9> 성적괴롭힘 피해경험 시간경과에 따른 폭력범죄에 대한 두려움의 평균 차이

성적괴롭힘	최근 경험(39세 이하)			과거 경험(40세 이상)		
	평균	사례수	F값	평균	사례수	F값
없 다	8.80	41		8.54	88	
1가지	8.27	44		9.14	50	
2가지	10.19	38	5.81**	9.46	38	2.74*
3가지	9.56	30		9.72	25	
4가지 이상	9.90	122		9.73	72	

* $p < .05$ ** $p < .01$

　직접적인 폭력피해경험과 '범죄에 대한 두려움' 간의 관계를 종합해보면, 성폭력범죄피해보다는 형법에 의해서 범죄로 규정되지 않거나 형사사법기관에 의해서 사소한 것으로 처리되고 있는 성적괴롭힘 피해경험유무와 피해가지수가 강력하고 일관되게 폭력범죄에 대한 두려움이라는 정서적인 반응에 영향을 미치고 있음을 알 수 있다. 이러한 결과는 여성의 폭력범죄에 대한 두려움이 피해경험의 심각성보다는 피해경험의 '빈도'와 더 관련이 있음을 반영한다. 성폭력이나 신체적 폭력피해의 결과가 성적괴롭힘 피해보다 심각할지라도 이러한 피해유형들은 전형적으로 흔하게 자주 발생하는 피해유형은 아니다. 이에 비해 성적괴롭힘 피해는 다양한 남성가해자(직장동료 및 선후배, 학교 선생님 및 선후배, 낯선 사람 등)에 의해서 오랜 기간동안, 더 자주 발생할 수 있다. 다양한 형태의 피해경험이 두려움을 유발하는 스트레스 요인이라고 상정할 때, 성폭력범죄피해경험이나 신체적 폭력피해경험은 급성적인 스트레스 요인이라면 성적괴롭힘과 같은 피해경험은 만성적인 스트레스 요인으로 볼 수 있다(Keane, 1995). 좀더 미묘한 행위를 포함하는 성적괴롭힘과 같은 만성적인 스트레스 요인은 여성으로 하여금 자신이 남성폭력피해로부터 안전하지 않다는 점을 지속적으로 생각나게 함으로써(Stanko, 1985:71) 폭력범죄에 대한 두려움을 유발하는 역할을 하고 있음을 알 수 있다.

나. 간접적인 폭력피해경험과 성적괴롭힘 피해경험의 상호작용효과

직접적인 피해경험과 '범죄에 대한 두려움' 간의 불일치를 설명하기 위한 대안 중의 하나는 사람들이 범죄에 대해 두려워하는 것이 반드시 직접적으로 피해를 경험하는 것과 관련될 필요는 없다는 점을 제시하고 있다. 즉 직접적으로 피해를 경험하지 않은 사람들도 친구, 가족, 잘 알고 지내는 사람들의 경험을 통해서 대리적·간접적으로 그러한 피해경험을 공유할 수 있기 때문에 범죄에 대해 두려워할 수 있다는 것이다(Baumer, 1985; Gomme, 1986; Gordon and Riger, 1989; Perloff, 1983; Skogan and Maxfield, 1981; Tyler, 1984). 직접적인 피해경험뿐 아니라 다른 사람의 피해에 대한 간접경험 혹은 그를 통해 얻게 된 피해에 대한 지식은 자신이 피해로부터 안전하다는 인식을 깨뜨려 버림으로써(Perloff, 1983) '범죄에 대한 두려움'이 높아질 수 있다는 것이다. 특히, 피해를 당한 주위의 사람이 자신과 비슷한 특성을 지니고 있거나 가까운 사람일수록 타인의 피해경험이 안전에 대한 인식 및 두려움에 미치는 영향이 더 커진다고 한다.

본 연구에서도 이러한 관계를 검증해보기 위해서 간접적인 피해경험을 일반적인 폭력과 성폭력(성적괴롭힘 포함)에 대한 간접경험으로 구분하였다. 그 결과를 살펴보면(〈표 4-10〉 참조), 두 가지 유형의 간접적인 피해경험유무에 따라 폭력범죄에 대한 두려움의 수준은 통계적으로 유의미한 차이를 보이고 있다. 특히 일반폭력보다는 성폭력에 대한 간접적인 피해경험의 영향이 약간 더 큰 것으로 나타났다. 이러한 결과를 통해서 친구나 친척 등 주위의 잘 아는 사람이 범죄피해를 당함으로써 간접적으로 피해를 경험한 사람이 그렇지 않은 사람에 비해 폭력범죄에 대한 두려움이 높다는 것을 알 수 있다.

<표 4-10> 간접적인 피해경험유무에 따른 폭력범죄에 대한 두려움의 평균 차이

구 분	구분	사례수	평균	t값	유의도
간접적인 폭력피해경험	없다	394	9.13	-2.96	**
	있다	158	9.81		
간접적인 성폭력피해경험	없다	307	8.93	-4.48	***
	있다	242	9.85		

** $p < .01$ *** $p < .001$

위에서 살펴본 바와 같이 간접적인 폭력피해경험은 '범죄에 대한 두려움'과 밀접한 관련을 갖고 있다. 간접적인 피해경험과 '범죄에 대한 두려움' 간의 관계를 제시하는 간접피해모델은 직접적인 피해경험이 없는 사람들도 '범죄에 대한 두려움'이 높다는 사실을 설명하기 위한 것이었다. 이러한 설명에 따르면, 직접적인 피해경험이 없는 집단에서 간접적인 피해경험여부는 범죄에 대한 두려움의 수준에 유의미한 차이를 보여줄 것으로 기대된다. 이를 경험적으로 검증해보기 위해서 직접적인 폭력피해경험 유무에 따라 간접적인 폭력피해경험이 폭력범죄에 대한 두려움에 미치는 영향이 달라지는가를 살펴보면 〈표 4-11〉과 〈표 4-12〉와 같다. 먼저 〈표 4-11〉을 보면, 성적괴롭힘 피해경험이 없는 집단의 경우에 간접적인 폭력피해경험이 없는 여성과 간접적인 폭력피해경험이 있는 여성 간의 폭력범죄에 대한 두려움의 평균 차이는 통계적으로 유의미한 차이가 없는 것으로 나타났다. 반면에, 성적괴롭힘 피해경험이 있는 집단의 경우에는 간접적인 폭력피해경험 유무에 따라 폭력범죄에 대한 두려움의 평균이 통계적으로 유의미한 차이를 보이고 있다. 간접적인 폭력범죄피해경험이 있는 여성이 그렇지 않은 여성에 비해 폭력범죄에 대한 두려움이 더 높다.

<표 4-11> 성적괴롭힘 피해경험유무별 간접적인 폭력피해경험이 폭력범죄에 대한 두려움에 미치는 효과

성적괴롭힘 피해경험	간접적 폭력피해경험	평균	사례수	t값
없 다	없 다	8.56	114	-.82
	있 다	9.13	15	
있 다	없 다	9.38	277	-2.21*
	있 다	9.91	141	

* p<.05

〈표 4-12〉를 보면 간접적인 성폭력피해경험의 경우에도 간접적인 폭력피해경험과 마찬가지의 결과를 보이고 있다. 성적괴롭힘 피해경험이 없는 집단의 경우에는 간접적인 성폭력피해경험이 폭력범죄에 대한 두려움에 영향을 미치지 않는 반면에, 성적괴롭힘 피해경험이 있는 집단의 경우에는 간접적인 성폭력피해경험이 폭력범죄에 대한 두려움에 영향을 미치는 것으로 나타났다.

<표 4-12> 성적괴롭힘 피해경험유무별 간접적인 성폭력피해경험이 폭력범죄에 대한 두려움에 미치는 효과

성적괴롭힘 피해경험	간접적 성폭력피해경험	평균	사례수	t값
없 다	없 다	8.57	109	-.52
	있 다	8.90	20	
있 다	없 다	9.14	194	-3.49**
	있 다	9.94	221	

** p<.01

〈표 4-11〉과 〈표 4-12〉의 결과는 폭력범죄에 대한 두려움에 있어 직접적인 피해경험(성적괴롭힘 피해경험)과 간접적인 피해경험 간의 상호작용효과(interaction effect)를 보여준다. 즉 직접적인 피해경험의 유무에 따라 간접적인 피해경험이 범죄에 대한 두려움에 미치는 효과가 달라진다는 것이다. 간접피해모델은 간접적인 피해경험이 본인이 직접적으로 피해를 경험하지 않은 집단에까지 '범죄에 대한 두려움'을 일반화시킨다는 점을 가정한다. 그러나 본 연구의 결과는 직접적인 성적괴롭힘 피해경험이 있는 집단의 경우에만 간접적인 피해경험의 영향이 유의미한 것으로 나타났다. 이는 직접적으로 성적괴롭힘 피해를 경험한 사람이 주위의 피해에 대한 정보에 더 민감하게 반응함을 의미한다. 이와 같은 결과는 직접적인 피해경험을 통제한 상태에서도 간접적인 피해경험이 영향을 미치거나 혹은 직접적인 피해경험에 비해 간접적인 피해경험이 더 큰 영향을 미치는 것으로 나타난 기존의 결과와는 상이하다. 이러한 차이는 본 연구가 기존연구와는 달리 직접적인 피해경험을 측정하는 데 있어서 범죄피해경험뿐 아니라 여성이 일상에서 경험하는 남성폭력피해유형인 성적괴롭힘 피해를 포괄함으로써 나타난 차이라고 할 수 있다.

다. 무질서와 성적괴롭힘 피해경험의 상호작용효과

'범죄에 대한 두려움'이 범죄에 대한 직접적인 피해경험과 관련되지 않는다는 사실이 경험적인 증거를 통해 밝혀지면서 연구자들은 범죄피해경험과 같은 개인적인 특성뿐 아니라 개인이 살고 있는 지역의 물리적·사회적 환경이 개인이 범죄문제에 대해 어떻게 반응할 것인가에 영향을 미친다는 사실에 관심을 갖기 시작하였다(Hale, 1996). 이러한 문제인식은 특히 '물리적·사회적 무질서(physical·social incivility)'라는 개념을 통해서 조망되었으며, 대부분의 경험적인 연구들은 무질서와 '범죄에 대한 두려움' 간에 유의미한 관계가 있음을 발견하였다(Box et al., 1988; Covington and Taylor,

1991; Gate and Rohe, 1987; Lewis and Salem, 1986; Taylor and Hale, 1986; 노성호·김지선, 1998; 이성식, 2001 등).

여성만을 대상으로 하는 본 연구에서도 거주지역의 무질서한 환경과 '범죄에 대한 두려움' 간에 유의미한 관계가 있는가를 알아보기로 하겠다. 인지된 무질서를 측정하기 위해서 사용된 6개의 항목과 폭력범죄에 대한 두려움과의 단순상관관계를 알아본 결과는 〈표 4-13〉에 제시되어 있다. 그 결과를 보면, 거주지역의 환경적 무질서를 나타내는 6가지 항목 모두 폭력범죄에 대한 두려움과 정적인 상관관계를 갖고 있는 것으로 나타났다. 즉 살고 있는 동네의 환경이 무질서하다고 인식할수록 폭력범죄에 대한 두려움도 높아진다. 한편, 서수지역의 환경적 무질서와 '범죄에 대한 두려움'과의 관계를 연구한 기존의 연구들은 물리적 무질서보다 사회적 무질서가 '범죄에 대한 두려움'에 더 강한 영향을 미친다는 점을 보여주고 있는데(Rohe and Burby, 1988; Smith, Torstensson, and Johansson, 2001), 이러한 사실은 본 연구를 통해서도 확인된다. 살고 있는 동네 주변환경의 물리적인 측면보다는 사회적 측면 즉 여성이 일반적인 범죄의 가해자와 관련시키는 술 취한 사람들, 떼지어 다니는 십대청소년들이나 불량청소년들의 존재 및 그들의 무례하고 무질서한 사회적 행동들이 여성의 '범죄에 대한 두려움'을 높이는 데 있어 더 큰 영향을 미치는 것으로 나타났다.

이와 같은 결과는 '범죄에 대한 두려움'은 개인에게 실제로 피해가 발생함으로써 야기되기도 하지만, 범죄피해경험이 아니더라도 범죄를 유발할 수 있다고 사람들이 인식하는 특정한 환경조건과 상황을 불안하게 인식함으로써 야기된다는 점을 보여준다. 즉 사람들의 '범죄에 대한 두려움'이라는 감정적인 반응은 자신의 일상적인 생활환경 속에서 인식하고 있는 다양한 정보를 고려함으로써도 야기된다는 것이다. 또한, 물리적 환경조건보다는 사회적 환경조건이 '범죄에 대한 두려움'에 있어서 더 중요하다는 결과는 타자 특히, 낯선 남성의 존재와 그들의 무례한 행동 등이 여성의 안전 및 두려움을 결정하는 데 중요하다는 점을 보여준다. 이는 낯선 사람에 의한 성적괴롭힘이 여성의 '범죄에 대한 두려움'에 영향을 미치는 맥락과 유사하다고 할 수 있다.

<표 4-13> 거주지역의 무질서와 폭력범죄에 대한 두려움과의
　　　　　 단순상관관계

거주지역의 환경적 무질서	폭력범죄에 대한 두려움
사회적 무질서	
불량청소년들이 자주 모이는 장소가 있다	.22***
밤에 술에 취한 사람들이 많이 돌아다닌다	.26***
십대 청소년들이 떼를 지어 몰려다니는 것을 자주 볼 수 있다	.16***
물리적 무질서	
주위에 쓰레기가 아무렇게나 버려져 있고 지저분하다	.20***
사람이 살지 않은 채 내버려 둔 빈집이나 빈터가 있다	.15***
어둡고 후미진 곳이 많다	.21***
사회적 무질서	.22***
물리적 무질서	.19***

*** p<.001

　　여성에게 있어서 타자는 남성이며, 여성의 두려움은 남성에 대한 두려움, 특히 낯선 남성에 대한 두려움으로 표현될 수 있다. 마지막으로 환경적인 조건과 '범죄에 대한 두려움' 간의 관계는 사회계급과 '범죄에 대한 두려움' 간의 관계를 간접적으로 보여준다. 살고 있는 지역의 환경적인 조건은 그 사람의 사회경제적 지위와 밀접한 관련이 있다. 사회경제적 지위가 낮은 사람들은 그들이 동원할 수 있는 자원의 제약 때문에 무질서한 환경을 떠날 수 없는 반면에, 사회경제적 지위가 높을수록 범죄와 관련된 단서들이 비교적 적고 외부사람들의 유입이 통제되는 깨끗하고 질서 잡힌 환경에서 살 가능성이 높기 때문이다.

　　여성의 성적괴롭힘 피해경험에 주목하고 있는 연구들은 성적괴롭힘과 같이 사소한 형태로 간주되는 피해가 여성 사이에 널리 퍼져있기 때문에 이로 인하여 여성은 남성에 비해 지역사회 내의 안전에 대해 더욱 민감하게 되며, 이러한 안전에 대한 커다란 관심은 지역사회의 물리적 환경에 대한 관심으로 표현된다고 주장한다(Smith and Torstensson, 1997; Smith et al., 2001; Stanko, 1995). 그러나 이러한 주장은 경험적으로 검증된 바는 없으며, 따라서 무질서의 유형에 따른 차이도 밝혀진 바가 없다.

본 연구에서 이를 경험적으로 검증해 보고자 한다. 본 연구에서는 여성만을 조사대상으로 설정하고 있기 때문에 성적괴롭힘 피해경험이 있는 여성과 성적괴롭힘 피해경험이 없는 여성 간에 거주지역의 환경적 무질서가 두려움에 미치는 영향이 달라지는가를 살펴보았다. 그 결과를 살펴보면(〈표 4-14〉 참조), 성적괴롭힘 피해경험이 없는 여성의 경우 물리적・사회적 무질서 모두 폭력범죄에 대한 두려움에 영향을 미치지 않았다. 그러나 성적괴롭힘 피해경험이 있는 여성의 경우에는 살고 있는 동네의 물리적인 환경과 사회적 환경을 무질서하게 인식하는 사람일수록 폭력범죄에 대한 두려움이 더 높은 것으로 나타났다. 그리고 물리적인 무질서(Beta=.19)보다는 사회적인 무질서(Beta=.22)의 영향력이 상대적으로 더 큰 것으로 나타났다.

위와 같은 결과는 성적괴롭힘 피해경험은 여성이 동네 주변의 물리적・사회적 환경조건에 대해 더욱 민감하게 만듦으로써 폭력범죄에 대해 더 두려워하게 만들고 있음을 보여준다. 이는 간접적인 범죄피해경험이 성적괴롭힘 피해경험이 있는 집단의 경우에만 유의미한 차이를 보이는 것과 같은 맥락에서 해석해볼 수 있다. 간접적인 피해경험이나 동네 주변의 무질서한 사회적 환경조건은 직접적인 피해경험이 없는 사람들에게 '범죄에 대한 두려움'이라는 심리적 현상을 일반화시키는 데 기여한다기보다는 직접적인 성적괴롭힘 피해경험이 있는 사람들로 하여금 범죄와 관련된 다른 사회적 환경이나 정보에 더 민감하게 만들고 있다는 점을 보여주고 있다.

<표 4-14> 직접적인 피해경험유무에 따른 무질서가 폭력범죄에 대한 두려움에 미치는 효과에 대한 회귀분석

독립변인	성적괴롭힘 경험이 없는 여성		성적괴롭힘 경험이 있는 여성	
	B	Beta	B	Beta
사회적 무질서	.35	.10	.53	.22***
물리적 무질서	.18	.09	.46	.19***
F값	1.25		19.04***	
R^2	.02		.08	
사례수	129		419	

*** p<.001

2. 성차별적 사회화경험과 성역할 이데올로기

개인의 인지, 태도, 정서를 형성하는 데 있어 사회화경험이 미치는 영향력의 중요성은 보편적으로 받아들여지고 있다. 특히, 성역할사회화이론은 성에 기초한 사회화경험의 차이가 여성과 남성 간의 인지, 인성과 행동 등에 있어서의 차이를 유발한다는 점을 제시하고 있다. 이러한 논의들은 여성이 피해위험을 인지하고 두려움이라는 정서적 반응을 보이는데도 적용될 수 있다(Burt and Estep, 1981; Goodey, 1994, 1996; Sacco, 1990). 그러나 기존의 '범죄에 대한 두려움'을 설명하는 논의들은 '범죄에 대한 두려움'을 단지 범죄나 무질서에 대한 경험과 관련시킴으로써 이러한 상식적인 사실을 무시하고 있다. 한편, 부모의 양육태도는 전통적인 성역할 이데올로기의 수용에 영향을 미치며, 위험 및 범죄, 그리고 피해와 관련된 이미지들은 대부분 전통적인 성역할 이데올로기를 반영하고 있다. 그리고 이러한 성역할 이데올로기들이 반영되어 있는 위험 및 범죄 그리고 피해와 관련된 관념들은 다양한 경로를 통해 '범죄에 대한 두려움'에 영향을 미칠 수 있다(Madritz, 1997).

이하에서는 위험에 관련된 부모로부터의 사회화경험, 전통적인 성역할 이데올로기가 반영되어 있는 위험, 피해, 피해자와 관련된 지배적인 관념의 수용, 그리고 폭력범죄에 대한 두려움 간의 관계를 살펴보기로 하겠다. 이를 위해서 먼저 사회화경험 및 전통적 성역할 이데올로기와 폭력범죄에 대한 두려움과의 단순상관관계를 살펴보면 〈부표 2〉와 같다.

사회화경험을 구성하는 두 변인인 고정관념적 성역할사회화와 성적 취약성에 대한 사회화는 통계적으로 유의미한 관계를 갖고 있지 않다. 사회화경험과 성역할 이데올로기의 수용과의 관계를 살펴보면, 고정관념적 성역할사회화는 성고정관념과 성폭력피해에 대한 통념과 정적인 상관관계를 갖고 있는 것으로 나타났으며 피해자로서 여성에 대한 통념과는 통계적으로 유의미한 관계가 없는 것으로 나타났다. 즉 부모로부터 남녀간의 차별적인 성역할을 강조하는 사회화를 받았을수록 여성성에 대한 고정관념이 강하고 성폭력피해를 순결의 상실로 받아들이는 경향이 강한 것으로 나타났다. 성적 취약성에 대한 사회화는 성고정관념, 성폭력피해에 대한 통념, 피해자로서의 여성에 대한 통념과 정적인 상관관계를 갖는 것으로 나타났다. 부모로부터 여성의 성적인 취약성을 강조하는 사회화를 받았을수록 여성성에 대한 고정관념이 강하며, 성폭력피해를 순결의 상실로 받아들이는 경향이 강하고, 여성이 남성에 비해 범죄피해에 더 많이 노출되어 있고, 피해결과를 회복하기 어렵다고 인식하는 경향이 강하다. 마지막으로 사회화경험 중 고정관념적 성역할사회화, 성고정관념, 성폭력피해에 대한 통념, 피해자로서 여성에 대한 통념은 폭력범죄에 대한 두려움과 정적인 상관관계를 갖는 것으로 나타났다. 이중 피해자로서 여성에 대한 통념과 폭력범죄에 대한 두려움 간의 상관관계가 비교적 강한 것으로 나타났다.

<표 4-15> 사회화경험이 폭력범죄에 대한 두려움에 미치는 영향에
대한 회귀분석

독립변인	폭력범죄에 대한 두려움	
	B	Beta
통제변인		
연령	-.02	-.12*
교육수준	.05	.05
소득수준	-.01	.03
사회화경험		
고정관념적 성역할	.37	.15**
여성의 성적 취약성	.15	.06
R^2	.04	
F값	3.96**	
사례수	526	

* $p<.05$ ** $p<.01$

다음은 사회화경험과 폭력범죄에 대한 두려움, 성역할 이데올로기의 수용
과 폭력범죄에 대한 두려움 간의 관계를 각각 살펴본 후 마지막으로 사회화
경험이 성역할 이데올로기의 수용을 통하여 폭력범죄에 대한 두려움에 미치
는 인과 및 매개관계를 분석하기로 한다. 먼저 사회화경험이 폭력범죄에 대
한 두려움에 미치는 효과를 살펴보면, 〈표 4-15〉와 같다. 연령, 교육수준, 소
득수준의 영향을 통제한 상태에서 사회화의 구체적인 내용 중 고정관념적
성역할만이 폭력범죄에 대한 두려움과 정적인 관계가 있는 것으로 나타났다.
즉 어린시절 부모로부터 위험과 관련하여 남성-보호/여성-의존이라는 고
정관념적 성역할을 강조하는 사회화를 경험한 여성일수록 폭력범죄에 대한
두려움이 더 높다.

다음은 성고정관념, 위험, 피해, 피해자에 관한 성역할 이데올로기를 수용
하는 정도에 따라 폭력범죄에 대한 두려움에 미치는 영향을 살펴보기로 한

다. 성역할 이데올로기를 구성하는 세 차원이 폭력범죄에 대한 두려움에 미치는 상대적인 영향력을 살펴보기 위해서 회귀분석을 한 결과를 살펴보면 (〈표 4-16〉 참조), 단순상관관계에서와는 달리 성고정관념의 영향력은 사라지고 성폭력피해에 대한 통념과 피해자로서의 여성에 관한 통념이 폭력범죄에 대한 두려움에 영향을 미치는 것으로 나타났다. 그리고 성폭력피해에 대한 통념(Beta=.14)보다는 피해자로서의 여성에 대한 통념(Beta=.33)이 폭력범죄에 대한 두려움에 미치는 상대적인 영향력이 더 큰 것으로 나타났다.

<표 4-16> 성역할 이데올로기의 수용이 폭력범죄에 대한 두려움에 미치는 영향

독립변인	폭력범죄에 대한 두려움	
	B	Beta
통제변인		
연령	-.03	-.16**
교육수준	-.01	-.01
소득수준	-.06	-.02
성역할 이데올로기의 수용		
성고정관념	.19	.08
성폭력피해에 대한 통념	.42	.14**
피해자로서 여성에 대한 통념	.80	.33***
R^2	.15	
F값	15.71***	
사례수	523	

** p<.01 *** p<.001

다음은 사회화경험이 성역할 이데올로기에 대한 수용을 매개로 하여 폭력범죄에 대한 두려움에 미치는 영향을 살펴보기로 하겠다. 이를 위해서 고정관념적 성역할사회화와 여성의 성적 취약성에 대한 사회화를 외생변인으로 설정하고, 성고정관념, 성범죄피해에 대한 통념, 피해자로서 여성에 대한 통념 등 성역할 이데올로기에 관한 변인들은 매개적 내생변인으로, 폭력범죄에 대한 두려움을 내생변인으로 설정하였다.

경로분석을 위해서 우선 어린시절 부모로부터의 사회화경험이 성역할 이데올로기의 수용에 미치는 영향을 살펴보기로 한다(〈표 4-17〉 참조). 사회화경험의 성고정관념 수용에 대한 설명력은 17%이고, 성폭력피해에 대한 통념 수용에 대한 설명력은 15%, 피해자로서 여성에 대한 통념 수용에 대한 설명력은 3%이다. 사회화경험은 피해자로서 여성에 대한 통념 수용보다는 성고정관념과 성폭력피해에 대한 통념 수용을 상대적으로 더 잘 예측해준다고 할 수 있다.

사회화경험과 성고정관념 수용과의 관계를 살펴보면, 고정관념적 성역할사회화와 여성의 성적 취약성 사회화 모두 성고정관념 수용과 정적인 관계를 갖고 있는 것으로 나타났다. 어린시절 부모로부터 보호자로서의 남성과 의존자로서의 여성에 대한 성역할을 강조하는 교육을 받은 여성일수록, 위험에 대해 회피하도록 교육받았을수록 남성성과 여성성에 대한 기존의 고정관념을 더 많이 수용하고 있는 것으로 나타났다. 사회화경험과 성폭력피해에 대한 통념의 수용 간의 관계를 살펴보면, 사회화경험 중 여성의 성적 취약성에 대한 사회화만이 성폭력피해에 대한 통념과 정적인 관계를 갖고 있는 것으로 나타났다. 어린시절 부모로부터 여성의 성적인 위험을 강조하고 위험에 대해 회피하도록 교육받았을수록 성폭력피해를 폭력과 성적 자기결정권의 침해보다는 정조 및 순결의 상실로 인식하고 있음을 알 수 있다. 마지막으로 사회화경험과 피해자로서 여성에 대한 통념과의 관계를 살펴보면, 사회화경험 중 여성의 성적 취약성에 대한 사회화만이 피해자로서 여성에 대한 통념과 정적인 상관관계를 갖는 것으로 나타났다. 어린시절 부모로부터 여성의 성적인 위험을 강조하고 위험을 회피하도록 교육받았을수록 여성이 남성에 비해 범죄피해에 취약하고, 범죄피해결과도 더 심각하다고 인식하는 것으로 나타났다.

다음은 사회화경험이 성역할 이데올로기에 대한 수용을 매개로 하여 폭력범죄에 대한 두려움에 미치는 영향을 살펴보기 위해서 경로분석을 한 결과를 검토해보기로 한다(〈표 4-17〉 참조). 고정관념적 성역할사회화경험은 폭력범죄에 대한 두려움에 대해 직접적인 효과(.10)를 갖는 것으로 나타났다. 이는 고정관념적 성역할에 대한 사회화경험은 성역할 이데올로기에 대한 수용을 매개로 하지 않고 독자적으로 폭력범죄에 대한 두려움에 영향을 미친다는 것을 의미한다. 즉 어린시절 부모로부터 보호자로서의 남성과 그에 대한 여성의 의존을 강조하는 사회화를 경험하였을수록 폭력범죄에 대한 두려움이 높다. 한편, 여성의 성적 취약성 사회화경험은 폭력범죄에 대한 두려움에 대한 직접적인 효과는 없고, 성폭력피해에 대한 통념의 수용(.09*.14)과 피해자로서 여성에 대한 통념의 수용(.14*.33)을 매개로 한 간접효과만을 갖는 것으로 나타났다. 이를 통해서 어린시절 부모로부터 여성의 성적 취약성을 강조하는 사회화를 경험한 여성일수록 성폭력피해를 정조와 순결의 상실로 받아들이고, 여성이 남성에 범죄피해를 당할 위험이 높고, 피해결과도 심각할 것이라는 통념을 받아들임으로써 폭력범죄에 대해 두려워한다는 것을 알 수 있다.

<표 4-17> 사회화경험이 폭력범죄에 대한 두려움에 미치는 영향에
관한 경로분석

독립변인	성역할 이데올로기의 수용			폭력범죄에 대한 두려움
	성고정관념	성폭력피해	피해자로서 여성	
통제변인				
연령	.17**	.30***	−.02	−.17**
교육수준	−.08	−.05	.12*	−.01
소득수준	.10**	.03	.03	−.01
사회화경험				
고정관념적 성역할	.16***	.07	.05	.10*
여성의 성적 취약성	.23***	.09*	.14**	−.01
성역할 이데올로기				
성고정관념				.07
성폭력피해				.14**
피해자로서의 여성				.33***
R^2	.17	.15	.03	.17
F값	20.99***	18.38***	3.60**	12.63***
사례수	527	530	531	523

* $p<.05$ ** $p<.01$ *** $p<.001$

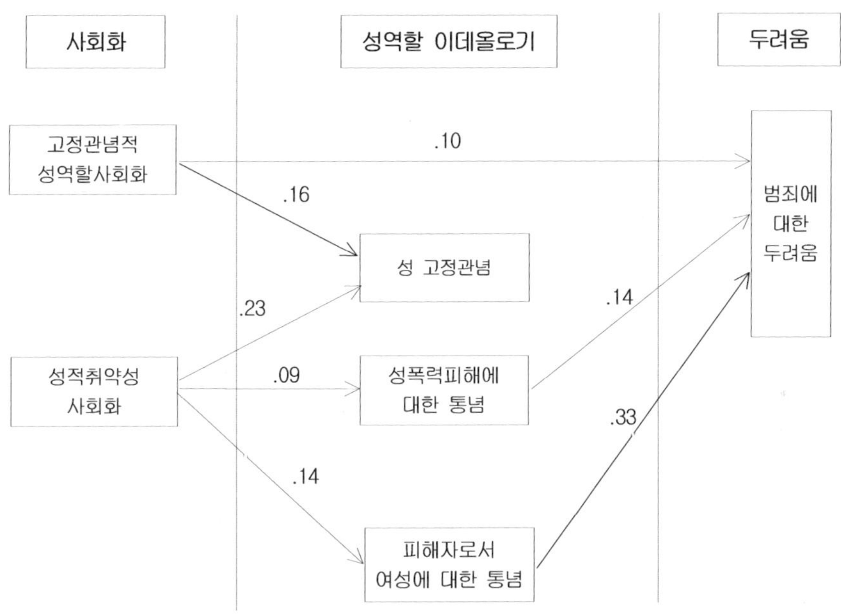

<그림 4-1> 사회화경험이 폭력범죄에 대한 두려움에 미치는 영향에
관한 경로분석결과

매개변인으로 설정된 성역할 이데올로기 중 폭력범죄에 대한 두려움에 영향을 미치는 변인은 성폭력피해에 대한 통념과 피해자로서 여성에 대한 통념인 것으로 나타났다. 성폭력피해를 정조나 순결의 상실로 인식할수록, 여성이 남성에 비해 범죄피해에 취약하고, 피해결과도 심각할 것으로 인식할수록 폭력범죄에 대한 두려움이 높다.

한편, 경로분석에서 사용한 변인들이 내생변인인 폭력범죄에 대한 두려움에 미치는 영향력을 비교해보기 위해서 각 변인들의 효과계수를 살펴보면 (〈표 4-18〉 참조), 고정관념적 성역할사회화가 .14, 성적 취약성에 대한 사회화가 .06, 성고정관념이 07, 성폭력피해에 대한 통념 .14, 피해자로서 여성에 대한 통념이 .33이다. 폭력범죄에 대한 두려움의 경로모형에서 폭력범죄에 대한 두려움에 가장 큰 영향력을 행사하는 변인은 피해자로서 여성에 대한 통념이며, 그 다음으로는 고정관념적 성역할사회화와 피해자로서 여성에 대한 통념의 영향력이 동일한 것으로 나타났다.

<표 4-18> 성차별적인 사회화경험이 폭력범죄에 대한 두려움에
미치는 영향에 대한 경로모형에서의 인과효과

	공변량	인과 효과	직접 효과	간접 효과
성역할사회화*성적 취약성사회화	-.03	–	–	–
성역할사회화*성고정관념	.15	.16	.16	–
성역할사회화*성폭력피해에 대한 통념	.08	.07	.07	–
성역할사회화*피해자로서 여성에 대한 통념	.05	.05	.05	–
성역할사회화*폭력범죄에 대한 두려움	.14	.14	.10	.04
성적취약성사회화*성고정관념	.23	.23	.23	–
성적취약성사회화*성폭력피해에 대한 통념	.09	.09	.09	–
성적취약성사회화*피해자로서 여성에 대한 통념	.13	.14	.14	–
성적취약성사회화*폭력범죄에 대한 두려움	.06	.06	-.01	.07
성고정관념*폭력범죄에 대한 두려움	.12	.07	.07	–
성폭력피해에 대한 통념*폭력범죄에 대한 두려움	.17	.14	.14	–
피해자로서 여성에 대한 통념*폭력범죄두려움	.34	.33	.33	–

이상의 분석결과는 첫째, 여성의 '범죄에 대한 두려움'은 부분적으로는 부모로부터 사회화의 결과임을 보여준다. 즉 여성은 사회화과정을 통해서 두려움을 학습해나간다는 것이다. 이러한 결과는 기존의 '범죄에 대한 두려움'에 대한 설명과는 달리 '범죄에 대한 두려움'은 범죄 및 무질서에 대한 반응의 결과일 뿐 아니라 '사회화'의 결과라는 점을 경험적으로 보여준다는 점에서 의미가 있다.

둘째, 위험과 관련된 사회화경험이 여성 간의 '범죄에 대한 두려움'의 수준에 있어 차이를 낳는다는 위와 같은 결과는 남녀간의 사회화경험의 차이가 '범죄에 대한 두려움'에 있어서의 성차를 낳을 수 있다는 점을 간접적으로 보여준다. 포커스 그룹 인터뷰에서 어머니들은 자녀의 성별에 따라 피해위험의 정도와 그 내용, 그리고 그에 대응하는 방식에 있어서 차별적으로 학습시킨다는 점을 알 수 있었다. 구조적으로 성으로 분화된 사회 내에서 기본적으로 사회화학습내용에 있어서의 차이를 결정하는 가장 중요한 요인이 성별이라는 점을 고려해보면, 사회화경험이 여성 간의 두려움에의 차이를 설명할 수 있는 중요 변인이라면 남녀간의 범죄에 대한 두려움에 있어서의 차이를 설명할 수도 있다는 것이다.

셋째, 위의 결과는 사회화의 구체적인 내용에 따라 사회화경험이 폭력범죄에 대한 두려움에 영향을 미치는 방식이 달라진다는 점을 보여준다. 부모로부터의 고성관념적 성역할사회화는 위험, 피해, 피해자 등에 관련된 신념들에 스며들어 있는 전통적인 성역할 이데올로기의 수용을 매개로 하지 않고 직접적으로 폭력범죄에 대한 두려움에 영향을 미친다. 반면, 여성의 성적 취약성에 관련된 사회화는 직접적으로 폭력범죄에 대한 두려움에 영향을 미치지는 않지만, 위험, 피해, 피해자 등에 관련된 신념들에 스며들어 있는 전통적인 성역할 이데올로기의 수용에 영향을 미침으로써 간접적으로 폭력범죄에 대한 두려움에 영향을 미치는 것으로 나타났다. 범죄 및 피해 관련내용과 관련된 사회화경험보다는 일반적인 내용의 성차별적인 성역할사회화가 '범죄에 대한 두려움'에 직접적인 영향을 미친다.

마지막으로 위의 분석결과에 의하면 사회화경험보다 전통적인 성역할 이데올로기의 수용이 폭력범죄에 대한 두려움에 좀더 강한 영향을 미치는 것으로 나타났다. 이는 기존의 '범죄에 대한 두려움'의 연구에서 중요시되어 왔던 피해경험이나 지역사회의 환경적 요인 이외에도 한 사회 내에 지배적인 문화적 기대가 사람들이 느끼는 '범죄에 대한 두려움'에 영향을 미칠 수 있음을 보여준다. 좀 더 구체적으로 이야기하면 위험, 피해, 피해자와 관련된 지배적인 이미지 그리고 여성성과 관련된 지배적인 이미지가 '범죄에 대한 두려움'의 중요한 소스가 될 수 있다는 점이다. 이는 물리적 환경과 그를 에워싸고 있는 공간적 관계들뿐 아니라 문화적 가공물, 구조, 과정들이 인지된 피해위험과 그에 대한 반응('범죄에 대한 두려움' 등)을 발전시키는 데 있어서 중요하다는 Ferraro(1995)의 주장을 뒷받침해준다.

3. 인지된 피해위험과 인지된 취약성

앞서 살펴본 직·간접적인 피해경험, 거주지역의 물리적·사회적 무질서, 사회화 및 이를 통해 형성된 성역할 이데올로기 등은 '범죄에 대한 두려움'에 영향을 미치는 원인(遠因)이라고 할 수 있다. 이에 비해 인지된 피해위험과 인지된 취약성은 '범죄에 대한 두려움'이라는 현상을 설명해줄 수 있는 좀더 직접적인 원인 즉 근인(近因)이라고 할 수 있다. 대부분의 기존연구에서는 '범죄에 대한 두려움'을 인지된 피해위험과만 관련시켰다. 즉 '범죄에 대한 두려움'은 개인이 자신의 범죄피해가능성을 어떻게 인지하느냐에 따라서만 영향을 받는 것으로 간주하였다. 그러나 인지된 피해위험과 '범죄에 대한 두려움' 간에는 완벽한 상관관계가 존재하지 않으며, 동일한 인지된 피해위험의 수준을 갖는 개인들이 상이한 수준의 두려움을 가질 수도 있다는 점이 밝혀지고 있다. 이러한 결과들은 인지된 피해위험 이외에도 '범죄에 대한 두려움'에 영향을 미치는 다른 근인이 있음을 의미한다. 기존연구에서는 인지된 피해위험 이외에 '범죄에 대한 두려움'을 설명할 수 있는 다른 요인 중의 하나로 범죄피해상황에서의 대응능력 및 범죄피해결과에의 대처능력을 나타내는 '취약성'이라는 개념이 제시되고 있다. 그러나 기존연구에서 취약성이라는 개념은 집단 간의 차이를 설명하기 위한 이론적 구성물로서 기여하였을 뿐 경험적으로 측정되어 그것이 직접적으로 개인 간의 '범죄에 대한 두려움'의 차이를 설명하는 요인으로 고려하지 않았으며, 인지된 피해위험과 인지된 취약성 두 변인 간의 관계양상도 고려하지 않았다.

본 연구에서는 두 변인을 동시에 고려하여 폭력범죄에 대한 두려움에 미치는 영향을 살펴보기로 하겠다. 먼저 인지된 피해위험 및 인지된 취약성과 폭력범죄에 대한 두려움 간의 단순상관관계를 파악해보면(〈부표 2〉 참조). 인지된 폭력피해위험과 인지된 취약성변인 간에 약한 정적인 상관관계(r =.13)가 있는 것으로 나타났다. 인지된 폭력피해위험과 폭력범죄에 대한 두려움 간의 상관관계는 .53으로 비교적 강한 정적인 상관관계가 있는 것으로 나타났다. 마지막으로 인지된 취약성과 폭력범죄에 대한 두려움 간의 상관관계는 .22로 약한 정적인 상관관계가 있는 것으로 나타났다. 기존연구와는 달리 인지된 취약성의 변인을 고려하는 것이 폭력범죄에 대한 두려움을 설명하는 데 있어 어느 정도 기여하는가를 살펴보기 위해서 단계별 회귀분석(stepwise regression)을 실시하였다.

그 결과를 보면(〈표 4-19〉 참조), 인지된 폭력피해위험변인만을 넣고 회귀분석을 하였을 때 설명력은 28%였으나, 인지된 폭력피해위험과 함께 인지된 취약성을 고려한 모델 2의 설명력은 31%이다. 인지된 취약성의 변인을 추가함으로써 전체 설명력이 3%로 증가하였으며, 이러한 설명력의 증가는 .001수준에서 유의미한 것으로 나타났다. 이는 폭력범죄에 대한 두려움을 설명하는 데 있어 '인지된 취약성' 요인의 추가가 의미 있는 작업이라는 점을 보여준다. 한편, 모델 2를 구체적으로 살펴보면, 인지된 피해위험과 인지된 취약성의 두 변인을 함께 고려했을 때, 두 변인 모두 폭력범죄에 대한 두려움과 유의미한 관계를 갖는 것으로 나타났다. 그리고 인지된 폭력피해위험(Beta=.51)의 상대적 설명력이 인지된 취약성(Beta=.16)에 비해 훨씬 더 큰 것으로 나타났다. 전체적으로 보면, 폭력범죄에 대한 두려움이 인지된 폭력피해위험과 강하게 관련되어 있기는 하지만, 인지된 취약성도 폭력범죄에 대한 두려움의 수준과 관련되어 있음을 알 수 있다. 이는 동일한 주관적인 피해위험의 추정치를 갖는 개인들의 경우에도 범죄피해상황에서 대응능력과 피해결과의 대처능력을 어떻게 인지하느냐에 따라 폭력범죄에 대한 두려움이 달라질 수 있음을 보여준다.

<표 4-19> 인지된 위험 및 인지된 취약성이 폭력범죄에 대한 두려움에
미치는 영향

모델	독립변인	B	Beta	t값	R^2	R^2변화	F값변화
1	인지된 위험	.46	.54	14.85***	.28	.29	220.52***
2	인지된 위험	.45	.51	14.36***	.31	.03	20.05***
	인지된 취약성	.27	.16	4.47***			

*** p<.001

본 연구에서는 인지된 폭력피해위험과 인지된 취약성을 앞서 살펴보았던 요인들이 폭력범죄에 대해 미치는 영향을 매개하는 변인으로 설정하였으므로, 앞에서 살펴보았던 남성폭력에 대한 경험 및 지식과 사회화경험 및 성역할 이데올로기와 관련된 변인들이 인지된 폭력피해위험 및 인지된 취약성에 미치는 영향들을 살펴보기로 하겠다. 이를 위해서 회귀분석을 실시하였는데, 연령, 교육수준, 소득수준은 통제변인으로 사용되었으므로 별도의 해석은 하지 않기로 한다. 회귀분석에 들어가기에 앞서 관련변인들 간의 단순상관관계를 살펴보면(〈부표 2〉 참조), 인지된 폭력피해위험은 성적괴롭힘 피해경험, 간접적인 성폭력피해경험, 사회적 무질서, 물리적 무질서, 성고정관념, 성폭력피해에 대한 통념, 피해자로서 여성에 대한 통념과 정적인 상관관계를 갖고 있는 것으로 나타났으며, 특히 사회적 무질서와의 상관관계계수가 가장 큰 것으로 나타났다. 인지된 취약성은 물리적 무질서, 성적 취약성에 대한 사회화, 성폭력피해에 대한 통념, 피해자로서 여성에 대한 통념과 정적인 상관관계를 갖고 있는 것으로 나타났으며, 특히 피해자로서 여성에 대한 통념과의 상관관계계수가 가장 큰 것으로 나타났다.

다음은 회귀분석을 통해서 다른 변인들을 통제한 상태에서 인지된 폭력피해위험과 인지된 취약성에 영향을 미치는 요인을 살펴보기로 한다. 먼저 인지된 폭력피해위험에 영향을 미치는 요인들을 살펴보면 〈표 4-20〉과 같다. 범죄와 무질서에 대한 경험 및 지식의 영향력을 살펴본 모델 1의 설명력이

16%, 사회화 및 성역할 이데올로기의 영향력을 살펴본 모델 2의 설명력이 9%로 인지된 폭력피해위험은 범죄 및 무질서에 대한 경험과 지식에 관련된 변인들에 의해서 더 잘 예측할 수 있다는 점을 알 수 있다. 구체적으로 범죄 및 무질서에 대한 경험과 지식 관련변인들 중 인지된 폭력피해위험에 영향을 미치는 요인들을 살펴보면(〈표 4-20〉의 모델 1 참조), 성적괴롭힘 피해경험, 사회적 무질서, 물리적 무질서인 것으로 나타났다. 이러한 세 변인 중 사회적 무질서의 상대적인 설명력이 가장 큰 것으로 나타났다. 모델 2를 통해서 사회화경험 및 성역할 이데올로기 관련변인들 중 인지된 폭력피해위험에 영향을 미치는 요인들은 살펴보면, 피해자로서 여성에 대한 통념인 것으로 나타났다.

　위와 같이 범죄 및 무질서에 대한 경험과 지식이 인지된 폭력피해위험과 밀접하게 관련되어 있다는 조사결과는 기존의 연구결과와 동일하다. 개인의 위험평가의 경우에는 사회화 및 성역할 이데올로기보다는 범죄 및 무질서에 대한 경험과 지식이 중요한 소스가 됨을 알 수 있다. 그러나 여기서 주목해야 할 점은 기존의 연구에서 다루지 않았던 사회화 및 성역할 이데올로기에 관련된 변인들이 인지된 폭력피해위험에도 영향을 미친다는 점이다. 기존연구에서는 범죄나 무질서에 대한 경험이나 지식만이 개인의 위험평가에 영향을 미칠 것이라고 가정하였다. 그러나 본 연구의 조사결과는 어린시절 부모로부터 위험 및 여성의 성적 취약성에 대한 사회화경험과 전통적인 성역할 이데올로기의 수용여부도 개인의 피해가능성에 대한 판단에도 영향을 미친다는 점을 보여주고 있다.

　다음은 두 가지 요인군을 모두 포함시킨 모델 3을 통해서 인지된 폭력피해위험에 영향을 미치는 요인들을 종합적으로 분석해보기로 한다. 다른 변인들의 영향력을 통제한 상태에서 인지된 폭력피해위험에 영향을 미치는 변인은 성적괴롭힘 피해경험, 사회적 무질서, 물리적 무질서, 성폭력피해에 대한 통념, 피해자로서의 여성에 대한 통념인 것으로 나타났다.[72] 이러한 변인들

---

72) '범죄에 대한 두려움'의 측정에 관한 논의에서 밝힌 바와 같이 '인지된 피해위

중에서 개인이 자신의 피해위험을 평가하는 데 있어 가장 영향력이 큰 변인
은 사회적 무질서(Beta=.23)와 물리적 무질서(Beta=.18)인 것으로 나타났다.
즉 자신의 주변의 사회적·물리적 환경을 무질서한 것으로 인식하는 사람일
수록 자신의 피해위험이 높은 것으로 인식한다. 그리고 물리적 무질서보다는
사회적 무질서의 상대적 영향력이 더 크다. 이는 물리적 공간 그 자체보다는
그 안에서의 사람들 간의 사회적 관계 및 상호작용이 여성이 자신의 폭력피
해가능성을 평가하는 데 있어 더 중요하게 작용한다는 점을 보여준다. 그 다
음으로 상대적 영향력이 높게 나타난 변인은 성적괴롭힘 피해경험과 피해자
로서의 여성에 대한 통념이다. 성적괴롭힘 피해경험이 많을수록, 여성이 남
성에 비해 피해위험에 더 많이 노출되어 있고, 피해결과도 더 심각할 것이라
고 인식하는 사람일수록 자신의 범죄피해위험성이 높은 것으로 인식하는 것
으로 나타났다.

힘'라는 개념을 측정하여 '범죄에 대한 두려움'을 설명하는 논의들이 있다. 본
조사자료의 분석결과에 의하면 인지된 폭력피해위험과 '범죄에 대한 두려움'에
영향을 미치는 요인들과는 큰 차이가 없다. 그러나 인지된 폭력피해위험의 경
우에는 사회적, 물리적 무질서 등 범죄에 대한 경험과 지식 관련요인의 중요성
이 큰 반면에, '범죄에 대한 두려움'의 경우에는 성역할 이데올로기가 투영되어
있는 성폭력피해에 대한 통념, 피해자로서 여성에 대한 통념의 중요성이 큰 것
으로 나타났다. 이러한 결과가 의미하는 바는 기존의 연구에서처럼 인지된 폭
력피해위험은 '범죄에 대한 두려움'을 나타내는 대리지표로 사용하는 것은 부적
절하다는 점이다.

<표 4-20> 인지된 폭력피해위험에 영향을 미치는 요인

독립변인	모델 1		모델 2		모델 3	
	B	Beta	B	Beta	B	Beta
통제변인						
연　령	-.02	-.08	-.04	-.19**	-.03	-.13*
교육수준	.14	.07	.10	.05	.11	.05
소득수준	.27	.07	.04	.01	.19	.05
직접적인 피해경험						
성폭력피해	-.26	-.02			-.39	-.03
성적괴롭힘 피해	.13	.12*			.16	.15**
간접적인 피해경험						
폭력 피해	.04	.01			-.03	.00
성폭력피해	.04	.01			-.02	-.01
무질서						
사회적 무질서	.73	.24***			.68	.23***
물리적 무질서	.50	.18***			.52	.18***
사회화경험						
고정관념적 성역할			.06	.00	-.06	-.02
여성의 성적 취약성			-.12	-.04	-.24	-.08
성역할 이데올로기						
성고정관념			.23	.08	.22	.08
성폭력피해			.29	.08	.45	.13**
피해자로서 여성			.58	.20***	.44	.15***
R^2	.16		.09		.20	
F값	10.52***		6.67***		9.11***	
사례수	518		523		514	

* p<.05 ** p<.01 *** p<.001

다음은 취약성 인지에 영향을 미치는 요인들을 살펴보기로 한다(〈표 4-21〉 참조). 인지된 취약성에는 범죄 및 무질서에 대한 경험과 지식 관련요인들의 설명력은 4%, 사회화 및 성역할 이데올로기 관련요인들의 설명력은 14%로 나타났다. 범죄 및 무질서에 대한 경험과 지식 관련변인들을 투입한 모델 1의 경우 모델의 유의미성이 낮고, 유의미한 변인도 통제변인으로 설정된 연령인 것으로 나타났다. 사실상 범죄와 무질서에 대한 경험 및 지식 관련변인들은 인지된 취약성에 영향을 미치지 않는다고 볼 수 있다. 따라서 인지된 취약성에 영향을 미치는 요인은 사회화 및 성역할 이데올로기 관련변인이라고 할 수 있다. 사회화 및 성역할 이데올로기 관련변인들 중 인지된 취약성에 영향을 미치는 변인은 피해자로서 여성에 대한 통념인 것으로 나타났다.

<표 4-21> 인지된 취약성에 영향을 미치는 요인

독립변인	모델 1		모델 2		모델 3	
	B	Beta	B	Beta	B	Beta
통제변인						
연　령	.02	.20***	.02	.14*	.01	.14*
교육수준	.02	.02	.02	.00	.06	.01
소득수준	-.02	-.01	-.06	-.03	-.05	-.03
직접적인 피해경험						
성폭력피해	.09	.02			-.09	-.00
성적괴롭힘 피해	.02	.05			.03	.05
간접적인 피해경험						
폭력 피해	-.07				-.06	
성폭력피해	.00				-.06	
무질서						
사회적 무질서	.08	.05			.00	.00
물리적 무질서	.11	.08			.12	.09*
사회화경험						
고정관념적 성역할			.08	.06	.09	.07
여성의 성적 취약성			.05	.04	.07	.05
성역할 이데올로기						
성고정관념			.01	.01	.00	.00
성폭력피해			.14	.08	.18	.11*
피해자로서 여성			.44	.31***	.43	.30***
R²	.04		.14		.15	
F값	2.55*		10.73***		6.92***	
사례수	518		524		514	

* p<.05　** p<.01　*** p<.001

두 가지 요인군을 모두 투입한 모델 3의 결과를 살펴보면, 다른 변인들을 통제한 상태에서 피해자로서의 여성에 대한 통념, 성폭력피해에 대한 통념, 물리적 무질서가 인지된 취약성에 통계적으로 유의미한 영향을 미치는 것으로 나타났다. 즉 여성이 남성에 비해 피해위험에 더 많이 노출되어 있고, 피해의 결과도 심각할 것으로 인식할수록, 성폭력피해를 정조나 순결의 상실로 인식할수록, 자신의 거주지역의 물리적인 환경을 무질서한 것으로 경험하였을수록 자신이 범죄피해에 취약하다고 인식하는 것으로 나타났다. 세 가지 요인 중 피해자로서의 여성에 대한 통념이 인지된 취약성에 대한 상대적인 영향력이 가장 큰 것으로 나타났다. 〈표 4-17〉에서 제시된 바와 같이 성역할 이데올로기들은 고정관념적 성역할사회화와 여성의 성적 취약성 사회화에 의해서 영향을 받는다는 점을 고려해보면, 범죄피해에 취약하다는 인식은 어린시절 부모로부터 여성은 위험한 세상에서 보호해줄 남성이 필요하며, 회피의 방식을 통해서 위험한 상황을 관리하도록 학습 받았을수록 사회 내의 지배적인 성역할 이데올로기가 반영된 범죄, 피해, 피해자에 관련된 통념들을 더 많이 수용함으로써 야기됨을 알 수 있다.

전체적으로 보면, 인지된 폭력피해위험은 범죄 및 무질서에 대한 경험 및 지식 관련변인과 사회화경험 및 성역할 이데올로기에 의해서 영향을 받지만 주로 범죄 및 무질서에 대한 경험 및 지식에 의해서 형성됨을 알 수 있다. 반면, 인지된 취약성은 사회화경험 및 성역할 이데올로기에 의해서 형성됨을 알 수 있다.

4. 종합분석

다음은 폭력범죄에 대한 두려움에 영향을 미치는 요인들을 종합적으로 검토해보기로 한다. 종합분석은 두 부분으로 구성되는데, 첫 번째는 앞서 다루었던 각 요인들을 독립변인으로 사용하고, 범죄에 대한 두려움을 종속변인으로로 하는 다중회귀분석을 실시하였다. 다중회귀분석에서는 독립변인들을 범죄 및 무질서에 대한 경험과 지식과 관련된 변인, 사회화 및 성역할 이데올로기 관련변인, 인지된 폭력피해위험, 인지된 취약성의 네 부분으로 나누어 각 요인군들의 설명력을 살펴본 후, 마지막으로 모든 변인들을 투입하여 각 변인들이 폭력범죄에 대한 두려움에 미치는 상대적인 영향력을 살펴볼 것이다.

한편, 앞의 개별분석에서는 폭력범죄에 대한 두려움만을 종속변인으로 하여 관련변인들과의 관계를 파악했으나 종합분석에서는 범죄유형에 따라 두려움에 영향을 미치는 요인들이 달라지는가를 알아보기 위해서 폭력범죄에 대한 두려움을 다시 성폭력범죄에 대한 두려움과 비성적인 폭력범죄에 대한 두려움으로 구분하여 다중회귀분석을 실시하고자 한다. 종속변인의 측정에서 밝힌 바와 같이 폭력범죄에 대한 두려움은 주거침입강도, 노상강도, 폭행 및 상해, 성폭력범죄 등 4가지 범죄유형에 대한 두려움을 각각 측정한 후 이를 모두 합쳐서 하나의 복합지수로 구성한 것이다. 여기서는 이와 같은 폭력범죄를 성폭력범죄와 성폭력범죄를 제외한 폭력범죄로 구분하여, 두 가지 범죄유형별 두려움에 영향을 미치는 요인을 살펴보고자 한다. 여기서 성폭력범죄가 아닌 폭력범죄(노상강도, 주거침입강도, 폭행 및 상해 등)에 대한 두려움은 '비성적인 폭력범죄에 대한 두려움'으로 명명하기로 하겠다.

두 번째 분석은 폭력범죄에 대한 두려움을 최종종속변인으로 설정하여 범죄 및 무질서에 대한 경험과 지식 그리고 사회화 및 성역할 이데올로기 관련요인들이 인지된 폭력피해위험과 인지된 취약성을 매개로 폭력범죄에 대한 두려움에 미치는 효과 및 그 과정을 경로분석을 통해서 분석할 것이다. 두 가지 분석 모두에서 연령, 교육수준, 소득수준은 통제변인으로 설정하였으며, 따라서 이에 대해서는 별도의 해석을 하지 않기로 한다.

가. 범죄에 대한 두려움에 영향을 미치는 요인

〈표 4-22〉는 각 요인군별로 폭력범죄에 대한 두려움의 설명력을 비교하고

(모델 1∼모델 4), 모든 변인들을 투입한 후 다른 변인들을 통제한 상태에서 개별변인들이 폭력범죄에 대한 두려움에 미치는 상대적인 영향력을 평가하기 위해서 작성되었다. 또한, 오른쪽의 두 칸은 폭력범죄를 성폭력범죄와 비성적인 폭력범죄로 구분하여 범죄유형별로 두려움에 영향을 미치는 요인들이 달라지는가를 알아보기 위한 것이다. 먼저 각 요인군별 설명력을 비교해 보면, 범죄와 무질서에 대한 경험 및 지식 관련요인(모델 1)의 설명력은 12%, 사회화 및 성역할 이데올로기 관련요인(모델 2)의 설명력은 17%, 인지된 폭력피해위험(모델 3)의 설명력은 29%, 인지된 취약성의 설명력(모델 4)은 8%이다. 인지된 폭력피해위험이라는 단일 요인을 투입한 모델 3의 폭력범죄에 대한 두려움에 대한 설명력이 가장 높다. 그리고 그 다음이 사회화 경험 및 성역할 이데올로기 관련요인(모델 2), 범죄와 무질서에 대한 경험 및 지식 관련요인(모델 3), 인지된 취약성(모델 4)의 순으로 나타났다.

모든 요인들을 투입한 모델 5의 결과를 보면, 성적괴롭힘 피해경험, 물리적 무질서, 고정관념적 성역할사회화, 성폭력피해에 대한 통념, 피해자로서 여성에 대한 통념, 인지된 폭력피해위험, 인지된 취약성 등이 폭력범죄에 대한 두려움에 통계적으로 유의미한 영향을 미치는 것으로 나타났다. 즉, 성적괴롭힘 피해경험이 많을수록, 자신이 거주하고 있는 지역을 물리적으로 무질서한 것으로 인식할수록, 어린시절 부모로부터 남성 – 보호/여성 – 의존이라는 이분법적인 성역할을 강조하는 사회화를 받았을수록, 성폭력피해를 정조 및 순결의 상실로 인식할수록, 여성이 남성에 비해 위험에 더 많이 노출되어 있고, 피해결과도 심각한 것으로 인식할수록, 자신의 폭력피해가능성을 높게 인식할수록, 자신이 범죄피해에 취약하다고 인식할수록 폭력범죄에 대한 두려움이 높다.

<표 4-22> 범죄에 대한 두려움에 영향을 미치는 요인에 관한 회귀분석

독립변인	폭력범죄에 대한 두려움					성폭력 범죄 두려움	비성적인 폭력범죄 두려움
	모델 1	모델 2	모델 3	모델 4	모델 5		
통제변인							
연　령	-.02	-.17**	-.02	-.15**	-.06	-.11*	-.03
교육수준	.04	-.01	-.02	.01	-.01	.06	-.01
소득수준	.03	-.02	-.02	.03	-.01	.03	-.04
직접적인 피해경험							
성폭력피해	-.03				-.04	.04	-.04
성적괴롭힘 피해	.11*				.08*	.07	.07
간접적인 피해경험							
폭력피해	.04				.04	-.02	.06
성폭력피해	.04				-.01	-.01	.01
무질서							
사회적 무질서	.21***				.07	.07	.06
물리적 무질서	.16***				.09*	.05	.11**
사회화경험							
고정관념적 성역할		.10*			.07*	.03	.08*
여성의 성적 취약성		-.01			.00	.00	.02
성역할 이데올로기							
성고정관념		.07			.01	.09*	-.01
성폭력피해		.14**			.12**	.09*	.11**
피해자로서 여성		.33***			.22***	.10**	.25***
인지된 폭력피해위험[a]			.54***		.43***	.44***	.40***
인지된 취약성				.26***	.08*	.09*	.04
R^2	.12	.17	.29	.08	.42	.37	.38
F값	7.32***	12.69***	52.86***	10.71***	22.00***	18.33***	19.14***
사례수	517	523	524	523	509	511	510

a: 인지된 피해위험은 폭력범죄에 대한 두려움의 경우에는 '인지된 폭력피해위험'으로, 성폭력범죄에 대한 두려움의 경우에는 '인지된 성폭력피해위험'으로, 비성적인 폭력범죄에 대한 두려움의 경우에는 '비성적인 폭력피해위험'으로 측정하였음.

* p<.05 ** p<.01 *** p<.001

 이러한 결과를 요인군별 모델과 비교해보면, 다른 변인들의 영향력을 통제한 상태인 모델 5에서도 여전히 인지된 폭력피해위험(Beta =.43)의 상대적 영향력이 가장 큰 것으로 나타났다. 그 다음으로 성역할 이데올로기의 한 차원인 피해자로서의 여성에 대한 통념(Beta =.22)과 성폭력피해에 대한 통념(Beta =.12)의 영향력이 비교적이 큰 것으로 나타났다. 요인군별 모델에서 설명력이 높았던 범죄와 무질서에 대한 경험 및 지식에 관련된 변인들의 영향력이 전반적으로 감소되었다. 특히, 이러한 변인들 중 사회적 무질서의 영향력은 급격하게 낮아져 모델 5에서는 통계적 유의성이 사라졌다. 이러한 결과는 앞서 인지된 폭력피해위험에 영향을 미치는 요인들에 대해서 살펴본 바와 같이(〈표 4-20〉 참조), 범죄와 무질서에 대한 경험 및 지식에 관련된 변인들이 인지된 폭력피해위험을 결정하는 데 있어 중요한 요인이기 때문에 인지된 폭력피해위험과 동시에 한 모델에 고려되었을 경우 이들 변인들의 영향력이 감소되었기 때문인 것으로 해석할 수 있다.

 다음은 종속변인인 폭력범죄에 대한 두려움을 성폭력범죄에 대한 두려움과 비성적인 폭력범죄에 대한 두려움으로 구분하여 범죄유형별로 두려움에 영향을 미치는 요인들이 달라지는가를 살펴보기로 한다. 〈표 4-22〉의 오른쪽 세 열의 R^2값을 비교해 보면, 세 가지 범죄유형 중 본 연구에서 사용한 대안적인 모델의 설명력이 가장 높은 것은 폭력범죄에 대한 두려움(R^2 =.42)임을 알 수 있다. 그 다음은 비성적인 폭력범죄에 대한 두려움(R^2 =.38), 성폭력범죄에 대한 두려움(R^2 =.37)으로 나타났다. 다음은 각 범죄유형별로 영향을 미치는 요인들이 차이가 있는가를 살펴보면, 성폭력범죄에 대한 두려움의 경우에는 성고정관념, 성폭력피해에 대한 통념, 피해자로서 여성에 대한 통념, 인지된 성폭력피해위험, 인지된 취약성 등이 통계적으로 유의미한 영향을 미치는 것으로 나타났다. 즉 어린시절 부모로부터 남성 – 보호/여성 – 의존이라는 이분법적인 성역할을 강조하는 사회화를 받았을수록, 성폭력피해를 정조 및 순결의 상실로 인식할수록, 여성이 남성에 비해 범죄피해위험에 더 많이 노출되어 있고, 피해결과도 심각한 것으로 인식할수록, 자신의 성폭력피해가능성을 높게 인식할수록, 자신이 범죄피해에 취약하다고 인식할수록 성폭력범죄에 대한 두려움이 높다는 점을 알 수 있다. 그리고 유의미한 변인들 중에서 인지된 성폭력피해위험(Beta=.44)의 상대적인 영향력이 가장 큰 것으로 나타났으며, 그 다음이 피해자로서 여성에 대한 통념(Beta=.10)이며, 성고정관념, 성폭력피해에 대한 통념, 인지된 취약성은 Beta값이 모두 .09로 성폭력범죄에 대한 상대적인 영향력이 모두 같은 것으로 나타났다.

비성적인 폭력범죄에 대한 두려움에 영향을 미치는 요인들을 살펴보면, 물리적 무질서, 고정관념적 성역할, 성폭력피해에 대한 통념, 피해자로서 여성에 대한 통념, 인지된 비성적인 폭력피해위험 등이 비성적인 폭력범죄에 대한 두려움에 통계적으로 유의미한 영향을 미치는 것으로 나타났다. 즉 거주지역의 물리적 환경을 무질서한 것으로 인식할수록, 어린시절 부모로부터 남성-보호/여성-의존이라는 이분법적인 성역할을 강조하는 사회화를 받았을수록, 성폭력피해를 정조 및 순결의 상실로 인식할수록, 여성이 남성에 비해 위험에 더 많이 노출되어 있고, 피해결과도 심각한 것으로 인식할수록, 자신의 비성적인 폭력피해가능성을 높게 인식할수록 비성적인 폭력범죄에 대한 두려움이 높다는 점을 알 수 있다. 위와 같은 변인들 가운데 인지된 비성적인 폭력피해위험(Beta=.40)의 상대적인 영향력이 가장 큰 것으로 나타났으며, 그 다음이 물리적 무질서(Beta=.11)와 성폭력피해에 대한 통념(Beta=.11), 고정관념적 성역할사회화(Beta=.08)의 순으로 나타났다.

세 가지 범죄유형 모두에서 범죄에 대한 두려움을 예측하는 데 있어 가장 중요한 변인은 인지된 피해위험이었으며, 성역할 이데올로기의 하위차원인 성폭력피해에 대한 통념과 피해자로서 여성에 대한 통념도 중요한 변인인 것으로 나타났다. 그러나 폭력범죄 및 비성적인 폭력범죄와 성폭력범죄 간에는 약간의 차이를 드러내고 있다. 폭력범죄에 대한 두려움과 비성적인 폭력범죄에 대한 두려움의 경우에는 성역할 이데올로기 이외에도 성적괴롭힘 피해경험이나 물리적 무질서, 그리고 고정관념적 성역할사회화경험이 유의미한 변인인 것으로 나타났지만, 성폭력범죄에 대한 두려움의 경우에는 성역할 이데올로기에 관련된 변인들만이 통계적으로 유의미한 변인인 것으로 나타났다. 이는 여성이 특히 두려워하는 성폭력범죄에 대한 두려움을 설명하는 데 있어 기존의 연구들이 고려하지 않았던 성역할 이데올로기의 수용이 매우 중요하다는 사실을 보여주고 있다.

다음은 여성을 대상으로 하여 범죄에 대한 두려움의 원인을 분석하기 위해서 성적괴롭힘 피해경험, 사회화경험, 성역할 이데올로기와 같은 요인들을 고려하였던 본 연구의 대안적인 모델이 전통적인 모델에 비해서 여성의 '범죄에 대한 두려움'을 설명하는 데 있어 어느 정도 기여할 수 있는가를 살펴보면 〈표 4-23〉과 같다. 이러한 분석에서 본 연구에서 매개변인으로 설정한 인지된 취약성과 인지된 폭력피해위험은 포함시키지 않았다. 인지된 폭력피해위험의 경우 폭력범죄에 대한 두려움과의 상관관계가 높고, 두 변인에 영향을 미치는 요인들이 거의 비슷하다. 따라서 분석에 인지된 폭력피해위험을 포함시킬 경우 본 연구에서 중요한 독립변인으로 설정한 변인들의 영향력을 보여주기 어렵기 때문이다. 〈표 4-23〉에서 알 수 있듯이 대안모델에서 고려된 변인들을 제외하고 전통적인 모델에서 사용되었던 변인들만으로 여성의 폭력범죄에 대한 두려움을 측정한 경우 그 모델의 설명력은 10%였다. 그러나 전통적인 모델에 성적괴롭힘 피해경험, 사회화경험 및 성역할 이데올로기 관련요인들을 포함시켜 만든 대안모델의 경우에는 설명력이 26%로 나타났다. 전통적인 모델에 비해 설명력이 약 16% 향상되었다. 이와 같은 설명력의 향상은 설명력을 나타내는 R^2값이 모델에 투입된 독립변인의 수에 의해서 영향을 받는다는 사실을 고려해보더라도 상당히 크다고 할 수 있다.

<표 4-23> 기존모델과 대안모델의 설명력의 차이

독립변인	기존모델		대안모델	
	B	Beta	B	Beta
통제변인				
연　령	-.08	-.04	-.02	-.10
교육수준	.07	.04	.02	.01
소득수준	.08	.03	.04	.01
직접적인 피해경험				
일반적 범죄 피해	.05	.00	-.14	-.02
성폭력피해	-.09	-.00	-.54	-.05
성적괴롭힘 피해	-	-	.13	.14**
간접적인 피해경험	.17	.10*	.04	.03
무질서				
사회적 무질서	.57	.22***	.45	.17***
물리적 무질서	.40	.16***	.42	.17***
사회화경험				
고정관념적 성역할	-	-	.18	.08
여성의 성적 취약성	-	-	-.08	-.03
성역할 이데올로기				
성고정관념	-	-	.11	.05
성폭력피해	-	-	.53	.18***
피해자로서 여성	-	-	.73	.31***
R^2	.10		.26	
F값	8.54***		13.41***	
사례수	520		514	

* p<.05 ** p<.01 *** p<.001

한편, 요인별 차이를 보면, 기존모델에서는 직접적인 피해경험과 폭력범죄에 대한 두려움과는 통계적으로 유의미한 관계가 없는 것으로 나타났다. 그리고 간접적인 피해경험이나 사회적·물리적 무질서와 같이 자신의 폭력피해위험에 대한 평가에 영향을 미치는 요인들만이 통계적으로 유의미한 관계가 있는 것으로 나타났다. 유의미한 영향을 미치는 변인들 중에서 특히, 사회적 무질서의 상대적인 영향력이 가장 크게 나타났다. 이러한 결과는 기존모델을 사용해서 일반인들의 '범죄에 대한 두려움'을 설명하고자 했던 연구들에서 나타난 결과와 유사하다. 즉 범죄에 대한 두려움은 직접적인 피해경험에 의해서 야기된다기보다는 다른 사람들과의 대화를 통해서 알게 된 범죄나 범죄피해에 대한 정보나 지식, 그리고 일반적으로 사람들이 범죄와 관련시키는 환경적 단서들과 같이 개인의 주관적인 위험평가에 영향을 미치는 요인들에 의해서 야기된다는 것이다.

그러나 대안모델의 경우에는 기존모델에서 사용되었던 변인들의 영향력은 대부분 그대로 유지되면서 성적괴롭힘 피해경험과 성역할 이데올로기 관련 변인들의 영향력이 중요하게 부각된다. 좀더 자세히 살펴보면, 여성이 일상적으로 경험하는 남성폭력피해인 성적괴롭힘 피해를 고려한 결과 성적괴롭힘 피해가 '범죄에 대한 두려움'에 정적인 영향을 미치는 것으로 나타났다. 이러한 결과는 기존모델과는 달리 여성의 '범죄에 대한 두려움'이 부분적으로는 그들의 직접적인 피해경험에 근거한 것임을 보여준다. 그리고 대안모델에서는 간접적인 피해경험의 효과는 사라지는 것으로 나타났는데, 이는 앞에서 살펴본 바와 같이 성적괴롭힘 피해경험과 간접적인 피해경험 간의 상호작용효과에 기인한 것으로 보인다(〈표 4-11〉과 〈표 4-12〉 참조). 그리고 사회적 무질서의 영향력도 감소되는 것으로 나타나는데, 이러한 결과 역시 성적괴롭힘과 무질서와의 상호작용효과에 의한 것으로 풀이될 수 있다(〈표 4-14〉 참조).

마지막으로 대안모델에서는 여성의 '범죄에 대한 두려움'을 설명하는 데 있어서 전통적인 모델이 고려하지 않았던 성역할 이데올로기 관련변인들의 영향력이 매우 큰 것으로 나타났다. 즉 여성성, 범죄, 피해, 피해자에 대한 전통적인 성역할 이데올로기를 강하게 수용하는 사람일수록 폭력범죄에 대한 두려움이 높은 것으로 나타났다. 사회화경험, 성역할 이데올로기, 범죄에 대한 두려움 간의 관계에서 살펴본 바와 같이(〈표 4-17〉 참조) 어린시절 부모로부터의 사회화경험이 성역할 이데올로기의 형성에 영향을 미치고 이를 매개로 하여 폭력범죄에 대한 두려움에 영향을 미친다는 사실을 고려해보면, 여성의 '범죄에 대한 두려움'은 사회화경험 및 이를 통해서 형성된 성역할 이데올로기에 의해서 상당한 영향을 받고 있음이 드러난다. 요약해보면, 기존의 피해경험모델이나 사회통제모델만으로는 여성의 '범죄에 대한 두려움'을 부분적으로 밖에 설명할 수 없으며, 여성의 '범죄에 대한 두려움'에 영향을 미치는 중요한 요인들을 간과함으로써 다른 변인들의 영향력을 과대평가하게 만들 수 있음을 보여준다.

나. '범죄에 대한 두려움'에 관한 경로분석

다음은 앞에서 고찰한 범죄와 무질서에 대한 경험 관련변인들과 사회화 및 성역할 이데올로기 관련변인들이 인지된 폭력피해위험과 인지된 취약성에 영향을 미치고, 이러한 인지된 폭력피해위험과 인지된 취약성이 폭력범죄에 대한 두려움이라는 정서적인 반응에 미치는 영향을 분석하기 위해서 경로분석을 실시하고자 한다. 위의 〈표 4-22〉에서 제시한 다중회귀분석에서는 하나의 회귀식에 모든 독립변인을 포함시킴으로써 독립변인들이 종속변인에 미치는 직접적인 효과만을 분석할 수 있었다. 회귀분석에서는 독립변인들이 하나의 그룹으로 다루어져 그들 간의 함수적인 관계가 있을 경우에도 그냥 하나의 회귀방정식 속에 묻혀서 종속변인의 값을 예측하는 데 공헌할 뿐이며(이순묵, 1990), 따라서 변인들 간의 보다 자세한 연결 관계를 밝히지는 못한다. 이에 비해 경로분석은 변인 간의 인과 및 매개관계를 설정하여 변인 간의 직접효과 및 간접효과를 분석할 수 있다는 장점을 갖고 있다.

　본 연구에서는 경로분석을 위하여 성적괴롭힘 피해경험, 간접적인 폭력 및 성폭력피해경험, 거주지역의 물리적·사회적 무질서, 사회화 및 성역할 이데올로기 관련변인을 외생변인으로 설정하였다.[73] 그리고 인지된 폭력피해위험과 인지된 취약성은 위에서 설정된 외생변인들에 의해서 영향을 받는 매개적 내생변인으로 설정하였고, 폭력범죄에 대한 두려움을 내생변인으로 설정하였다. 본 연구에서 설정한 경로모형은 〈그림 4-2〉와 같다.

　경로분석결과를 보면(〈그림 4-2〉와 〈표 4-24〉 참조), 분석에 사용된 외생변인 중 직·간접적으로 폭력범죄에 대한 두려움에 영향을 미치는 요인은 고정관념적 성역할사회화, 여성의 성적 취약성에 관련된 사회화, 성폭력피해에 대한 통념, 피해자로서의 여성에 대한 통념, 성적괴롭힘 피해경험, 사회적 무질서, 물리적 무질서인 것으로 나타났다. 사회화경험 중 고정관념적 성역할사회화는 폭력범죄에 대한 두려움에 직접효과를 갖기도 하고, 성폭력피해에 대한 통념-->두려움, 그리고 성폭력피해에 대한 통념-->인지된 취약성/인지된 폭력피해위험-->두려움이라는 경로를 통한 간접효과를 갖는 것으로 나타났다. 사회화경험을 구성하고 있는 두 번째 변인인 여성의 성적 취약성에 관한 사회화는 폭력범죄에 대한 두려움에 대한 직접효과는 없으며, 성폭력피해에 대한 통념/피해자로서 여성에 대한 통념-->두려움, 성폭력피해에 대한 통념-->인지된 취약성/인지된 폭력피해위험-->두려움, 피해자로서의 여성에 대한 통념-->인지된 취약성/인지된 폭력피해위험-->두려움을 통한 간접효과를 갖는다.

　성역할 이데올로기의 하위차원인 성폭력피해에 대한 통념과 피해자로서 여성에 대한 통념은 모두 폭력범죄에 대한 두려움에 대해 직접효과뿐 아니라 간접효과를 갖는다. 성폭력피해에 대한 통념은 인지된 취약성/인지된 폭력피해위험-->두려움이라는 경로를 통해서 간접효과를 갖는다. 피해자로서의 여성에 대한 통념은 인지된 취약성/인지된 폭력피해위험-->두려움이라는 경

---

73) 경로분석에서는 이분변인을 투입할 수 없으므로 성폭력범죄피해경험은 경로모형에서 제외시켰다.

로를 통한 간접효과를 갖는다.

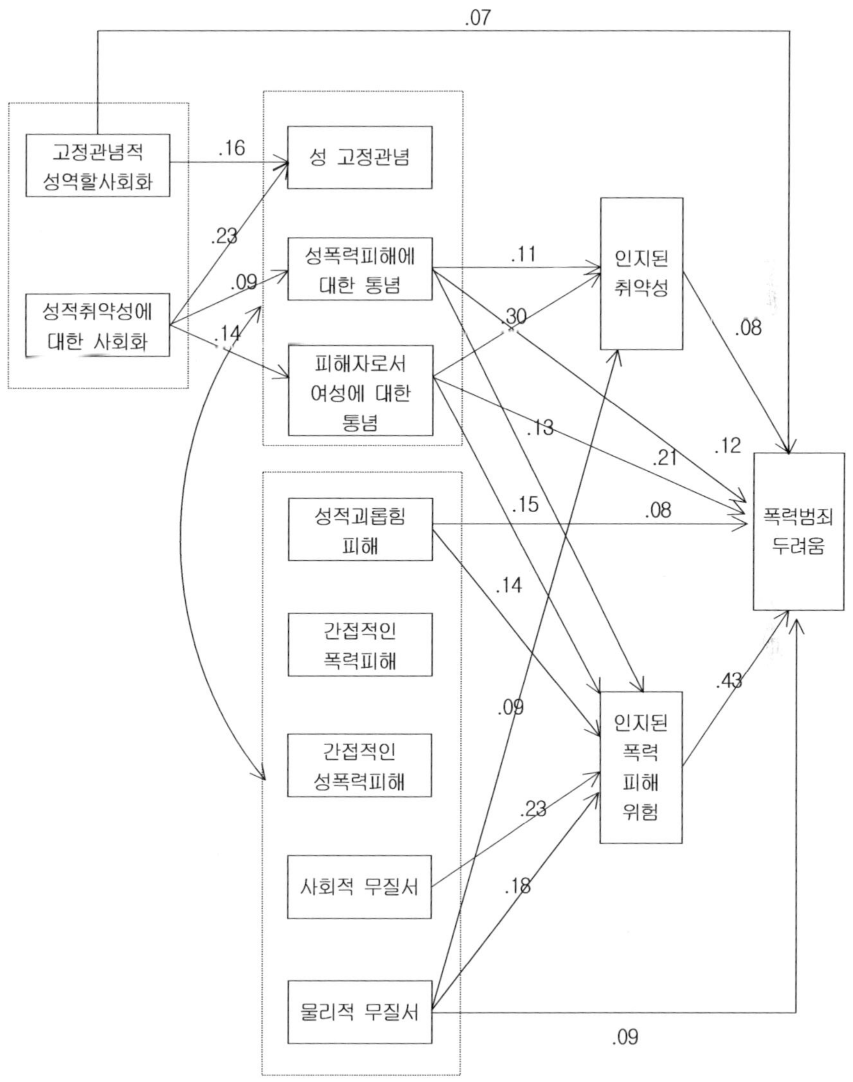

<그림 4-2> 폭력범죄의 두려움에 대한 경로분석결과

<표 4-24> 폭력범죄의 두려움에 대한 경로분석

독립변인	성역할 이데올로기			인지된 취약성	인지된 폭력피해 위험	두려움
	성고정 관념	성폭력 피해	피해자 로서 여성			
통제변인						
연령	.17**	.30***	-.02	.14*	-.13*	-.06
교육수준	-.08	-.05	.12*	.01	.05	-.01
소득수준	.10*	-.03	.03	-.03	.05	-.01
사회화경험						
고정관념적 성역할	.16**	.07	.05	.07	-.02	.07*
여성의 성적 취약성	.23***	.09*	.14**	.05	-.08	.00
성역할 이데올로기						
성고정관념				.00	.08	.01
성폭력피해				.11*	.13**	.12**
피해자로서 여성				.30***	.15***	.21***
성적괴롭힘 피해				.06	.14**	.08*
간접적인 피해경험						
폭력피해경험				-.04	.01	.04
성폭력피해경험				-.04	-.01	.01
무질서						
사회적 무질서				.00	.23***	.07
물리적 무질서				.09*	.18***	.09*
인지된 취약성						.08*
인지된 폭력피해위험						.43***
R^2	.17	.15	.03	.16	.20	.42
F값	20.9***	18.3***	3.74**	7.05***	9.78***	22.0***
사례수	527	530	531	514	514	509

* $p < .05$ ** $p < .01$ *** $p < .001$

성적괴롭힘 피해경험의 경우에는 폭력범죄에 대한 두려움에 직접효과를 갖고 있으며, 인지된 폭력피해위험을 통해 간접적으로 '범죄에 대한 두려움'에 영향을 미치는 것으로 나타났다. 즉 성적괴롭힘 피해경험이 많을수록 자신의 범죄피해가능성을 높은 것으로 인식하고, 이에 따라 범죄에 대해 더 두려워하게 된다. 사회적 무질서의 경우에는 인지된 폭력피해위험을 매개로 한 간접효과만을 갖는 것으로 나타났다. 그러나 물리적 무질서의 경우에는 인지된 폭력피해위험과 인지된 취약성을 매개로 한 간접효과뿐 아니라 직접효과도 갖고 있는 것으로 나타났다. 즉 거주지역을 물리적으로 무질서하다고 인식할수록 폭력범죄에 대해 더 두려워할 뿐 아니라, 거주지역을 물리적으로 무질서하다고 인식할수록 자신의 피해가능성이 높다고 인식하거나 자신의 범죄피해에 대한 취약성이 높다고 인식함으로써 범죄에 대해 더 두려워하게 된다.

직접효과만을 볼 경우 피해자로서의 여성에 대한 통념의 효과가 가장 크고, 그 다음이 성폭력피해에 대한 통념, 물리적 무질서 등의 순으로 나타났다. 그러나 인지된 폭력피해위험과 인지된 취약성을 매개로 하여 간접적으로 전달되는 효과까지 함께 고려해볼 경우(〈표 4-25〉의 인과계수 참조), 여전히 피해자로서의 여성에 대한 통념의 영향력(효과계수=.29)이 가장 크기는 하지만, 직접효과가 비교적 작았던 성폭력피해에 대한 통념(효과계수=.19)과 물리적 무질서(효과계수=.18)의 경우 그 영향력이 훨씬 더 커지며, 직접효과에서 드러나지 않았던 사회적 무질서(효과계수=.14)가 간접적으로 폭력범죄에 대한 두려움에 영향을 미치고 있음을 알 수 있다. 이를 통해서 폭력범죄에 대한 두려움의 경로모형에서 폭력범죄에 대한 두려움에 가장 큰 영향을 미치는 변인은 매개적 내생변인으로 설정된 인지된 폭력피해위험이며, 외생변인으로 설정된 변인 중 영향력이 가장 큰 변인은 피해자로서 여성에 대한 통념인 것으로 나타났다. 한편, 사회적 무질서는 폭력범죄에 대한 두려움에 대한 직접효과는 .07로 작아 통계적인 유의미성이 없었지만, 간접효과를 함께 고려한 효과계수의 값이 .14로 비교적 큰 것으로 나타났다. 성적괴롭힘 피해경험의 경우에도 폭력범죄에 대한 두려움에 미치는 직접효과가 .08이었으나 간접효과를 함께 고려한 효과계수는 .15로 나타나 성적괴롭힘 피해경험과 폭력범죄에 대한 두려움의 공변량은 직접효과뿐 아니라 간접효과에 의해서도 설명될 수 있음을 보여준다. 이와 같은 분석을 통해 성역할 이데올로기가 여성의 폭력범죄에 대한 두려움을 형성하는 데 있어 가장 중요한 요인이며, 어린시절 부모로부터의 사회화경험이 미약하나마 직접적 혹은 성역할 이데올로기를 통해서 간접적으로 폭력범죄에 대한 두려움을 형성하는 데 있어 영향을 미치는 것으로 나타났다.

<표 4-25> 폭력범죄에 대한 두려움 경로모형에서의 공변량의 분해결과

	공변량	인과효과	직접효과	간접효과
X_1X_3	.15	.16	.16	–
X_1X_4	.08	.07	.07	–
X_1X_5	.07	.05	.05	–
X_1X_{11}	.03	.07	.07	.00
X_1X_{12}	.09	-.02	-.02	.00
X_1X_{13}	.13	.07	.07	.00
X_2X_3	.25	.23	.23	–
X_2X_4	.09	.09	.09	–
X_2X_5	.13	.14	.14	–
X_2X_{11}	.09	.05	.05	.00
X_2X_{12}	.02	-.08	-.08	.00
X_2X_{13}	.07	-.01	.00	-.01
X_3X_{11}	.05	.00	.00	–
X_3X_{12}	.10	.08	.08	–
X_3X_{13}	.10	.04	.01	.03
X_4X_{11}	.11	.11	.11	–
X_4X_{12}	.11	.13	.13	–
X_4X_{13}	.17	.19	.12	.07
X_5X_{11}	.21	.30	.30	–
X_5X_{12}	.32	.15	.15	–
X_5X_{13}	.36	.29	.21	.08

	공변량	인과효과	직접효과	간접효과
X_6X_{11}	.06	.06	.06	−
X_6X_{12}	.17	.14	.14	−
X_6X_{13}	.18	.15	.07	.08
X_7X_{11}	−.02	−.07	−.07	−
X_7X_{12}	.08	−.00	−.00	−
X_7X_{13}	.11	.03	.03	.00
X_8X_{11}	.02	−.04	−.04	−
X_8X_{12}	.10	−.01	−.01	−
X_8X_{13}	.13	.01	.01	.00
X_9X_{11}	.06	.00	.00	−
X_9X_{12}	.27	.23	.23	−
X_9X_{13}	.25	.14	.07	.07
$X_{10}X_{11}$	.09	.09	.09	−
$X_{10}X_{12}$	.19	.18	.18	−
$X_{10}X_{13}$	.18	.18	.09	.09
$X_{11}X_{13}$	.26	.08	.08	−
$X_{12}X_{13}$	.55	.43	.43	−

X_1: 고정관념적 성역할사회화 X_2: 성적 취약성사회화 X_3: 성고정관념
X_4: 성폭력피해에 대한 통념 X_5: 피해자로서 여성에 대한 통념 X_6: 성적괴롭힘 피해경험
X_7: 간접적인 폭력피해경험 X_8: 간접적인 성폭력피해경험 X_9: 사회적 무질서
X_{10}: 물리적 무질서 X_{11}: 인지된 취약성 X_{12}: 인지된 폭력피해위험
X_{13}: 폭력범죄에 대한 두려움

한편, 여성의 무질서에 대한 경험 또한 폭력범죄에 대한 두려움을 형성하는 데 중요한 요소로 작용하는 것으로 드러났다. 거주지역의 물리적 사회적 무질서뿐 아니라 여성이라는 특정성(gender)을 향한 성별화된 무질서의 경험인 성적괴롭힘도 폭력범죄에 대한 두려움을 형성하는 데 있어 직·간접적인 효과를 갖는 것으로 나타났다. 이러한 결과들은 여성의 폭력범죄에 대한 두려움은 여성이 일상적으로 경험하는 위험의 실재와 남성지배적인 사회에서 어린시절부터 여성이 보편적으로 취약하다는 것(universally vulnerable), 종속적이라는 것이 의미하는 바를 학습시킨 것의 결과에 의해서 설명될 수 있다는 점을 보여준다.

다. 소　결

　이하에서는 위에서 제시한 경험적인 연구결과를 바탕으로 해서 본 연구의 분석틀을 통해서 얻은 새로운 중요한 발견과 그러한 발견이 함의하는 바가 무엇인가를 살펴보기로 하겠다. 본 연구에서는 여성의 ‘범죄에 대한 두려움’의 원인을 설명하기 위해서 기존의 연구와는 달리 여성의 성적괴롭힘 피해경험과 성차별적인 사회화경험 및 성역할 이데올로기의 수용 정도를 고려하였다. 이와 같은 요인들을 고려한 결과 기존의 요인들을 사용하여 여성의 ‘범죄에 대한 두려움’을 설명하는 것에 비해 모델의 설명력이 크게 향상되었다. 이러한 결과는 여성의 ‘범죄에 대한 두려움’을 제대로 설명하기 위해서는 전체 인구층을 대상으로 하는 기존모델과는 달리 성인지적 관점에서 여성적 경험의 특성을 고려해야 할 필요성을 보여준다.

　한편, 여성적 경험의 특성을 고려하기 위해서 새롭게 포함한 요인인 ‘성적괴롭힘 피해경험’, ‘성차별적인 사회화경험’ 그리고 ‘전통적 성역할 이데올로기’ 등이 여성의 ‘범죄에 대한 두려움’을 설명하는 데 있어 매우 중요한 요인들인 것으로 밝혀졌다. 다른 변인들을 통제한 상태에서 여성의 ‘범죄에 대한 두려움’을 설명하는 데 있어 상대적인 영향력이 가장 큰 변인은 전통적인 성역할 이데올로기 중 ‘피해자로서 여성에 대한 통념’이었으며, 그 다음으로 영향력이 큰 변인은 ‘성폭력피해에 대한 통념’인 것으로 밝혀졌다. 그리고 어린 시절 부모로부터의 성차별적인 사회화경험은 폭력범죄에 대한 두려움에 직접적으로(고정관념적 성역할사회화) 혹은 전통적인 성역할 이데올로기 수용을 매개로 하여 간접적으로(여성의 성적 취약성에 대한 사회화) 폭력범죄에 대한 두려움에 영향을 미치는 것으로 나타났다. 마지막으로 성적괴롭힘 피해경험도 폭력범죄에 대한 두려움에 직·간접적으로 영향을 미치는 것으로 나타났다. 즉 남성으로부터의 성적괴롭힘 피해경험이 많을수록 폭력범죄에 대해 더 두려워한다.

　이와 같은 결과들은 기존연구들이 ‘범죄에 대한 두려움’을 설명하는 데 있어 간과했던 두 가지 중요한 사실을 보여준다. 첫째, '범죄에 대한 두려움'은 단지 직접적인 피해경험이나 범죄에 관련된 정보나 무질서를 상징하는 단서들에 대해 직접적으로 반응한 결과일 뿐만이 아니라 훨씬 이전부터 여성에 대한 성차별적인 사회화과정을 통해서 학습된 것의 결과라는 점이다. 즉 어린시절 어떤 방식으로 사회화 받았느냐에 따라 개인의 두려움의 수준이 달라질 수 있다는 것이다.[74] 이는 한 개인이 그리고 집단으로서의 여성이 왜 범죄에 대해 더 두려워하는가를 파악하기 위해서는 현재의 경험과 지식에 영향을 미치는 요인들뿐만 아니라 남성-여성의 보호자/여성-의존자라는 학습된 성역할과 지속적인 성적인 피해위험을 학습시키는 두려움의 사회화과정에 관심을 기울일 필요가 있음을 보여준다.

한편, 폭력범죄에 대한 두려움을 설명하는 데 있어 전통적인 성역할 이데올로기의 중요성은 사회화경험뿐 아니라 사회화과정을 통해서 습득하게 된 사회적 기대, 문화적 관념 등이 '범죄에 대한 두려움'을 형성하는 데 있어서 중요하다는 점을 시사한다. 남성과 여성 각각에 대해 주어진 적정한 행동과 특성에 관한 가정들 즉 전통적인 성역할 이데올로기가 투영되어 있는 범죄, 피해자, 범죄자에 대한 많은 가정들은 여성이 성적인 피해위험에 항상 노출되어 있고, 약하고, 힘이 없는 것으로 그리고 있다. 또한 여성에 대한 성폭력을 자기결정권에 대한 침해나 폭력의 일종으로 보기보다는 정조나 순결의 상실로 보고 있다. 이러한 지배적인 통념의 수용은 여성으로 하여금 범죄피해에 취약하다고 인식하도록 하고, 이러한 인식이 범죄에 대해 더 두려워하도록 만든다. 마지막으로 성폭력피해에 대한 통념이 '범죄에 대한 두려움'에 중요하게 영향을 미친다는 사실은 여성의 '범죄에 대한 두려움'이 단지 범죄

---

74) 본 연구의 주된 관심이 범죄에 대한 두려움에 있어서의 성차는 아니지만, 사회화의 구체적인 내용과 방식을 결정하는 데 있어 가장 중요한 요인이 성이라는 점을 고려해 본다면, 위와 같은 결과는 사회화경험에 있어서의 차이가 남녀간의 '범죄에 대한 두려움'의 수준에 있어서의 차이를 설명하는 중요한 변인으로 작용할 수 있음을 보여준다.

피해결과 그 자체에 대한 두려움뿐 아니라 성폭력피해 및 피해자를 둘러싼 피해자를 비난하는 사회적 반응에 대한 두려움임을 보여준다.

둘째, 본 연구의 경험적인 결과는 성적괴롭힘 피해경험 또한 여성의 '범죄에 대한 두려움'을 설명하는 데 있어 중요하다는 사실을 보여준다. 기존의 연구에서는 직접적인 피해경험과 '범죄에 대한 두려움' 간에는 유의미한 관계가 없는 것으로 나오거나 관계가 있더라도 그 정도가 매우 미미하였다. 이러한 결과들은 기존의 연구들이 사람들이 일상생활에서 경험하는 피해의 실재와는 동떨어진 피해경험을 측정하고 그것과 '범죄에 대한 두려움'과의 관계를 살펴보는 데서 기인하는 것으로 보인다. 이는 기존연구들이 범죄를 '형법을 위반한 행위'라고 협소하게 개념화함으로써 살인, 강도, 강간과 같이 일반인들이 거의 경험하지 않는 범죄유형만을 중요하게 다루고 사람들이 일상적으로 경험하는 무례한 반사회적 행동들이 사람들의 삶에 미치는 영향에 대해서는 무시한 결과라고 할 수 있다. 또한 사람들이 일상적으로 경험하는 무례한 반사회적인 행동들에 대한 경험 혹은 피해위험도 매우 성별화되어 있다는 점을 고려하지 못했다.

그러나 여성은 남성이 전혀 피해위험을 느끼지 않는 피해유형인 다양한 형태의 남성폭력피해에 노출되어 있다. 그중에서도 여성이 가장 일상적으로 경험하는 남성폭력피해유형이 성적괴롭힘이다. 본 연구의 경험적인 조사결과에 의하면 성적괴롭힘 피해는 직장이나 학교 등 아는 사람에 의해서 혹은 한적한 거리나 사람들이 붐비는 대중교통시설에서 모르는 사람에 의해서 일상적으로 발생하고 있다. 이와 같이 여성이 흔히 경험하는 남성폭력피해를 고려하여 '범죄에 대한 두려움' 간의 관계를 살펴보았을 때 피해경험이 '범죄에 대한 두려움'에 유의미한 영향을 미쳤다는 사실은 여성의 피해경험과 두려움 간의 패러독스는 실제적인 위험과 '범죄에 대한 두려움'에 대한 관계를 고려할 때 성별을 고려하지 않은 일반적인 피해유형만을 사용했기 때문이라는 여성주의학자들의 주장을 지지해준다. 이를 좀더 일반화시킨다면 연구대상의 피해경험의 특성과 본질에 대한 이해로부터 출발할 때만이 연구대상이 느끼는 ‘범죄에 대한 두려움’을 피해경험의 역동성 내에서 적절하게 설명할 수 있다는 사실을 도출해낼 수 있다.

마지막으로 기존의 모델에 새로운 변인들을 도입한 결과 ‘범죄에 대한 두려움’에 영향을 미치는 요인들의 영향력이 변화하였다. 기존 요인들을 사용한 모델에서는 직접적인 피해경험은 ‘범죄에 대한 두려움’에 영향을 미치지 않았고, 간접적인 피해경험만이 ‘범죄에 대한 두려움’에 영향을 미치는 것으로 나타났다. 그리고 전체적으로 볼 때, 사회적·물리적 무질서의 상대적 영향력이 가장 큰 것으로 나타났다. 그러나 대안모델에서는 직접적인 성적괴롭힘 피해경험이 ‘범죄에 대한 두려움’을 형성하는 원인 중의 하나임이 밝혀졌다. 또한, 간접피해경험의 영향력은 사라지고, 사회적·물리적 무질서의 영향력은 약화되는 것으로 나타났다.

이러한 결과는 여성의 ‘범죄에 대한 두려움’에 영향을 미치는 중요한 요인들을 간과함으로써 다른 변인들의 영향력을 과대평가하게 만들 수 있음을 보여준다. 분석결과에 의하면 간접피해경험의 영향력이 사라지고 사회적·물리적 무질서의 영향력이 약화된 것은 대안모델에서 성적괴롭힘 피해경험을 고려했기 때문인 것으로 풀이될 수 있다. 기존의 연구들은 범죄피해경험이 일상적이지 않은 상황에서 간접적인 피해경험과 무질서에 대한 경험이 범죄피해경험 그 자체보다 ‘범죄에 대한 두려움’의 변이를 더 잘 설명할 수 있다고 주장한다. 일상적인 성적괴롭힘 피해경험을 고려하지 않은 기존모델에서 이러한 주장은 지지된다. 그러나 여성이 경험하는 일상적인 피해유형을 고려했을 때 간접적인 피해경험의 영향력은 사라지고 사회적·물리적 무질서의 영향력은 약화된다. 한편 본 연구의 분석결과에 의하면 성적괴롭힘 피해여부에 따라 주위의 범죄에 관련된 지식이나 정보, 그리고 위협적인 환경적 단서에 반응하는 방식이 달라진다. 이러한 결과는 성적괴롭힘 피해경험이 범죄와 관련된 정보나 지식에 더욱 민감하게 반응하도록 만들고, 여성의 안전에 대한 인식과 관심의 정도를 변화시킨다는 사실을 보여준다.

본 연구가 기존의 연구와 차별성을 갖는 또 다른 점은 ‘범죄에 대한 두려움'에 영향을 미치는 근인으로 인지된 폭력피해위험뿐 아니라 인지된 취약성을 고려하였으며, 폭력범죄에 대한 두려움에 영향을 미치는 것으로 고려한 제 요인들이 인지된 폭력피해위험과 인지된 취약성이라는 매개변인을 통해서 어떻게 각기 다른 방식으로 폭력범죄에 대한 두려움에 영향을 미치는가를 살펴보았다는 점이다. 기존연구에서는 취약성이라는 개념을 중요하게 다루기는 했지만 성, 연령 등을 취약성의 대리지표로 사용함으로써 동일한 하위집단 내에 있는 사람들 간에 인지된 취약성에 있어서의 개인 차이를 고려하지 못하였다. 그러나 본 연구의 분석결과에 의하면 인지된 취약성이라는 요인을 고려함으로써 설명력에 있어 유의미한 변화가 있었으며, 인지된 취약성은 '범죄에 대한 두려움'과 정적인 관계를 갖는 것으로 밝혀졌다. 이는 '범죄에 대한 두려움'은 자신의 피해위험에 대한 평가와 밀접한 관련이 있지만, 피해상황에 닥쳤을 때 대처 능력과 피해결과를 회복할 대응능력 등 자신의 취약성에 대한 주관적인 평가에 의해서도 영향을 받을 수 있음을 보여준다. 그리고 경로분석결과에 의하면 범죄와 무질서에 대한 경험 및 지식은 개인이 자신의 피해위험을 평가하는 소스로서 작동하는 반면에, 어린시절 사회화경험과 성역할 이데올로기는 피해위험에 대한 평가에 영향을 미칠 뿐 아니라 개인들이 자신이 범죄피해에 취약하다는 인식을 심어주는 것으로 나타났다. 이를 통해 사회화경험 및 이를 통해서 학습된 사회적 기대가 '범죄에 대한 두려움'에 미치는 영향의 중요성을 다시 한번 확인할 수 있다.

V. 여성의 '범죄의 두려움'에 대한 반응 및 사회적 결과

앞 장에서는 여성이 범죄에 대해 얼마나 두려워하고, 구체적으로 무엇에 대해 두려워하는가 그리고 여성의 '범죄에 대한 두려움'을 형성하는 데 영향을 미치는 요인들이 무엇인가에 대해 살펴보았다. 이 장의 주된 관심은 여성이 범죄피해자가 될 가능성 혹은 '범죄에 대한 두려움'에 대해 어떠한 방식으로 반응하는가, 여성의 '범죄의 두려움에 대한 반응'에 영향을 미치는 요인들은 무엇인가, 여성이 주로 사용하는 안전을 위한 여러 가지 전략 및 방법들은 어디로부터 얻었는가, 그리고 마지막으로 여성이 범죄 및 범죄의 두려움에 대한 반응 및 전략들이 성별에 근거한 차별적인 사회관계에 미치는 영향은 무엇인가 등이다. 이하에서는 먼저 양적인 자료를 통해서 여성이 '범죄에 대한 두려움'에 반응하는 일반적인 경향과 여성의 '범죄에 대한 두려움'의 반응에 영향을 미치는 요인들을 살펴보기로 한다. 그리고 두 번째 부분에서는 포커스 그룹 인터뷰자료를 통해서 여성이 피해를 피하기 위해서 혹은 '범죄에 대한 두려움'에 대응하여 일상생활에서 사용하는 다양한 예방책 및 대응전략을 유형화하여 좀더 구체적으로 살펴보고, 그러한 반응과 전략들이 여성에 대한 사회통제의 기제로서 어떻게 작동하는가를 살펴보기로 하겠다.

A. '범죄에 대한 두려움'과 그에 대한 행동적 반응

I. 일반적 경향: 회피행동과 보호행동

양적 조사의 자료를 통해 여성이 '범죄에 대한 두려움'에 반응하는 일반적인 경향을 살펴보기로 하겠다. 여기서는 비교를 위해서 남성이 '범죄에 대한 두려움'에 반응하는 방식을 함께 분석해보기로 하겠다. '범죄에 대한 두려움'에 반응하는 방식은 기존연구를 따라 회피행동과 보호행동으로 나누어 살펴보았다.[75] 먼저 회피행동에 대해 살펴보면(〈표 5-1〉 참조), 회피행동에 있어 남녀간의 차이가 두드러진다는 점을 알 수 있다. 72.4%의 여성이 범죄피해를 당할까봐 어떤 곳을 피해 다니고 있다고 응답한 반면에, 남성은 44.4%가 그렇다고 응답하였다. 71.0%의 여성이 밤에 혼자 다니기 무서워 누군가와 같이 다닌다고 응답한 반면에, 남성은 26.7%만이 그렇다고 응답하였다. 49.2%의 여성이 밤에 일이 있으면 밖에 나가기가 무서워서 그 일을 미룬다고 응답한 반면에, 15%의 남성만이 밤에 일이 있으면 밖에 나가기가 무서워서 그 일을 미룬다고 응답하였다.

마지막으로 75.6%의 여성이 밤에는 혼자 택시를 타지 않는다고 응답하였으며, 특히, 12.7%의 여성은 '항상' 밤에는 혼자 택시를 타지 않는다고 응답하였다. 이에 비해 남성은 17%만이 밤에는 혼자 택시를 타지 않는다고 응답하였다. 전체적으로 여성은 회피행동을 하지 않는 사람보다 회피행동을 하는 사람의 비율이 훨씬 더 높은 반면에, 남성은 대부분이 회피행동을 거의 하고 있지 않음을 알 수 있다. 한편, 여성이 가장 많이 하는 행위는 밤에는 혼자 택시를 타지 않는 것이었으며, 그 다음이 범죄피해를 피할까봐 어떤 곳을 피해 다니는 것의 순으로 나타났다.

---

75) 회피행동과 보호행동 간의 분석적인 구분은 본 자료에 대한 요인분석을 통해서 경험적으로 지지되었다.

〈표 5-1〉 회피행동에 있어서의 성별 차이　　　　　　　　단위: %

항 목	전혀 그렇지 않다		가끔 그렇다		자주 그렇다		항상 그렇다		χ^2
	여성	남성	여성	남성	여성	남성	여성	남성	
범죄피해를 당할까봐 어떤 곳을 피해 다닌다	33.6	65.6	53.7	29.8	8.6	3.8	4.1	0.9	120.41***
밤에 혼자 다니기 무서워 누군가와 같이 다닌다	39.0	83.3	45.4	12.4	12.2	2.9	3.4	1.4	237.15***
밤에 일이 있으면 밖에 나가기가 무서워서 그 일을 미룬다	50.8	85.0	36.5	11.4	9.3	2.6	3.4	1.0	154.04***
밤에는 혼자 택시를 타지 않는다	34.4	83.0	38.9	12.7	14.0	2.6	12.7	1.7	283.32***

*** p<.001

　　다음은 보호행동을 살펴보면(〈표 5-2〉 참조), 밤에 잘 때 꼭 창문까지 잠그고 자거나 현관이나 창문에 이중자물쇠를 설치하는 것 등은 매우 보편적인 행동인 것으로 나타났다. 그러나 비디오폰을 설치하거나 비상벨이나 방범전화의 연결, 민간경비의 이용 등은 그 비율이 매우 낮았다. 전반적으로 남성에 비해 여성이 범죄피해를 예방하기 위해서 보호행동을 더 많이 하기는 하지만 회피행동만큼 남녀차이가 두드러지지는 않는다. 밤에 잘 때 꼭 창문까지 잠그고 자는 것과 현관이나 창문에 이중자물쇠를 설치하는 것의 경우 남녀간의 차이는 유의미하지만, 다른 보호행동에서의 성별 차이는 통계적으로 유의미하지 않았다.

<표 5-2> 보호행동에 있어서의 성별 차이　　　　　　　　　　단위: %

항　　목	그렇다고 응답한 비율		χ^2
	여자	남자	
밤에 잘 때 꼭 창문까지 잠그고 잔다	72.6	64.4	8.87**
현관이나 창문에 이중자물쇠를 설치하였다	71.1	63.9	6.89*
창문 밖에 쇠창살을 설치하였다	48.7	43.2	3.42
비디오 폰을 설치하였다	26.6	24.7	.55
파출소에 비상벨, 방범전화를 연결하였다	5.0	4.1	.52
민간경비회사와 경비계약을 맺고 있다	5.2	4.3	.50

* p<.05 ** p<.01 *** p<.001

　　위와 같은 양적 조사자료의 결과는 여성은 남성에 비해 범죄에 대해 더 두려워할 뿐 아니라 '범죄에 대한 두려움'에 대응하여 회피행동 및 보호행동과 같은 예방적 행동을 더 많이 취하고 있다는 점을 보여준다. 또한 예방적 행위를 취하는 경우에도 여성과 남성은 다른 방식으로 예방전략을 선택하는 것으로 나타났다. 여성은 남성에 비해 회피행동을 훨씬 더 많이 사용하고 있다. 이러한 결과는 여성은 남성에 비해 범죄에 대한 두려움에 대처하기 위해서 더 많은 시간과 노력을 투자하고 있음을 보여준다. 또한 남성이 자신의 주변의 환경을 관리하고 변화시키는 대응(coping)의 방식을 사용하는 데 비해, 여성은 공공장소를 피하거나 공적인 활동을 구속하고 제한하는 자기규제적인 방식으로 자신을 변화시킴으로써 범죄에 대한 두려움에 반응하고 있음을 보여준다. 이는 폭력범죄에 대한 두려움 특히, 성폭력에 대한 두려움은 여성이 공적인 활동에 참여하는 것을 제한함으로써 남성이 공공영역 및 공공장소를 계속적으로 지배하도록 보장해주는 사회통제의 한 소스로서 작용한다는 급진적 여성주의학자들의 주장을 뒷받침해준다.

2. 회피행동에 영향을 미치는 요인

다음은 양적인 자료를 통해서 폭력범죄에 대한 두려움과 회피행동과의 관계를 살펴보기 위해서 여성의 회피행동에 영향을 미치는 요인들을 분석하기로 한다. 이를 위해서 폭력범죄에 대한 두려움뿐 아니라 앞 장에서 폭력범죄에 대한 두려움을 설명하기 위해서 고려되었던 직·간접적인 남성폭력피해경험, 거주지역의 물리적·사회적 무질서, 성차별적인 사회화경험 및 성역할 이데올로기, 인지된 폭력피해위험, 인지된 취약성 등의 요인들도 회피행동을 설명하기 위한 요인으로 고려하였다. 그리고 회피행동에 영향을 미치는 독립변인으로 설정된 폭력범죄에 대한 두려움은 앞의 분석과는 달리 낯선 사람에 의한 성폭력범죄에 대한 두려움으로 한정하였다. 포커스 그룹 인터뷰에서 나타난 바와 같이 여성의 폭력범죄에 대한 두려움의 핵심은 성폭력범죄에 대한 두려움이며, 본 연구에서 측정한 회피행동이 주로 공공장소를 이용하는 것과 관련된 행위로 구성되어 있다는 점을 고려하기 위한 것이다.

〈표 5-3〉은 각 요인군들이 회피행동에 미치는 영향을 살펴보고(모델 1~모델 5), 마지막으로 다른 변인들의 영향력을 통제한 상태에서 고려한 개별요인들이 회피행동에 미치는 영향(모델 6)을 알아보기 위해서 다중회귀분석을 한 결과를 제시한 것이다. 요인군은 남성폭력에 대한 경험과 지식 관련요인, 성차별적인 사회화 및 성역할 이데올로기 관련요인, 인지된 성폭력피해위험, 인지된 취약성, 성폭력범죄에 대한 두려움의 5가지로 구분하였다. 각 회귀분석모델에서 연령, 교육수준, 소득수준은 통제변인으로 사용하였으므로 별도의 해석을 하지 않기로 한다. 먼저 남성폭력에 대한 경험 및 지식 관련요인들이 회피행동에 미치는 영향을 살펴보면, 거주지역의 사회적 무질서만이 회피행동과 정적인 관계가 있는 것으로 나타났다. 즉, 거주지역이 사회적으로 무질서하다고 인식할수록 회피행동을 더 자주 한다. 성차별적인 사회화경험 및 성역할 이데올로기 관련요인들의 영향력을 살펴보면, 성차별적인 사회화경험 중 어떤 요인도 회피행동에 영향을 미치지 않는 것으로 나타났다.

그러나 성역할 이데올로기 관련요인들 중 성폭력피해에 대한 통념과 피해자로서의 여성에 대한 통념은 회피행동에 통계적으로 유의미한 영향을 미치는 것으로 나타났다. 성폭력피해를 정조나 순결의 상실로 인식할수록 여성이 남성에 비해 범죄피해에 취약하다고 인식할수록 회피행동을 더 자주 하는 것으로 나타났다. 모델 3은 인지된 성폭력피해위험이 회피행동에 미치는 영향을 살펴본 것으로 자신의 성폭력범죄피해가능성이 높다고 인식할수록 회피행동을 더 자주 하는 것으로 나타났다. 인지된 취약성과 회피행동와의 관계를 살펴보면(모델 4), 자신이 범죄피해에 취약하다고 인식할수록 회피행동을 더 자주하는 것으로 나타났다. 마지막으로 성폭력범죄에 대한 두려움이 회피행동에 미치는 영향을 살펴보면, 성폭력범죄에 대해 두려워하는 사람일수록 회피행동을 더 자주 한다는 것을 알 수 있다.

위에서 살펴 본 각 요인군들의 설명력을 살펴보면, 남성폭력에 대한 경험 및 지식 관련요인들을 투입한 모델 1은 회피행동을 6% 정도 설명하는 것으로 나타났다. 사회화경험 및 성역할 이데올로기 관련요인들을 투입한 모델 2의 설명력은 8%, 인지된 성폭력피해위험을 투입한 모델 3의 설명력은 4%, 인지된 취약성을 투입한 모델 4의 설명력은 3%, 마지막으로 성폭력범죄에 대한 두려움을 투입한 모델 5의 설명력은 10%로 나타났다. 이러한 결과를 통해서 회피행동은 성폭력범죄에 대한 두려움에 의해서 가장 잘 설명될 수 있다는 것을 알 수 있다. 한편, 성차별적인 사회화과정을 통해서 형성된 성역할 이데올로기의 수용 정도도 회피행동을 설명하는 데 있어 중요한 요인군인 것으로 드러났다.

다음은 관련된 모든 변인을 투입한 모델 6을 통해서 다른 변인들을 통제한 상태에서 개별변인들의 영향력을 살펴보기로 한다. 분석결과를 보면, 다른 변인의 영향력을 통제한 상태에서 사회적 무질서, 성폭력피해에 대한 통념, 피해자로서 여성에 대한 통념, 성폭력범죄에 대한 두려움만이 회피행동에 통계적으로 유의미한 영향을 미치는 것으로 나타났다. 즉, 거주지역의 사회적인 환경을 무질서한 것으로 인식할수록, 성폭력피해를 정조나 순결의 상실로 인식할수록, 여성이 남성에 비해 위험에 더 많이 노출되어 있고 그 피해도 심각한 것으로 인식할수록, 성폭력범죄에 대한 두려움이 높을수록 회피행동을 더 많이 자주 함을 알 수 있다. 이들 변인들 중에서 회피행동을 가장 잘 설명해주는 변인은 성폭력범죄에 대한 두려움(Beta=.25)이며, 성역할 이데올로기가 반영되어 있는 범죄, 피해, 피해자에 대한 통념을 강하게 수용할수록 회피행동을 더 많이 하는 것으로 나타났다.

위에서 살펴본 바와 같이 성폭력범죄에 대한 두려움은 여성이 회피행동을 사용하는 데 있어 가장 영향력 있는 예측치이다. 밤에 외출을 삼가거나 특정 장소를 피해 다니는 등의 회피적인 행동이 주로 성폭력범죄에 대한 두려움에 의해서 영향을 받는다는 결과는 "여성에게 강간에 대한 두려움은 그들의 일상의 모든 측면에서 그들을 둘러싼 보이지 않는 장애물"이라는 Griffin(1971)의 주장을 뒷받침해준다.

또한 이러한 결과는 가부장제 사회에서 남성폭력은 이를 직접적으로 경험한 피해여성에게 부정적인 신체적·심리적인 결과를 낳을 뿐 아니라 남성폭력에 대한 두려움을 느끼는 대부분의 여성의 삶을 규제하고, 사회적 참여와 성숙을 위한 기회를 제한함으로써 일반 여성에게 부정적인 결과를 낳는다는 점을 보여준다. 즉 남성폭력에 대한 두려움을 느끼는 여성은 남성폭력에 대한 간접적인 피해자라고 할 수 있다.

한편 성폭력범죄에 대한 두려움 이외에도 성역할 이데올로기의 수용 정도(특히, 성폭력피해에 대한 통념과 피해자로서 여성에 대한 통념)는 직접적으로 회피행동에 영향을 미치는 것으로 나타났다. 구체적으로 보면, 남성에 비해 여성이 범죄피해에 보편적으로 취약하다고 인식할수록, 성폭력피해에 대한 통념이 강할수록 회피행동을 더 많이 한다는 것이다. 한편, 성역할 이데올로기가 고정관념적 성역할과 여성의 성적 취약성에 대한 사회화를 통해서 형성된다는 점을 고려해 보면, 회피행동은 간접적으로 성차별적인 사회화경험에 의해서 영향을 받는다고 할 수 있다. 특히 여성의 성적 취약성에 대한 사회화는 그 내용이 여성의 성적인 피해위험이 높다는 점과 그러한 일상적인 성적인 피해위험에 직면해서 밤늦게 돌아다니지 말거나 여행을 다니지 말거나 옷을 단정하게 입는 등 주로 위험을 회피하는 방식에 관한 것이다.

<표 5-3> 회피행동에 대한 회귀분석

독립변인	회피행동					
	모델 1	모델 2	모델 3	모델 4	모델 5	모델 6
통제변인						
연 령	.15**	.08	.18**	.11*	.19***	.14*
교육수준	.19***	.18**	.18	.18**	.13**	.17**
소득수준	−.01	−.04	−.03	−.03	−.04	−.04
직접적인 피해경험						
성폭력범죄	−.01					−.04
성적괴롭힘	−.04					−.05
간접적인 폭력피해경험						
폭력피해	.05					.05
성폭력피해	.03					.02
무질서						
사회적 무질서	.16**					.11*
물리적 무질서	−.03					−.05
사회화경험						
고정관념적 성역할		.03				.00
여성의 성적 취약성		−.06				−.08
성역할 이데올로기						
성고정관념		.06				.04
성폭력피해		.14**				.10*
피해자로서의 여성		.17**				.11*
인지된 성폭력피해위험			.15***			−.03
인지된 취약성				.11*		.02
성폭력범죄에 대한 두려움					.29***	.25***
R^2	.06	.08	.04	.03	.10	.13
F값	3.28**	5.30***	5.73***	4.22**	14.7***	4.49***
사례수	519	525	527	526	525	509

* p<.05 ** p<.01 *** p<.001

이러한 학습방식은 피해자로서 여성에 대한 통념 즉, 여성은 보편적으로 남성에 비해 범죄위험에 더 많이 노출되어 있으며 피해결과도 심각할 것이라는 인식을 심어주고, 이러한 인식들을 강하게 갖고 있는 여성일수록 회피행동을 더 많이 하도록 한다. 이러한 결과는 성폭력범죄에 대한 두려움을 매개하지 않고도 성차별적인 사회화경험과 전통적인 성역할 이데올로기의 수용이 여성에 대한 사회통제의 역할을 할 수 있다는 점을 보여준다.

마지막으로 성폭력범죄에 대한 두려움 이외에도 회피행동은 지역사회의 사회적 무질서에 의해서 직접적으로 영향을 받는 것으로 나타났다. 즉 지역사회 내에서 술에 취해서 돌아다니는 남성이나 떼를 지어 몰려다니는 남학생들의 무질서하거나 반사회적인 행동들을 경험한 여성일수록 회피행동을 더 많이 사용한다는 것이다. 이러한 결과는 공식적인 사회통제기관에 대한 불신들이 여성으로 하여금 그들 자신의 행동을 규제하고 제한하는 방식으로 스스로를 보호하도록 한다는 점을 보여준다.

B. 두려움을 관리하기 위한 일상적인 관행들

위에서는 양적 조사의 자료를 통해 범죄의 두려움에 대한 반응의 일반적인 경향과 그러한 반응에 영향을 미치는 요인들을 살펴보았다. 아래에서는 여성을 대상으로 한 포커스 그룹 인터뷰자료를 중심으로 해서 여성이 피해를 피하기 위해서 혹은 '범죄에 대한 두려움'에 대응하여 일상생활에서 사용하는 다양한 예방책 및 대응전략을 좀더 구체적으로 살펴보기로 하겠다.

Ⅰ. 회피행동

가. 자기고립(self-isolation)

피해를 예방하기 위한 가장 효과적이고 단순한 방식은 피해위험에 노출되는 것을 피하는 것이다. 이러한 전략은 회피행동이라고 부를 수 있는데, 양적 조사연구에서 회피행동을 측정하기 위해서 사용한 항목인 밤 외출을 삼가는 것, 밤이나 어두컴컴한 시간에 해야 할 일을 하지 않는 것, 어떤 장소나 상황을 피하는 것, 밤에 걷거나 대중교통시설을 이용하는 대신에 차를 갖고 다니는 것 등이 대표적인 방식이다. 그러나 '범죄에 대한 두려움' 때문에 집 안에 머무르는 것과 같은 매우 제한적인 방식의 회피행동은 아래의 면접자료에서 볼 수 있듯이 사회적 활동이 적고 집안을 주된 생활영역으로 삼고 있는 30, 40대의 전업주부들에 의해서 사용된다. 이러한 경향은 자유재량권이 없는 행동은 선택권이 주어진 행동보다는 회피행동을 하기 어렵다는 단순한 사실에 의해서 설명될 수 있다.

> A-9: 저희는 밤에 아예 무서워서 아예 안 나가요. 아이들도 그렇고, 10시가 딱 그 시간이거든요.(38세, 기혼, 전업주부)

> A-2: 저도 나가지도 않고, 만약 나가면 남편이 데려다주고 가고 그래요(36세, 기혼, 전업주부).

그러나 젊은 여성 중에서도 '범죄에 대한 두려움'이 높거나 심각한 피해를 경험한 여성은 밤 외출을 삼가거나 밤이나 새벽시간을 이용해서 개인적인 능력개발이나 여가활동 등을 하기를 원하면서도 두려움 때문에 포기하는 경우도 있다. 아래의 B-3은 밤에 택시를 탔다가 택시기사에 의해서 모르는 곳으로 끌려갔던 경험이 있으며, 버스 내에서 신체적인 성적괴롭힘 피해경험이 많아 불안감과 두려움이 매우 높은 여성이다. 이 때문에 B-3은 밤에 늦게 다니거나 택시를 이용하는 것에 대해 불안감이 매우 높고, 직장생활을 함에도 불구하고 되도록이면 늦은 시간 이전에 집에 귀가하려고 하고 불가피하게 늦는 경우 엄마를 보호자로 해서 동행한다.

> B-3: 저녁 8시면은 들어가려고 하고, 늦게 안 다니려고 하는 편이고 10시 넘으면은 전화해서 정류장에 엄마가 데리러 나오시고 그러거든요 (27세, 미혼, 사무직).

한편 스스로를 다른 사람에 비해 두려움이 높다고 이야기한 E-2와 D-2의 경우에는 '범죄에 대한 두려움' 때문에 새벽이나 늦은 밤 시간과 같이 어두운 시간에 자기계발 활동을 하는 것을 포기하거나 직장에서 늦은 시간까지 남아 잔업처리를 하지 않은 적이 있다고 한다.

> E-2: 영어 새벽반 끊어야 하는데 나랑 새벽반이 가장 잘 맞는데 겨울에 6-7시는 깜깜하잖아요. 그런 경우 대부분 새벽반 못 끊는 이유는 새벽에 나가는 게 무서우니까 그런 거에요(29세, 미혼, 무직).

> D-2: 야근 근무할 때에 다른 여직원도 없고 다른 부서에 남자직원 1명밖에 없으면 왠지 불안해서 빨리 가야겠다는 생각이 들더라구요(27세, 미혼, 야간대학생).

나. 대중교통시설 피하기: 자가용의 이용

제4장에서 살펴본 바와 같이 여성의 '범죄에 대한 두려움'이 대부분 밤에 혼자 거리를 걷거나 대중교통시설을 이용하면서 낯선 남자들의 존재 및 그들과의 일시적인 상호작용인 성적괴롭힘에 의해서 야기되는 두려움과 관련되어 있기 때문에 늦은 시간 밤거리를 걸어 다니거나 대중교통시설을 이용

하는 대신에 자가용을 이용하는 것도 여성에게는 중요한 회피전략의 하나가 된다. 면접자료들에 의하면 늦은 시간에 외출을 하게 될 경우나 귀가시간이 늦어질 경우 자가용을 이용하는 것은 여성의 표현처럼 낯선 남성한테 '부대끼지 않게 됨으로써' 여성의 불안감과 두려움을 어느 정도 해소시켜준다.

그러나 자가용을 이용하는 전략은 여성 사이에 보편적이지 않다. 자가용을 소유하는 데에 따르는 경제적인 부담 혹은 자가용을 소유할 경제적 능력이 있더라도 직장 주변에 주차공간이 없어 차를 갖고 다닐 수 없기 때문이다. 자가용을 이용한 회피전략은 개인이 이용 가능한 경제적인 자원과 주거지를 자유롭게 선택할 수 있는 능력에 따라 인지된 혹은 실제적인 안전감과 두려움의 수준이 차이가 나는 것과 마찬가지로 사람들이 두려움에 반응하는 방식이 사회경제적인 지위에 따라 달라질 수 있음을 보여준다.

> C-3: 저는 너무 늦을 것 같으면은 차를 갖고 나가요. 그날 회식이 늦게 있을 것 같다 하면은 차를 갖고 가거나, 그렇지 않으면은 속도를 빨리 해서 걷고, 다른 사람 하고 눈을 안 마주치고 빨리 빨리 땅만 보고 걸어가고 그래요(28세, 미혼, 사무직).

> B-3: (자가용을 이용하면 두려움이) 아무래도 줄어들죠. 아무래도 사람들이랑 부대끼는게 덜 하니까 좀 줄어드는 것 같아요(27세, 미혼, 사무직).

한편, 자가용의 이용은 또 다른 유형의 피해에 노출될 가능성이 있기 때문에 여성에게 안전함을 완벽하게 보장해주지는 않는다. 주차장에서 피해의 대상이 되거나 주행 중 남성운전자들로부터 성적괴롭힘의 대상이 되기 때문이다. B-5와 B-1의 사례는 이를 잘 보여준다.

> B-5: 우선은 범죄로부터 어느 정도 안심되는데, 주행할 때는 그럴지만 주차장에서는 여자들이 가장 잘 당할 수 있는 데잖아요. 주차장 아니고, 사고가 크게 안 나면은, 행동도 하기가 자유롭고, 누구랑 부딪힐

염려가 없고, 그런 거 때문에 편하고, 안전하거나, 사고가 나지 않는 한은 가장 안전하다고 생각하거든요(29세, 미혼, 사무직).
B-1: 승합차 같은 거 있잖아요. 승합차나 버스는 우리(자가용)보다는 높잖아요. 차에서 보이거든요. 여자가 운전한다 하면은 창문 열고 보는 거에요. 위에서는 아래가 보이잖아요. 보면서 눈 마주치면은 손 한번 들어주고 그런 거, 여자니까 괜히 그러는 거죠.(27세, 미혼, 사무직)

다. 옷차림: 위장하거나 감추기

밤 외출을 삼가거나 특정 장소나 상황을 피하는 것 이외에도 '범죄에 대한 두려움'은 여성의 옷 입는 방식에도 영향을 미친다. 여성은 피해를 유발할 수 있다고 생각되는 옷차림을 피함으로써 범죄를 예방하고자 한다. 아래의 두 사례는 옷차림에 신경을 쓰거나 특정 옷차림을 피함으로써 피해를 예방하고 있음을 보여준다. B-1의 사례는 성폭력의 경우에는 피해여성에게도 책임이 있다는 피해자 비난적 통념을 그대로 받아들이고 이에 따라 외출 시 자신의 옷차림과 행동에 신경을 쓰고 있음을 보여준다. B-1의 경우는 대부분의 나이든 여성에게서 나타난다. 연령이 높아질수록 피해자 비난적 통념을 강하게 갖고 있다.

B-1: 여름에는 여자들이 속옷도 잘 입어야 하잖아요. 남자들이 다 잘 못해서 그런 일이 있는 건 아니라고 생각하거든요. 어느 정도 동기유발이 여자들로부터 있어서 그런 충동이 생겨서 그런 것이 생긴다고 보니까, 버스나 그런 걸 탈 때 치마 길이나, 여름에 비치는 것이나 그런 건 좀 신경 쓰여요(27세, 미혼, 사무직).

그러나 몇몇 젊은 여성은 성폭력을 유발하는 것이 여성의 옷차림과는 관계가 없다고 생각하고 피해자 비난적 통념들을 강하게 거부하지만, 여성에게 요구되는 적절한 행동과 옷차림에 부합되지 않는 성폭력피해자를 비난하는 사회적 통념이 사회 전반에 걸쳐 강하게 자리 잡고 있음을 알고 있기 때문에 자신도 그로부터 자유로울 수 없고 거기에 순응해서 스스로를 규제하게 되는 것에 대해 분노하고 있다.

> E-2: 치마를 입거나 아니면 여름에 나시를 입거나 가슴이 좀 파인 걸 입거나 이런 거를 입으면 늦게까지 술 안 마시고 집에 일찍 들어오고 그러는 신경은 써요. 그리고 확실히 내 스스로도 내가 그날 대개 정말 그 너무나 단정하고 약간 남자처럼 보이시하게 그렇게 한 날은 덜 무서워요 …… 근데 내가 화장도 진하게 하고 그러고 어딜 나간단 말이에요. 친구들 하고 실컷 놀다가 밤늦게 돌아오려고 하면 그때는 공포가 훨씬 커요. 근데 내 생각은 그거는 그 사람 잘못은 아니라고 생각을 하거든요. 그게 무슨 말이냐면 내가 어떤 옷을 입던지 그게 자유로울 수 없다는 것을 느끼거든요. 성범죄에 대해. 나는 그런 느낌이 너무 싫어요 …… 어떻게 어떻게 행동을 하면 어떤 남성으로부터 그런 행동을 유발할 수 있다는 것을 내가 아는 이상 그걸 조심할 거 아니에요. 그러면 그다음에 내가 그 자리에 갈 때 내가 선택할 수 있는 것들을 보면서 그게 자꾸자꾸 사회화가 되는 거 같아요. 그 통제라는 게 그게 결국 권력을 가진 사람이 만든 규범인 것처럼 성폭력도 권력을 가진 사람이 만든 규범에 권력이 없는 사람이 그 규범을 따라가는 게 되는 거지 그게 정복이 되서 이 사람을 처벌하는 게 아니잖아요. 그런 걸 생각하면 참을 수가 없다는 거에요. 그러니까 내가 어떤 옷이 입고 싶은데 내가 이 옷을 입고 가면 어떻게 될까 그런 생각을 확해 그러면 관두자 다른 옷을 입고 가자. 그리고 그렇게 해서 그 자리에 간다는 것 자체가 나는 이미 순응을 한거죠(29세, 미혼, 무직).

위의 사례들은 여성이 범죄피해를 피하기 위해서 정숙한 옷차림하는 것을 당연한 것으로 받아들이든 아니면 저항하지만 사회적 통념이 강하게 자리 잡고 있음을 의식하여 어쩔 수 없이 자기 자신을 규제하든지 간에 범죄로부터 그들 스스로를 보호하기 위해서 여성은 그들의 몸을 방어하거나 숨겨야

하고 심지어는 남성처럼 보이게 해야 한다고 느낀다는 것을 보여준다. 이러한 결과는 여성이 여성의 몸은 남성의 욕망과 판타지의 대상이 된다는 점을 스스로 잘 인식하고 있으며, 따라서 여성의 몸은 남성의 원치 않는 공격에 취약하다는 사실을 알고 있다는 점을 보여준다. 이러한 인식은 여성에게 여성의 몸은 드러나면 위험한 것이며, 위장해야 할 필요가 있다는 것을 의미한다. 이에 따라 여성은 통념적으로 정숙한 옷차림으로 규정되는 방식으로 옷을 입거나 자신의 몸을 숨기거나 남성처럼 보이도록 옷을 입음으로써 성폭력피해자가 되는 것으로부터 그들 스스로를 보호하고자 한다.

라. 직장에서의 회피행동

직장여성의 경우에는 직장 내에서의 성적괴롭힘에 대한 두려움 때문에 그들이 거리에서 사용하는 것과 비슷한 회피전략을 사용하는 것으로 나타났다. 직장 내에서 회피행동은 직장 내에서의 인간관계 및 직장생활의 연장이라고 볼 수 있는 회식자리에서 주로 나타난다. 이는 직장 내에서 여직원들을 성적인 대상으로 취급하게 되는 가장 많은 경우가 회식장소에서 발생하기 때문이다(이성은, 1996). 회식장소에서 여직원들은 접대부로서의 역할을 강요받는 경우가 많으며, 이와 같은 회식자리 내에서의 성적괴롭힘으로 인하여 여성은 그 자리를 일시적으로 피해버림으로써 그 상황을 모면하려고 한다. 이는 직장 내에서 성적괴롭힘이 사회문제화되고 예방교육이 실시되면서 이에 대해 적극적으로 대처하는 사례가 늘어나기는 하지만(한정자, 2001), 여전히 대부분의 직장여성은 성적괴롭힘이 발생할 것 같은 상황을 일시적으로 회피하는 소극적인 방식으로 반응하고 있음을 보여준다.

B-2: 저는 회식자리에서 노래방 가는 게 가장 겁나요. 특히 발라드 음악 나오면은 부르스 추고 그럴 때 경험을 해서 그 이후로는 별로 …… 허리를 확 땡기죠, 술이 취해서 부장님이, 거부했을 때 그 다음날 반응

이 어찌나 냉냉하던지, 그래서 그 다음부터는 최대한 힙을 최대한 빼
고, 배 아프다고 화장실 간다고 하던지 그러고 …… 회식은 가는데 노
래방에 가면은 댄스 음악 부르고, 부르스 타임에는 전화왔다고 나가고
……(31세, 기혼, 사무직)

C-1: 회식을 가도 2차로 술자리에 가면은요 항상 옆에 앉는 건 물론이
고 신체상 접촉이 있어요. 꼭 부루스 타임이 있다던지, 아는 동료기 때
문에 하는 게 아니라 여자로서 무슨 호스티스 같이 대하는 경우도 있
고, 같이 일하는 선배들 이야기를 들어보면 절대 2차 이상 가면은 안
된다고, 가는 사람이 많으면은 모르지만 분위기가 무르익다 보면은 상
사들이 찍는데요. 너무 그게 명확해서 들은 것도 있고, 한번 정도 비슷
한 경험도 있을 뻔해서 정신 똑바로 차리고, 내 생각대로 다 그런 게
아니구나 해서 정말 조심하는 편이에요. 항상 회식자리에 가면은 그때
는 1차하고 2차 정도 되면은 화장실에 모여 있는 시간이 많았던 것 같
아요. 다 같이 있으면은 그런 분위기가 있어서, 어느 순간에 보면 화장
실에 모두 모여 있고 ……(24세, 미혼, 학원강사)

직장 내 공식적·비공식적 놀이문화는 업무에 의한 스트레스를 해소하고,
인간관계를 돈독하게 구축한다는 두 가지 목적을 갖고 진행된다(이성은,
1996). 이러한 점을 고려해보면, 공식적인 놀이문화인 회식자리에서 성적괴
롭힘 피해에 대한 두려움으로 인한 회피행동들은 여성으로 하여금 스트레스
를 해소하기보다는 스트레스를 누적시키고, 돈독한 인간관계를 가질 기회를
박탈당하게 만든다고 할 수 있다. 회피행동으로 인한 직장 내에서 돈독한 인
간관계형성의 어려움은 B-8의 사례에서도 나타난다. 직장생활에서 여성이
동료 남성 직원에게 호의를 베풀 경우 이를 오해하여 원치 않는 성적인 농
담이나 신체적인 접촉을 해오는 경우들이 있기 때문에 여성은 남성 직원들
과 아주 형식적인 교류만을 하고 있음을 보여준다. 직장 내에서 여성의 이러
한 소극적인 회피적인 행동들은 직장생활에서의 적응을 어렵게 하고 남성과
동등하게 경쟁하는 것을 어렵게 만든다.

B-8: 같은 계열회사에 있는 사람이 처음에는 제가 미스인지 알았나봐요, 한 사람은 좀 친했는데 제가 업무를 잘못하고 그럴 때 많이 도움을 받았었기 때문에 차도 뽑아다 주고 그러니까 나중에 오버를 하는 거예요. 막 손도 만지고, 밀착을 하려고 그래서 …… (중략) 그 이후로는 그냥 제가 친한 척을 안 하죠. 사무적으로, 친절하게 해주면은 남자들은 오버를 하는구나, 그걸 느끼고 친한 척 안하죠. 할말만 딱 하고(32세, 기혼, 사무직).

마. 주위 환경에 대한 지속적인 경계와 감시

대부분의 젊은 여성은 밤 시간대의 외출을 피하는 등의 회피전략을 항상 사용하기 어렵다. 학교나 직장을 다니는 여성의 경우 밤거리를 걸어 다니거나 지하철이나 버스 등을 이용하는 등 그들이 위험하다고 인식하거나 두려움을 유발하는 환경을 피하기 어렵기 때문이다. 그러나 이들이 집에 머무르는 것과 같은 극도로 제한적인 방식의 회피전략을 사용하지 않는다고 해서 젊은 여성이 위험에 대한 수인한도(risk tolerance)가 높다는 것을 의미하지는 않는다. 젊은 여성은 그들의 삶을 규제하는 극단적인 회피전략을 사용하는 대신에 여러 가지 통로를 통해서 알게 된 자신의 안전을 위해서 지켜야만 하는 다양한 행동규칙을 동원하고, 다른 한편으로 주어진 환경 내에서 항상 주위의 남자들을 관찰하고 물리적 환경을 감시하여 그 안에서의 위협요소를 감지함으로써 그때그때의 상황에 맞게 자신을 보호하는 전략을 택한다.

조명이 잘 되어 있지 않은 어두운 길이나 좁은 골목길을 피해서 좀 더 시간이 걸리더라도 넓은 길을 택해서 가거나 걸어 갈 수 있는 가까운 길을 택시나 자가용을 이용하거나 밤늦은 시간에는 공원이나 공중화장실 등을 가지 않는 것 등이 그러한 전략들이다. 대부분의 젊은 여성은 이러한 전략들을 그들이 안전하기 위해서 지켜야만 하는 상식적인 행동규칙들로 받아들이고 있다. 그러나 이러한 회피전략은 여성에게 생활에서 상당한 불편함을 감수하도록 한다. 아래의 면접사례에서처럼 공용화장실에서 피해를 당할 뻔했던 경험 때문에 남녀 공용화장실을 사용하지 못해 생리적인 현상까지 참아야 하는 상황을 유발하기도 한다.

> B-6: 화장실에 들어갔는데 어떤 남자가 따라 들어와서 문을 열었어요. 자기 딴에는 성폭력을 하려고 했나봐요. 확 밀고 땡기고, 소리지르고, 화장실이 상가에 들어가면은 1, 2층 있고, 2분의1층이에요. 차가 막 지나다니고, 그럼 소리를 질러도 안 들려요. 거기서 소리를 엄청 질렀어요. 목이 쉬었어요. 한 5분 질렀는데. 걔가 너무 놀랐는지 도망가더라구요 …… 남녀공용이라던지 그런데 들어가면은 웬만하면은 공용화장실은 잘 안가고, 좀 참다가 다른 데 가서 보고, 요새는 몰래카메라나 뒤칸에 숨었다가 보는 경우도 많다고 하더라구요. 있나 없나 확인하고 들어가는 경우도 많구요. 문이 혼자 들어가는 그런데는 문을 잠궜나 안 잠궜나 꼭 봐요(27세, 미혼, 사무직).

다른 한편, 여성은 위험한 상황에 노출되었을 때 항상 주위의 남자들을 관찰하고 물리적 환경을 감시하여 그 안에서의 위협요소를 감지함으로써 그때그때의 상황에 맞게 자신을 보호하는 전략을 택한다. 이러한 방식의 반응은 거리에서 앞을 바라보고 당당하고 빠른 걸음걸이로 걸어가는 것, 주위를 경계하는 것, 다른 사람과 눈을 마주치지 않는 것, 길의 가장자리로 걷는 것 등이다.

> B-6: 누가 뒤에서 따라오는 것 같으면 차라리 그 사람이 지나가고 나서 가요. 앞에서 빨리 안가고. 그러면은 안정되잖아요. 밝은 데서 기다렸다가 그 사람이 지나가 버리면은 어디로 가는지 확인하고 나서, 그 사람은 전혀 나를 따라오는 게 아닌데 저 혼자만 그런 생각을 할 수도 있는 거잖아요. 밝은 데서 있다가 그렇게 가요(27세, 미혼, 사무직).

B-8: 캄캄한 밤 말고 좀 어스룩할 때, 제가 퇴근할 때 되면은 동네에 그런 사람들 한두 사람 있잖아요. 그 사람이 마주 오는 상황이면은 절대 마주보지 않고, 인상도 안 쓰고 지나가요. 캄캄한 밤이 아니고 가로등이 비치고, 그러면은 인상 쓰고, 쌀쌀하게, 저는 애가 있으니까 눈에 띄어서 눈이라도 마주치면은 안되니까, 눈 마주쳐서 인상에 남지 않게 눈 절대 안 마주치려고 그래요(32세, 기혼, 사무직).

B-2: 요새는 주차를 많이 하잖아요 도로변에. 주차 되어있는지 알았는데 거기 이상한 남자가 갑자기 끌어당길 수도 있는 거고, 납치식으로, 순식간에, 5초 사이에도 이루어질 수 있는 상황이니까, 그런 상상을 하거든요. 그래서 저는 거리를 걸어갈 때는 갓길 쪽이 아니라 딱 가운데 쪽으로 걸어가는 편이거든요. 주차 되어있는 라인 쪽으로 안 걸어가요 (31세, 기혼, 사무직).

지속적으로 주위 사람과 주위 환경을 경계하여 자기를 보호할 수 있다고 판단되는 공간과 영역을 사용하거나 자신을 숨기는 방식은 신체적인 성적괴롭힘이 많이 발생하는 버스와 지하철과 같은 대중교통시설에서도 흔하게 사용된다. 대부분의 여성은 대중교통시설에서 어떠한 남성이 가해자로 돌변할지 모르기 때문에 남성이 있는 곳을 피해버리거나 안전하다고 판단되는 지점을 찾아 간다.

B-3: 특별히 하는 건 없고 조심하는 거죠. 남자 있는 데는 안 가고, 버스만 타면은 저는 그런 일이 많아서 버스에서 조심 많이 하죠. 남자 옆에 안 가고, 대부분 남자들이 많은 데는 피하는 편이에요. 버스에서는 일단 사람들 많은 데서는 남자들 있는 데는 서기가 싫어서 여자들 많은 쪽으로 가구요. 남자가 앞에 있으면 모르는데 뒤에 있으면 더 신경이 쓰여서 뒤에 남자가 없게 제가 뒤로 가는 편이에요. 뒷자리에는 안 앉는 편이고, 좌석버스는 특히 뒤에는 자리가 있어도 안 앉거든요. 좌석버스는 공간도 좁아서 안에 갇혀 앉으면 앞에 사람들이 많이 있어도

신경을 안 쓰게 되잖아요. 그래서 절대 안 앉아요(27세, 미혼, 사무직).

B-1: 버스나 지하철을 타면은 타면서 남자 같으면은 좀 요주의 사람을
좀 찍어요. 눈빛이 이상하다 하면은 멀리 떨어지거나, 다른 칸을 타거
나 그러거든요(27세, 미혼, 사무직).

위의 사례들은 여성의 대다수는 좀 덜 제한적인 방식으로 그들의 두려움
에 대응하고 있음을 보여준다. 즉 여성은 그들이 "무엇을 할 것인가"를 변화
시키기보다는 "그것을 어떻게 할 것인가"를 변화시킴으로써 '범죄에 대한 두
려움'에 대해 미묘한 적응방식을 발달시키고 있다(Hindelang et al, 1978)고
할 수 있다. 그러나 이러한 전략들은 집에서, 거리에서, 대중교통시설에서 아
주 일상적으로 이루어지고 있는 것들이다. 몇몇 사례를 제외하고 대부분의
여성은 자신의 안전은 자신이 책임져야 한다는 사실을 당연하게 받아들이고
있으며, 자신의 안전을 위해서 잠재적으로 위험하다고 판단되는 장소와 상황
을 항상 주의 깊게 감시하는 전략을 사용한다. 이와 같이 여성이 일상적인
삶 속에서 그들의 안전을 위해서 지속적인 자경(vigilance)의 상태에 있다는
점은 우리 사회 내에서 여성으로서의 그들의 특수한 취약성에 대해 명확하
게 인식하고 있으며, 취약성, 불안전, 두려움과 같은 인식과 감정들이 여성의
삶의 상당부분을 지배하고 있음을 보여준다. 한편, 여성이 사용하는 이러한
대응전략들은 일상생활의 일부분으로 적응되어 있어 어느 정도로는 무의식
적인 수준에서 작동하고 있는 것으로 보인다. 포커스 그룹 인터뷰과정에서
발견한 흥미로운 사실 중의 하나는 면접에서 '범죄에 대한 두려움'을 감소시
키기 위해서 혹은 자신의 신체적인 안전을 위해서 일상생활에서 무엇을 하
고 있느냐는 질문에 대해 면접대상이 된 대부분의 여성은 처음에는 그들 스
스로를 보호하기 위해서 별로 하는 것이 없다고 응답하였다는 점이다. 범죄
에 대해 두려워한다고 응답한 사람이나 두려워하지 않는 편이라고 응답한
사람이나 마찬가지의 반응을 보였다. 그러나 그들은 면접과정 중에 그들이

일상생활에서 피해를 당하기 않기 위해서 혹은 두려움이라는 스트레스 상황을 완화시키기 위해서 일상생활에서 지속적으로 경계심을 늦추지 않고, 계속적인 선택과 제한의 상태에 머물러 있음을 드러냈다.

2. 보호행동

가. 집을 요새화하기

보호행동은 범죄피해의 대상이 되기 어렵게 하도록 하는 행동방식으로 집 안에 하는 보호장치나 개인적 호신조치 등이 해당된다. 양적 연구결과에서도 나타난 바와 같이 사람들은 집을 더 안전하게 만들기 위해서 몇 가지 공통적인 조치들을 사용하는데, 이중창설치, 쇠창살설치, 간단한 경보기달기, 개 키우기 등이 그러한 예이다. 포커스 그룹 인터뷰에서도 대부분의 여성이 집에 있을 때 문과 창문을 닫아두고, 외부 시선으로부터의 차단을 위해서 커튼까지 쳐 놓는 경우도 있다. 그리고 더운 여름에도 문을 닫고 자는 경우도 있다.

E-2: 그러니까 문 잠근 거 5번-6번 확인하고 주인이 안전망 다 해줬는데 이 안전망에 아주 빼빼한 갈비씨는 들어올 거 같은 거에요. 안전망을 한 칸을 뚫으면 들어온대잖아. 한 칸을 주인 모르게 뚫어 놓는데잖아요. 나중에 낮에 사람 없을 때 들어올려구. 그러니까 어디 혹시 뚫려 있는 데가 없을까 블라인드 다 걷어가지고 문득 문득 열어 보고 어디 금이 간 덴 없을까 누가 뚫다가 놔둔 데는 없을까 …… 난 막 이러고 제가 약간 과대망상이거든요. 그런 면에 있어서. 어떻게 보면 보통 일반 케이스는 아니라는 생각은 드는데 저는 대개 많이 그래요(29세, 미혼, 무직).

A-5: 우리는 강아지를 한 마리 마당에 키우는데요, 굉장히 그 개가 사

나와요. 무슨 소리가 나거나 하면은 아무래도 주의를 기울이죠. 강아지가 있음으로 인해서 좀 안심이 되죠. 밤에는 내가 불안하다 싶으면은 이 줄을 풀어놔요. 그거 말고 특별히 하는 건 없어요(40세, 기혼, 전업주부).

한편, 일부의 여성은 집에서 안전감을 느끼기 위해서 특수 잠금장치를 달거나 알람장치, 비디오폰 설치, 가스총 구입, 민간경비시스템 설치 등 상당한 자원을 투자하기도 한다. 이러한 장치들은 집을 요새화함으로써 여성에게 적어도 집에서는 안전하다는 느낌을 주는 것으로 나타났다.

A-3: 그런데 방범 시설이, 전에는 누가 딩동 해도 가슴이 불안하고, 집에 누가 없으면은 문을 안 열어줬어요. 인기척도 안 내고 나가보지도 않았거든요. 밤이나 낮이나 불안하더라구요. 지금은 현관 1층에 비밀번호를 하고, 집에서도 홈워치를 확인하고 하니까 전혀 불안하지 않더라구요. 그 시설이 있고 없고 차이가, 너무 좋더라구요(44세, 기혼, 전업주부).

B-3: 집에 가스총이 있더라구요. 가까운 데 항상 놔둬요. 그런데 신경 안 쓰고 있을 때도 있는데 누가 들어와서 불안하면은 가스총을 갖다 두기는 해요(27세, 미혼, 사무직).

나. 보호장구의 소지

보호전략은 집 안에서 보호장치를 통해서 이루어질 뿐 아니라 여성이 신체적 성적괴롭힘을 당하기 쉬운 대중교통시설이나 거리에서 여성을 보호할 수 있는 특별한 물건들을 소지하고 다니는 방식을 취하기도 한다. 여성이 소지하고 다니는 물건들로는 호루라기, 열쇠, 바늘, 옷핀, 가위 등이 있다.

E-2: 늦은 시간차에서 내려서 집 앞까지 걸어가는 그동안 항상 어떻게 하냐면은 열쇠가 있으면은 이 열쇠를 이렇게 손가락 사이에 뾰족한 부분이 나오도록 드는 거에요. 왜 그러냐면 치기 좋잖아요. 무기처럼. 목이나 눈이나 그런 데를 그 뾰족한 부분으로 치면 된다는 거지요. 위험상황에서는. 그러니까 열쇠로 빨리 열기 위해서가 아니라 무슨 일이 일어나면 그 사람을 치기 위해서 ……(29세, 미혼, 무직)

F-1: 고등학교 1학년 때 …… 아침에 일찍 버스를 종점에서 타고 학교 앞까지 가는데 굉장히 만원 버스였거든요. 근데 늘상 365일 학교 가는 날은 꼭 시달렸었어요. 그나마 제가 앉아 있으면은 그레도 좀 딜할 텐데 서 있으면은 어떻게 노골적으로 손을 치마속으로 막 넣는 사람도 있고 그래요. 무섭지. 차 타는 게 두렵지요 …… (중략) …… 혼자 자구책을 마련했어요. 그거를 한 6년 동안 써먹었어요. 출근할 때도 그랬어요. 어떻게 했냐면은 옷핀이 있잖아요. 노골적으로 완전히 히프 쪽에 손을 갖다 대고 어떤 사람은 밀리는 척하면서 적당히 다 만지고. 얼마나 기분이 나쁜데. 옷핀으로 인정사정없지 그냥 막. 그 다음날 이제 연구를 해가지고 옷핀을 가지고 들어가서 조금만 온다 싶으면은 딱 찔러요. 근데 아픈데 소리 안 지르더라구요. 여자들은 어머! 뭐가 찔렀어. 그러는데 남자들은 조용하더라구요. 벼르고 있었지. 항상 내 몸에 손대는 아저씨는 무서우니까 얼굴은 확인은 못하고. 무조건 뒤에 오는 손은 찌르는 거지요. 뭐. 대개 많이 아팠을 거야(44세, 기혼, 전업주부).

또한, 여성은 자신들이 일상적으로 갖고 다니는 소지품을 이용하여 신체적 성적괴롭힘과 같은 피해를 예방하고자 한다. 대부분의 여성이 사용하는 전략은 가방을 이용해서 공간을 확보하고, 남자들이 주위에 접근하지 못하도록 하는 것이다.

C-1: 저는 일단 가방을 많이 이용하죠. 책가방 메면은 등은 안전하잖아요 그나마 그럴 때는 일부러 가방 잡고 있는 경향이 있어요. 손을 내

리면 이 공간이 적어지니까. 그 정도에요. 부딪히면은 일단 싫고, 저는 순간적으로 제가 뒤에 부딪히면은 아니겠지 하는 생각보다도 이게 맞나 안 맞나, 찝찝한데 차마 고함을 못 지르겠고, 제가 다른 사람 하고 신체 접촉이 될까봐도 조심스럽게 할 때도 있어요. 아닌데도 불쾌감을 줄 것 같아서, 최대한 공간 확보를 해요(24세, 미혼, 학원강사).

다. 보호자에 대한 의존

집에 보호장치를 설치하거나 개인적인 호신도구를 사용함으로써 범죄피해에 대한 저항을 높이는 것과 함께 여성이 두려움을 다루기 위해서 일상적으로 사용하는 보호행동 중의 하나는 '보호자를 찾는 것'이다. 인터뷰한 대부분의 여성은 다른 사람을 동반했을 때 안전함을 느낀다고 응답하였다. 대부분의 여성이 동행자가 남자이든 여자이든 관계없이 동행자가 있으면 더 안전감을 느낀다고 말한다. 그럼에도 불구하고 여성이 보호자로 가장 많이 언급한 사람은 남편, 아버지, 오빠 등이었다. 일부의 여성은 화장실을 갈 때에도 다른 사람을 동행하기도 한다.

A-3: 저는 퇴근할 때 같이 동행자가 없으면 전화를 해요. 남편이 먼저 오면은 전화를 해서 여기까지 나오라고 해서 가요(44세, 기혼, 전업주부).

E-2: 누가 있는 거 같다 그런 생각이 들면 핸드폰 있을 때 엄마한테 전화해서 내려와라라든가 엄마가 집에 아직 안 왔으면 밖에서 기다린다든지 저는 그런 짓 대개 많이 해요(29세, 미혼).

E-1: 나도 뭐 그런 데를 갈 때 화장실을 갈 때나 으슥한 데를 갈 때는 인제 혼자 가지 않고 같이 간다거나 이런 거 ……(29세, 미혼, 연구직)

한편 여성은 집에서도 남성 보호자가 있을 때 안전감을 느끼며, 남성 보호자가 없을 때 더 큰 불안감을 느끼게 된다.

A-8: 남편이 외국 나가서 없을 때 무섭고 그래서 문고리가 원래 두 갠데, 하나를 더 달고 거는 걸 달았어요. 잠금장치가 4개가 된 거에요. 그래도 불안하면은 점점 더 불안한 거죠. 그래서 그 맨 밑에 동그란 손잡이잖아요. 거기에 동전을 5개 올려놨어요. 저게 떨어지는 날이면은 사건이다(45세, 기혼, 전업주부).

B-4: 아빠가 출장 가서서 집을 비우시면은 저희 엄마는 마루에 불을 켜놓으세요(25세, 미혼, 사무직).

혼자 사는 여성인 경우이거나 혼자서 집을 지키는 때가 많은 여성인 경우 집 안에 그들을 보호할 누군가가 있다는 것을 암시하기 위해서 TV나 라디오를 크게 켜놓거나, 빈방에 불을 켜놓거나, 집 안에 누군가가 있는 것처럼 대화를 하는 등의 조치들을 사용한다. 다음의 사례들은 그러한 조치들을 보여준다.

C-2: 저는 혼자 있을 때는 사람이 많은 거처럼 티브이 크게 켜놓고, 혹시 누군가가 문 앞에라도 온다는 소리가 들리거나, 교회에 다니라고 오는 분도 있으시고 벨 눌르고 하면은 괜히 움찔해서 더 TV 크게 켜놓고, 사람이 많이 있는 거처럼 하는 거 말고는 특별히 하는 건 없어요 (21세, 미혼, 사무직).

E-2: 좀 무서울 때는 택배기사나 혼자 있을 때 외부에서 배달이나 그런 거 보통 남자니까 무서울 때 많고 그때는 마치 방에 누가 있는 거처럼 TV소리를 크게 해놓고 ……(29세, 미혼)

라. 자녀의 안전을 위한 어머니들의 보호행동

자녀를 가진 여성의 경우에는 자녀들을 안전하게 보호하기 위해서 어린시절부터 성적 취약성에 대해 주지시켜주는 것 이외에도 낯선 사람으로부터의 유괴나 납치, 성폭행 등을 예방하기 위해서 자녀를 학교나 학원 등에 데려다주고 데리고 오는 것이 어머니 역할의 주된 부분을 차지하고 있다. 특히 위와 같은 현상은 초등학교 이하의 자녀를 둔 어머니의 경우에 매우 흔하게 나타난다.

A-1: 저는 애가 학원 끝나기 전에 전화를 해서 학원에 데리러 가요. 학원 근처로 이사를 갔어요. 학교 주변으로. 아이가 걸어 다닐 수 있는 데로 다 정하고, 그래도 항상 나가서 제가 데려와요(39세, 고1 여, 초등6 남).

F-1: 날마다 그렇지는 않고 중간에서 …… 이제 그 체인지하는 방식으로 어디 들렀다가 시간 맞춰서 이제 어디 앞에서 만나서 같이 올라가는 방식으로 많이 취하죠. 우리 아이만 거기 살지 다 같은 학교 다니는 아이들이 좀 멀리 살아요. 우리 아이만 좀 떨어져 살거든요. 그러니까 불안하니까 …… 그전에는 항상 데리러 갔어요. 365일 …… 어디 외출을 해도 아이 끝나는 시간에 꼭 맞춰서 들어와요. 불안해서 ……(45세, 대1 남, 초등4 여)

자녀의 범죄피해에 대한 두려움에서 살펴본 바와 같이 자녀에게 나쁜 일이 일어난다면 그것을 자신의 책임으로 돌리기 때문에 여성은 강박적으로 자녀의 안전을 위해서 학교에 데려다주고, 이동을 할 때 항상 따라다니며 보호해주는 역할에 많은 시간과 노력을 할애하고 있다. 이것이 여성에게 가져오는 결과는 여성의 사회활동 및 여가활동에서의 제약이다. 또한 이는 '범죄에 대한 두려움'이 어머니는 자녀와 그들의 안전을 위한 일차적인 보호자라는 가족 내 성역할을 강화하고 있음을 보여준다.

C. 여성의 ‘범죄에 대한 두려움’의 사회적 결과:
사회통제

이상에서는 양적 자료와 질적 자료를 사용하여 여성이 ‘범죄에 대한 두려움’에 반응하는 일반적인 경향과 그 구체저인 사례들을 살펴보았다. 아래에서는 조사결과를 통해서 드러난 사실들을 정리해보고 그것이 함의하는 바를 살펴보기로 하겠다.

첫째, 양적 조사자료의 결과는 여성은 남성에 비해 범죄에 대해 더 두려워할 뿐 아니라 예방적 행동을 더 많이 취하고 있다는 점을 보여준다. 예방전략의 구체적인 내용을 보면, 여성은 남성에 비해 어떤 장소를 피해 다니거나 밤 늦은 시간에 외출을 하지 않는 등의 회피행동을 더 많이 사용하고 있음을 보여준다. 한편, 성폭력범죄에 대한 두려움과 여성이 주로 사용하는 예방전략인 회피행동과의 관계를 살펴보기 위해서 회귀분석을 한 결과, 다른 변인들의 영향력을 통제한 상태에서 여성이 회피행동을 사용하는 데 있어 가장 영향력 있는 예측치는 성폭력범죄에 대한 두려움으로 나타났다.

이상과 같은 결과들은 남성이 자신의 주변의 환경을 관리하고 변화시키는 대응(coping)의 방식을 사용하는 데 비해, 여성은 공공장소를 피하거나 공적인 활동을 구속하고 제한하는 자기규제적인(self-policing) 방식으로 자신을 변화시킴으로써 ‘범죄에 대한 두려움’에 반응한다는 점을 보여준다. 이는 “여성에게 있어 강간에 대한 두려움은 그들의 일상의 모든 측면에서 그들을 둘러싼 보이지 않는 장애물”(Griffin, 1971)이며, “여성의 자유를 심각하게 제한하고 여성을 남성에게 의존하게 만드는 일종의 테러리즘”(Griffin, 1976)이라는 급진적 여성주의자들의 사회통제이론을 경험적으로 뒷받침해준다. 또한 가부장제

240

사회에서 남성폭력은 이를 직접적으로 경험한 피해여성에게 부정적인 신체적·심리적인 결과를 낳을 뿐 아니라 남성폭력을 직접적으로 경험하지는 않았지만 남성폭력에 대한 두려움을 느끼는 대부분의 일반 여성의 삶을 규제하고 사회적 참여와 성숙을 위한 기회를 제한하는 부정적인 사회결과를 낳는다는 점을 보여준다. 즉 직접적인 폭력피해가 없더라도 폭력에 대한 두려움은 여성의 삶에 대한 통제효과를 갖는다(Stanko, 2001). 이러한 의미에서 남성폭력에 대한 두려움을 느끼는 일반 여성은 남성폭력에 대한 '간접적인 피해자'라고 할 수 있다.

한편, 포커스 그룹 인터뷰의 자료는 여성의 성폭력범죄에 대한 두려움은 성적괴롭힘 피해에 대한 두려움을 포함하고 있음을 보여줄 뿐만 아니라 여성이 일상에서 사용하는 예방전략의 상당부분이 강간이라는 심각한 성폭력 피해에 대한 두려움보다는 거리에서 일상적으로 발생하는 낯선 사람에 의한 성적괴롭힘 피해에 대한 두려움에 의해서 야기되었다는 점을 보여준다. 밤늦은 시간 거리와 전철이나 버스와 같은 대중교통시설에서의 여성의 지속적인 자경상태는 낯선 사람에 의한 성적괴롭힘에 대한 두려움에 의해서 야기된 것이다. 이러한 결과는 기존의 남성폭력에 대한 사회통제이론이 강간범죄 이외에 다양한 폭력형태를 포괄할 수 있도록 확장되어야 한다는 점을 보여준다. 강간뿐 아니라 성적괴롭힘 피해에 대한 두려움도 밤에 남성과 동등하게 공공장소를 사용하고 자유롭게 거리를 활보할 권리를 침해하며 대중교통시설을 자유롭게 이용하지 못하도록 만드는 방식으로 여성의 행동에 대한 자유를 제한한다는 것이다.

둘째, 양적인 조사자료들이 여성이 '범죄에 대한 두려움'에 반응하는 일반적인 경향을 보여주는 반면에, 포커스 그룹 인터뷰의 자료들은 일부의 여성에게 '범죄에 대한 두려움'은 그들을 집 안에만 머무르게 하는 '실질적인 통행금지'(Pain, 1997)를 부과하는 역할을 하기도 하지만, 대부분의 여성은 매우 미묘한 적응방식을 통해서 일상적이고 무의식적인 수준에서 '범죄에 대한 두려움'에 대처하고 있음을 보여준다. 즉 대부분의 여성은 '범죄에 대한 두려움' 때문에 밤 시간에 외출을 자제하고 어떤 활동을 그만두는 것과 같은 극단적인 형태의 회피행동를 하기보다는 주어진 환경 내에서 항상 주위의 남자들이나 물리적인 환경을 감시하고 경계함으로써 특정 공간과 영역을 제한된 방식으로 사용하는 지속적이고 주도면밀한 자경(self-vigilance)의 상태에 있다. 지속적인 주도면밀한 자경의 상태는 집에서, 거리에서, 대중교통시설을 이용할 때 등 반복되는 일상에서 관례화된 방식으로 혹은 무의식적인 수준에서 이루어지는 것이다. 또한 여성은 자신의 안전을 위해서는 자기 스스로가 자기를 보호해야하며, 이를 위해서는 위와 같은 지속적인 자경과 자기규제가 꼭 필요한 것으로 당연하게 받아들이고 있었다.

이와 같이 여성이 일상적이고 무의식적인 수준에서 매우 미묘한 적응방식을 통해서 범죄에 대한 두려움에 대처하고 있다는 것은 무엇보다도 취약성, 불안전, 두려움과 같은 인식과 감정들이 여성의 삶의 상당부분을 지배하고 있으며, 여성의 심리적인 복지감을 위협하고 있음을 보여준다. 한편, 폭력에 대응해서 자기 스스로를 보호해야 한다는 여성의 인식은 폭력피해에 대한 피해자 비난적(victim-blaming) 통념을 스스로 내면화하고 있음을 보여준다. 피해자 비난적 통념에 대한 수용은 여성에 대한 남성폭력이 사회구조적인 불평등으로부터 발생하며, 따라서 이에 대해 사회가 책임을 져야 한다는 사실을 간과하도록 만든다. 이것이 야기하는 결과는 남성폭력을 야기하는 사회구조적인 불평등의 지속적인 유지이며, 다른 한편으로는 여성 스스로가 내면화한 여성에 대한 비공식적인 사회통제이다. 여성이 두려움에 대응하는 미묘한 행동적 적응방식이 여성에게 의미하는 바는 여성이 '범죄에 대한 두려움' 때문에 어떤 활동을 포기하고 집에 머무르는 것과 크게 다를 바 없음을 알 수 있다. 덜 제한적인 방식이기는 하지만 여전히 특정 시간과 공간을 제한적으로 사용하게 함으로써 그리고 자신의 옷차림과 사람들과 관계 맺는 방식을 변화시킴으로써 그들의 삶에 대한 선택권의 범위를 심각하게 제한함으로써 여성의 삶의 전반을 제한하는 통제력으로서 작용하고 있다.

셋째, 위와 같은 결과들은 여성이 극단적인 회피행동을 취하는가 아니면 미묘한 적응방식을 취하는가에 관계없이 성폭력범죄 및 성적괴롭힘 피해에 대한 두려움은 여성의 삶에 대한 통제에 있어서 중요한 메커니즘의 하나임을 보여준다.

본 연구의 자료에서 범죄에 대한 두려움이 갖는 여성에 대한 사회통제효과는 구체적으로 다음의 세 가지 측면에서 살펴볼 수 있다. 1) 폭력에 대한 두려움은 여성이 공공장소를 제한된 시간과 제한된 방식으로 사용하도록 만들고, 공적인 영역에 참여하더라도 남성과 동등하게 경쟁할 수 있는 조건을 제한함으로써 남성이 지속적으로 공공장소 및 공공영역을 지배하도록 보장해준다. 오늘날에는 공적인 공간-남성/사적인 공간-여성이라는 물리적인 격리는 사라졌으며 공적인 공간과 공적인 영역은 형식적으로 모든 사람들에게 개방되어 있다. 그러나 남성폭력에 대한 두려움은 여성이 공적인 영역과 공적인 공간에 진입하는 데 장애요소로 작용하고 있으며, 그러한 공간에 들어가더라도 남성과 동등한 위치를 차지할 수 없도록 만들고 있다.

2) 여성은 회피행동과 함께 보호행동을 취하기는 하지만 호신 도구를 갖고 다님으로써 자신을 적극적으로 방어하거나 호신술을 배우거나 하는 경우는 매우 드물며, 대부분 보호자 특히 남성보호자를 동반하거나 남성보호자가 없을 경우 보호자가 있는 것처럼 위장함으로써 두려움에 반응한다. 이는 여성은 '범죄에 대한 두려움' 때문에 성인임에도 불구하고 독립적인 존재로서 삶을 영위하지 못하도록 만들며, 보호해줄 남성에게 더욱더 의존하게 만듦으로써 남성지배에 근거한 사회체계를 유지하는 데 기여할 수 있다.

3) 회피행동에 영향을 미치는 요인들에 대한 회귀분석결과에 의하면, 성폭력피해에 대한 통념과 피해자로서 여성에 대한 통념이 회피행동에 영향을 미치는 것으로 나타났다. 성역할 이데올로기는 여성의 '범죄에 대한 두려움'의 생산에 영향을 미칠 뿐 아니라 여성이 자기규제적인 방식으로 두려움에 반응하도록 만든다. 한편, 포커스 그룹 인터뷰의 자료들은 여성이 어린시절부터 부모로부터 여성은 항상 성적 피해위험에 노출되어 있으며, 이러한 성적인 피해를 당하지 않기 위해서는 낯선 사람을 피하고, 밤늦은 시간의 외출이나 여행

을 피하며, 남성에게 의존하도록 교육을 받았음을 보여준다. 또한, 여성은 전형적인 성폭력범죄는 낯선 사람에 의해서 밤늦은 시간에 공공장소에서 발생하며, 밤늦게 돌아다니거나 노출이 심한 옷을 입었을 경우 성폭력피해자는 피해를 유발하는 데 일정 정도 책임이 있다는 피해자 비난적 통념을 받아들이고 있는 것으로 나타났다. 이러한 결과들은 여성이 두려움을 다루기 위해서 어떤 장소, 어떤 상황, 어떤 옷차림, 어떤 행동을 피하고, 남성보호자에 대한 의존하는 것은 기본적으로 개인적인 결정에 따르는 것이지만, 이러한 여성의 개인적인 결정들은 범죄, 범죄자, 그리고 피해자에 관한 지배적인 이데올로기에 의해서 영향을 받는다는 점을 보여준다. 범죄, 피해 그리고 피해자에 대한 지배적인 이데올로기에는 사회 내의 지배와 종속관계를 반영하며 이러한 사회구조를 재생산하는 데 기여하는 여성성에 대한 고정관념과 전통적 성역할 이데올로기가 반영되어 있다. 고정관념적 성역할 이데올로기와 이것이 반영되어 있는 범죄, 피해 그리고 피해자에 대한 지배적인 통념들이 '범죄에 대한 두려움'과 관련해서 주는 메시지는 사회 내에서 여성에게 적절한 것으로 간주되는 위치, 공간, 행동, 옷차림들과 관련된 행위규칙들을 따르지 않는 여성은 폭력의 위험에 노출될 것이라는 점이다. 또한 더 나아가 피해를 당하게 된다면, 그것은 상식처럼 알려져 있는 엄격한 행위규칙을 따르지 않은 개인 여성의 잘못 때문이라는 것이다. 이에 따라 여성은 전통적인 성역할 기대에 맞추어 스스로의 삶을 규제하고 제한하는 방식으로 반응하게 된다. 이와 같이 지배적인 이데올로기들은 남성폭력과 폭력에 대한 두려움을 낳는 데 영향을 미치는 지배적인 사회구조에 대해서는 문제제기를 하지 않고, 그것을 개인 여성의 책임으로 돌림으로써 지배적인 사회구조를 유지하도록 한다. 다른 한편으로 다양한 사회화기관을 통해서 형성된 지배적인 이데올로기는 여성이 여성성과 여성의 섹슈얼리티에 대한 전통적인 관념들을 강화하는 방식으로 범죄에 대한 두려움에 반응하도록 만듦으로써 개인적인 행위자의 수준에서 일상적인 실천들을 통해서 불평등한 사회구조를 지속적으로 재생산하도록 만든다. 이는 폭력의 원인이 무엇이든 간에 폭력은 사회구조 내에서 낮은 지위를 갖는 피해자에게 이미 작동하고 있는 제약요인들을 강화하고 그들의 행동을 제한하도록 하는 효과를 갖는다는 점을 보여준다(Riger and Gordon, 1981).

VI. 결 론

범죄가 일반인들 사이에는 흔치 않은 경험인 것에 비해 '범죄에 대한 두려움'은 일반인들 사이에 널리 확산되어 있으며, 그것이 야기하는 부정적인 사회적 결과 때문에 학문적·정책적 관심의 대상이 되고 있다. 국내외를 막론하고 '범죄에 대한 두려움'에 대한 실태조사와 연구들은 '범죄에 대한 두려움'의 수준과 그에 대한 반응을 결정하는 데 있어 가장 강력하고 일관된 변인은 '여성(female gender)'임을 보여주고 있나. 그러나 공식통계에서 전체 범죄피해율을 살펴보면, 여성은 범죄피해위험이 가장 낮은 집단인 것으로 나타난다. 그렇다면 왜 여성은 공식통계상으로 볼 때 객관적인 범죄피해위험이 낮음에도 불구하고 범죄에 대해 두려워하는가? 본 연구는 이와 같은 문제제기로부터 출발하였다. 여성과 '범죄에 대한 두려움'을 다루는 기존의 범죄학 연구들은 이에 대한 충분한 설명을 제공하지 못하였다. 기존연구의 한계점은 크게 방법론적인 것과 문제인식 틀이라는 두 가지 측면에서 살펴볼 수 있다. 먼저 기존연구들은 대부분 양적인 조사연구의 방법을 사용함으로써 여성이 그들의 일상적인 삶 속에서 '범죄에 대한 두려움'을 어떤 방식으로 느끼고 경험하며, 그것이 갖는 구체적인 의미와 결과가 무엇인가를 제대로 밝혀내지 못하였다. 이에 따라 여성의 '범죄에 대한 두려움'은 그들의 일상생활의 경험과 생애에 걸친 경험으로부터 유리되는 결과를 낳았다. 그러나 '범죄에 대한 두려움'은 기본적으로 주관적인 감정이고, 의미부여와 해석의 문제를 포함하는 매우 복잡한 현상이다. 따라서 여성 자신의 목소리를 통하여 자료를 수집하여 '범죄에 대한 두려움'의 원인과 결과를 탐구하는 연구방법이 필요하다. 이러한 작업은 여성의 '범죄에 대한 두려움'을 그들의 일상적인 경험으로 맥락화시킴으로써 여성의 두려움의 패러독스를 이해하는 지평을 넓혀 줄 수 있다.

두 번째 한계점은 기존연구들이 범죄 혹은 '범죄에 대한 두려움'이 사람들 간의 상호작용관계와 구조적 관계를 틀 지우는 권력이 전혀 문제가 되지 않는 진공상태에서 발생하는 것처럼 다루고 있다. 그러나 범죄는 형벌을 위반한 '행위'일 뿐 아니라 가해자와 피해자 간의 관계를 포함하고 있으며, 여성에 대한 남성폭력은 가해자 남성과 피해자 여성 간의 위계적인 권력구조를 가장 잘 드러내준다. 따라서 범죄가 여성에게 미치는 영향 중의 하나인 '범죄에 대한 두려움'은 그것이 발생하는 권력관계의 구조 내에서 해석되어져야 한다.

본 연구는 기존연구가 갖고 있는 위와 같은 한계점을 고려하여 여성주의적 관점에서 여성의 '범죄에 대한 두려움'의 의미와 내용, 이를 형성하는 데 영향을 미치는 다양한 사회적 요인과 그것의 사회적 결과의 하나인 여성에 대한 사회통제기제의 재생산에 대해서 다루어 보았다. 이를 위해서 본 연구는 질적인 접근방법인 포커스 그룹 인터뷰를 통해서 여성이 일상적으로 경험하는 피해, 개인적 혹은 지역적인 맥락을 통해서 인식되는 위험에 대한 인식수준, 그리고 범죄피해위험을 관리하기 위해서 일상적으로 사용하는 관행들을 살펴봄으로써 여성의 삶에 있어 '범죄에 대한 두려움'이 갖는 의미와 내용을 분석하였다. 그리고 이를 통해서 왜 여성이 남성보다 범죄에 대해 더 두려워하는가를 간접적으로 보여주고자 하였다.

이러한 질적 연구방법은 여성의 '범죄에 대한 두려움'을 다양한 공간과 시간적·상황적 맥락에서 보여줌으로써 '범죄에 대한 두려움'과 관련된 다양한 차원들과 계기들을 보여줄 수 있지만, 두려움의 정도를 측정하기 어렵고, 면접대상자의 경험을 일반화하기 어렵다는 한계점을 고려하여 양적인 접근방법을 병행하였다. 양적인 접근방법인 질문지법을 사용해서는 주로 여성의 '범죄에 대한 두려움'에 영향을 미치는 요인들을 파악하고자 하였다.

여성의 '범죄에 대한 두려움'에 영향을 미치는 요인들을 고려하기 위해서 본 연구는 기존의 양적인 연구모델에서 사용되었던 주요 변인들 이외에도 여성의 '범죄에 대한 두려움'을 권력관계의 구조 내에서 해석하고 설명하기 위해서 다음의 두 가지 점에 주목하였다.

첫째, 피해경험과 두려움과 관계를 파악하는 데 있어 여성의 피해경험을 단지 형법을 위반한 행위인 '범죄'로 협소하게 규정하는 것을 넘어서서 남성 지배적인 사회에서 여성의 좀더 광범위한 피해경험 내에 두려움을 위치시켜야 한다는 것이다. 좀더 구체적으로 이야기하면, 여성의 피해경험을 여성에 대한 남성폭력의 연속성(continuum of sexual violence)이라는 맥락 내에서 이해할 필요가 있다는 것이다. 특히, 본 연구는 기존의 연구에서 도외시되었던 여성이 일상에서 경험하는 지속적인 권력 남용인 성적괴롭힘 피해를 고려해야 한다는 점을 강조하고 있다. 일반적으로 성적괴롭힘 피해는 사소한 것으로 여겨지지만, 심각하게 인식되고 있는 다른 유형의 남성폭력과 마찬가지로 여성과 남성 간의 차별적인 권력구조에서 발생하는 폭력이고, 이것이 여성에게 미치는 영향은 심각한 피해유형과 다르지 않다는 것이다.

둘째, 기존의 연구는 여성의 '범죄에 대한 두려움'이 여성 특유의 취약성에 근거한 것으로 설명하지만, 취약성은 여성의 본질적인 특성이라기보다는 성차별적인 사회구조하에서 사회화과정을 통해서 여성은 허약하고, 취약하고, 의존적이라는 존재라는 점을 학습한 결과이며, 이를 통해서 습득된 고정관념적인 성역할 이데올로기가 '범죄에 대한 두려움'에 영향을 미칠 수 있다는 것이다.

이러한 연구틀과 연구방법을 통해서 도출된 주요 연구결과를 요약해보면 다음과 같다.

여성에 대한 포커스 그룹 인터뷰를 통해서 여성의 '범죄에 대한 두려움'을 특징짓는 다음과 같은 특성들이 도출되었다. 첫째, 여성의 두려움의 핵심은 남성폭력에 대한 두려움, 특히 낯선 남성에 의한 성폭력에 대한 두려움이다. 여기서 여성의 성폭력에 대한 두려움은 강간과 같은 물리력이 가해진 성폭력만을 의미하는 것은 아니다. 낯선 사람에 의한 성적괴롭힘도 여성의 폭력범죄에 대한 두려움의 중요한 측면을 구성하고 있다. 특히, 낯선 사람에 의한 성적괴롭힘에 대한 두려움은 여성으로 하여금 버스나 지하철 같은 공적 공간이 안전하지 못하다는 인식을 만들어내고, 그곳에서 자유롭지 못하다고 생각하도록 만듦으로써 남성과는 다른 실재를 만들어낸다. 이는 여성에게 있어 '위험', '안전' 혹은 '두려움'이라는 단어는 신체적인 해나 폭력보다는 성적인 침해나 성폭력과 밀접한 관련이 있다는 점을 보여준다. 또한 성폭력에 대한 두려움은 일상적으로 활동하는 거리, 집안, 버스나 지하철 같은 대중교통시설에 이르기까지 여성의 삶 전반에서 지속적으로 존재하는 위협인 것으로 나타났다. 따라서 성폭력에 대한 두려움은 여성존재의 핵심적인 부분이며, 일상생활의 전반적인 상황에 걸쳐 경험되는 것으로 표현할 수 있다.

둘째, 여성에 대한 폭력범죄가 대부분 아는 사람들에 의해서 그들이 일상적으로 생활하는 공간에서 발생한다는 사실에도 불구하고 여성에게 '범죄에 대한 두려움'은 '공공장소에서 낯선 사람에 대한 두려움'을 의미한다. 즉 공공장소에서 마주치게 되는 낯선 남성은 위험하며, 집과 잘 알고 지내는 남성은 비교적 안전하다고 생각한다. 이러한 인식은 여성이 피해를 피하기 위해서 안전한 장소인 집에 머무르거나 알고 있는 남성으로부터 보호를 받는 방식으로 행동하도록 만든다. 이러한 행동방식으로 인하여 여성은 공공장소를 자유롭게 사용할 권리와 공적 영역에 참여할 기회를 제한받게 된다.

셋째, 자녀를 둔 기혼여성에게 '범죄에 대한 두려움'은 개인적 두려움뿐 아니라 자녀의 범죄피해에 대한 두려움에 관한 것이며 이러한 또 다른 차원의 두려움이 여성의 '범죄에 대한 두려움'을 높여준다. 많은 사회적 변화에도 불구하고 전통적인 가정 내 성역할 이데올로기가 건재하고 있어 자녀를 둔 기혼여성은 자녀의 안전에 대한 책임은 전적으로 어머니에게 주어져있으며, 그 역할을 제대로 수행하지 못했을 때 자기 자신에 대한 비난이나 타인으로부터의 비난을 두려워하는 것으로 나타났다. 이로 인해 기혼여성의 경우 자녀를 범죄피해로부터 보호하기 위해서 자신의 삶을 희생해 가면서도 상당한 노력과 시간을 투자하고 있는 것으로 나타났다.

여성의 '범죄에 대한 두려움' 혹은 신체적 안전에 대한 관심은 그들이 피해를 예방하기 위해서 사용하는 일상적인 전략들을 통해서도 알 수 있다. 여성은 자신의 안전은 자신이 책임져야 한다는 사실을 당연하게 받아들이고 있으며, 그들의 실제적인 피해경험, 주된 생활영역, 연령, 동원할 수 있는 사회경제적 자원에 따라 차이를 보이기는 하지만 범죄피해 및 '범죄에 대한 두려움'에 대처하기 위해서 매우 다양한 전략들을 복합적으로 사용하고 있다. 그리고 이러한 전략들은 집에서, 거리에서, 대중교통시설을 이용할 때 등 매일 반복되는 일상에서 관례화된 방식으로 사용되고 있는 것으로 나타났다. 이와 같이 여성이 매일의 삶에서 예방전략을 일상적으로 사용하고 있다는 것은 여성이 남성지배사회에서 여성으로서의 자신의 취약성에 대해 인식하고 있으며, 이로 인한 두려움이 여성의 일상적인 삶을 지배하고 있음을 보여준다.

범죄 및 범죄에 대한 반응을 구체적으로 살펴보면, 여성은 보다 적극적으로 주위 환경을 변화시키기보다는 자신이 생활패턴과 활동을 구속하고 제한하는 방식으로 자기 자신을 변화시킴으로써 '범죄에 대한 두려움'에 반응하고 있다. 그리고 극단적인 형태의 회피행동(밤 시간에 외출을 자제하고 어떤 활동을 그만두는 것 등)보다는 항상 주위를 경계하고 감시함으로써 특정 공간과 영역을 제한된 방식으로 사용하는 것과 같은 주도면밀한 자경(self-policing)의 상태에 있는 것으로 나타났다. 이러한 미묘한 행동적 적응방식은 여성으로 하여금 지속적으로 심리적인 경계상태에 머무르게 만듦으로써 여성의 심리적인 복지감을 크게 위협하고 있다. 또한 덜 제한적인 방식이기는 하지만 여전히 특정 시간과 공간을 제한적으로 사용하고, 자신의 옷차림과 사람들과 관계 맺는 방식을 변화시키고, 여성의 삶에 있어 선택권의 범위를 심각하게 제한함으로써 여성의 삶의 전반을 제한하는 통제력으로서 작용하고 있다. 이는 직접적인 폭력피해경험이 없더라도 여성의 폭력에 대한 두려움과 그에 대한 반응방식은 여성의 삶을 통제하는 효과를 갖는다는 점을 보여준다.

이러한 효과는 좀더 구체적으로 다음의 세 가지 측면에서 살펴볼 수 있다. 첫째, 여성이 공적인 활동에 참여하는 것을 제한함으로써 남성이 공공영역 및 공공장소를 계속적으로 지배하도록 보장해준다. 둘째, 여성이 보호해줄 남성을 필요로 하게 만듦으로써, 여성은 독립적인 존재로서 삶을 영위하지 못하고 남성지배에 근거한 사회체계를 유지하는 데 기여한다. 셋째, 여성성과 여성의 섹슈얼리티에 대한 전통적인 관념들을 강화함으로써 여성 스스로가 자신들의 삶을 제한·통제하도록 만든다.

위에서 제시한 여성적 두려움의 특성과 여성이 '범죄에 대한 두려움'에 반응하는 방식은 여성이 일상생활에서 부딪히는 실제적인 피해경험, 성차별적인 사회화경험, 타인의 피해경험 및 매스 미디어를 통해서 얻게 된 남성폭력에 대한 정보와 지식 그리고 이에 근거한 남성폭력피해위험에 대한 기대와 예측, 범죄, 피해, 피해자에 대한 지배적인 사회적 통념 등이 복합적으로 작용한 결과라고 할 수 있다. 특히, 성적괴롭힘 피해경험, 성차별적인 사회화경험, 전통적 성역할 이데올로기는 여성의 '범죄에 대한 두려움'을 형성하는 데 있어 매우 중요한 원인으로 밝혀졌다.

거리나 대중교통시설과 같은 공공장소에서 여성이 느끼는 '범죄에 대한 두려움'은 그러한 장소에서 과거에 경험한 낯선 남성에 의한 성적괴롭힘 피해경험으로부터 야기된다. 성적괴롭힘 피해경험은 성폭력에 비해 사소한 것으로 여겨지기도 하지만 그러한 행동들이 갖는 성적인 특성 때문에 여성으로 하여금 성적으로 취약하다는 인식과 더 심각한 성폭력범죄로 이어질 것이라는 두려움을 불러일으키고, 그러한 행동들이 일어날 것으로 인식되는 상황과 장소에 있을 때 두려워하게 된다. 성적괴롭힘 피해경험이 있는 여성의 경우 다른 사람의 피해경험에 대한 정보와 위험한 것으로 인지되는 물리적 사회적 환경에 대해 더 민감하게 반응한다는 결과는 이러한 사실들을 잘 보여준다.

한편, 여성의 공공장소에서의 낯선 사람에 대한 두려움, 성폭력범죄에 대한 두려움, 자녀의 범죄피해에 대한 두려움 등에는 여성에게 부여된 적절한 성역할에 대한 통념과 범죄, 피해, 피해자에 관련된 우리사회의 지배적인 통념들이 반영되어 있다. 이러한 지배적인 통념들은 여성이 그들의 객관적인 피해위험과 동떨어진 방식으로 범죄에 대해 두려워하게 만들거나 특정 공간, 특정 대상, 특정 유형의 피해에 대해 더 두려워하도록 만든다. 낯선 사람, 공공장소를 범죄피해위험과 관련시키는 통념들, 그리고 범죄피해에 있어 피해자의 유책성에 관련된 통념 등이 여성의 '범죄에 대한 두려움'에 반영되어있으며, 이러한 통념들이 특히 강하게 스며들어 여성의 '범죄에 대한 두려움'을 증폭시키는 것은 성폭력범죄인 것으로 나타났다. 여성이 단지 자신이 여성이라는 이유로 성폭력피해가능성이 높다고 인식하는 것 이외에도 성폭력범죄의 피해결과를 심각한 것으로 인식하는 것이 여성의 폭력범죄에 대한 두려움을 증폭시켜 주고 있다. 여성이 걱정하는 성폭력범죄의 피해결과는 신체적인 피해보다는 치욕감, 굴욕감, 죄책감, 대인관계의 기피 등과 같은 심리적·사회적인 피해이며, 이는 여성의 성폭력범죄에 대한 두려움이 우리 사회 내의 성적인 터부(taboo)와 성폭력피해 및 피해여성을 둘러싼 통념들과 관련이 있음을 보여준다. 즉 여성은 성폭력으로부터의 회복을 어렵게 만드는 문화적으로 정형화된 이데올로기적 요소들을 수용하고 있기 때문에 성폭력범죄를 가장 두려운 범죄로 인식하고 있다. 이러한 측면에서 여성의 성폭력범죄에 대한 두려움은 자기 자신과 타인으로부터의 비난에 대한 두려움이라고 할 수 있다.

마지막으로, 자녀를 가진 여성이 자녀들에게 자녀의 안전에 대해 학습시키는 방식과 젊은 여성이 부모로 받은 안전에 대한 주의나 교훈을 회상하게 한 결과, 두려움에 대한 학습도 사회화의 직접적인 내용을 구성하고 있으며 두려움이 학습되는 내용과 방식이 남녀간에 차이가 있는 것으로 나타났다. 여성과 남성은 어린시절부터 피해위험과 그들과의 관련성, 그리고 피해위험의 구체적인 내용, 피해위험에 대응하는 방식 등에 있어 상이한 메시지를 경험하고 있다. 그리고 이러한 메시지들에는 전통적인 성역할 관념들이 그대로 반영되어 있다. 여성에게 주어지는 두려움의 사회화의 구체적인 내용은 성폭력의 지속적인 위험은 여자이기 때문에 불가피한 것이고, 위험은 집 밖의 공공장소에서 낯선 사람으로부터 발생하는 것이며, 그러한 위험을 피하기 위해서는 여성 스스로가 자신을 보호해야 한다는 것이다. 한편 부모들은 딸을 피해위험에 노출되지 않게 하기 위해서 일정한 방식으로 행동하도록 딸의 삶을 규제하고 제한한다. 여성에게 부과하는 제한은 의상, 행동, 라이프스타일,

섹슈얼리티 등의 전반에 걸쳐 이루어지는 것으로 나타났다. 이와 같은 사회화의 내용은 여성이 범죄피해 특히, 성과 관련된 피해에 대해 취약하며 두렵다고 느끼게 만들며, 그들이 범죄와 피해위험에 대처하는 방식에도 영향을 미치게 된다.

위와 같은 포커스 그룹 인터뷰의 결과는 여성의 '범죄에 대한 두려움'을 형성하는 데 있어 성적괴롭힘 경험, 성차별적인 사회화경험, 그리고 전통적 성역할 이데올로기가 반영되어 있는 범죄, 피해, 피해자에 관련된 통념들이 중요하다는 사실을 보여준다. 여성의 '범죄에 대한 두려움'을 형성하는 데 있어 위와 같은 요인들의 중요성은 양적 자료의 분석을 통해서도 지지된다. 기존의 일반모델과는 달리 여성의 '범죄에 대한 두려움'을 설명하기 위해서 성적괴롭힘 피해, 어린시절 부모로부터 성차별적인 사회화경험, 전통적인 성역할 이데올로기의 영향을 고려한 결과, 다른 변인들의 영향력을 통제한 상태에서 위와 같은 세 변인은 여성의 폭력범죄에 대한 두려움에 유의미한 영향을 미치는 것으로 나타났다. 이는 포커스 그룹 인터뷰의 결과가 일반화될 수 있음을 보여준다. 한편 기존연구와는 달리 '범죄에 대한 두려움'을 매개하는 요인으로 인지된 폭력피해위험 이외에 인지된 취약성을 고려한 결과, 범죄 및 무질서에 관련된 경험과 정보는 여성 개인들이 범죄피해의 가능성이 높다고 인식하게 만들고, 이러한 인지된 피해위험이 '범죄에 대한 두려움'에 영향을 미치는 반면에, 성차별적인 사회화경험 및 전통적 성역할 이데올로기는 범죄피해의 가능성이 높다고 인식하게 만들뿐 아니라 범죄피해에 취약하다는 인식을 높여줌으로써 여성의 '범죄에 대한 두려움'에 영향을 미치는 것으로 나타났다.

위와 같은 본 연구의 연구결과는 다음과 같은 이론적 의의 및 함의를 갖는다. 첫째, 본 연구는 여성의 폭력범죄에 대한 두려움은 남성지배적인 사회에서 여성이 성적괴롭힘이라는 형태로 일상적으로 경험하는 남성권력의 남용과 이를 통해서 형성된 주관적인 위험인식 그리고 어린시절부터 여성이 보편적으로 취약하다는 것과 종속적이라는 것이 의미하는 바를 학습시킨 성차별적인 사회화의 결과에 의해서 설명할 수 있음을 보여주었다. 또한 여성은 여성성과 여성의 섹슈얼리티에 대한 전통적인 관념들을 강화하는 방식으로 '범죄에 대한 두려움'에 반응하고 있음을 보여주었다. 이러한 결과는 여성의 '범죄에 대한 두려움'이 그들의 불평등한 사회적 지위로부터 야기될 뿐아니라 '범죄에 대한 두려움'은 여성의 사회적 불평등을 재생산하는 하나의 수단으로서 기능하기도 한다는 점을 보여준다. 이는 기존의 연구들이 범죄와 '범죄에 대한 두려움'을 권력구조가 전혀 문제가 되지 않는 사회적 진공상태에서 일어나는 것으로 이해하였던 것과는 달리, 여성과 같은 사회적 약자에 대한 '범죄에 대한 두려움'을 제대로 이해하기 위해서는 사회 내이 불평등한 위치와 이를 영속화시키는 사회적 맥락과 제도를 고려해야 할 필요가 있다는 점을 시사한다.

둘째, 본 연구의 연구결과는 그 사회의 지배적인 사회적·문화적 기대와 이를 세대를 통해서 전달하는 사회화과정 또한 '범죄에 대한 두려움'을 형성하는 데 있어 매우 중요한 요인으로 작용한다는 점을 보여준다. 이는 '범죄에 대한 두려움'은 개인적 피해경험에 대한 직접적인 반응일 뿐 아니라 그 사회의 문화적 코드나 공유된 신념 등에 의해서 영향을 받을 수 있다는 점을 의미한다. 따라서, '범죄에 대한 두려움'을 직접적인 피해경험이나 범죄에 관련된 정보나 무질서를 상징하는 단서들에 대해 직접적으로 반응한 결과로서 보는 기존의 연구들은 지나치게 사회적 인지과정을 단순화시키고 사람들의 삶에 있어 '범죄에 대한 두려움'이라는 문제가 갖는 범위, 중요성, 복합성을 논의하는 데 제한적이라고 할 수 있다.

셋째, 기존의 연구들과는 달리 본 연구는 여성의 성적괴롭힘 피해경험이 '범죄에 대한 두려움'에 영향을 미칠 뿐 아니라 여성들이 범죄에 대한 정보와 범죄나 무질서를 나타내는 환경적인 단서에 더욱 민감하게 반응하도록 함으로써 '범죄에 대한 두려움'을 높인다는 사실을 밝혀냈다. 이는 다음과 같은 점을 시사한다. 1) 공공장소에서 남성폭력에 대한 두려움은 기존 논의들이 주장하듯이 성적인 위험에 대한 과장되거나 부정확한 정보에 기인하기보다는 공공장소에서 사회적 관계에 대한 실제적인 경험들에 근거한다는 점을 보여준다. 2) 기존연구에서 직접적인 피해경험과 '범죄에 대한 두려움' 간의 관계가 모호하게 나타났던 것은 여성이 일상생활에서 경험하는 피해의 실재와는 동떨어진 피해경험을 측정하고 그것과 '범죄에 대한 두려움'과의 관계를 살펴본 데서 기인한다는 점을 제시하였다. 이는 연구대상의 피해경험의 특성과 본질에 대한 정확한 이해로부터 출발할 때만이 연구대상이 느끼는 '범죄에 대한 두려움'을 피해경험의 역동성 내에서 적절하게 설명할 수 있다는 점을 시사한다. 3) 범죄와 범죄피해가 여성에게 미치는 결과 및 효과를 논의할 때 범죄에 대한 객관적인 정의와 남성주의 시각에 입각한 심각한 범죄와 심각하지 않는 범죄 간의 구분에 근거하는 것은 적절하지 않다는 점이다. 무엇을 범죄 혹은 피해로 생각하는가에 대한 연구대상자들의 주관적인 정의에 기초하여 그것들이 연구대상자들의 삶에 미치는 영향을 파악해야 한다는 점을 시사한다. 이러한 점에서 여성의 안전에 대한 인식과 두려움을 고려할 때는 Kelly가 제시한 '성폭력의 연속성'이라는 개념이 매우 유용하다고 할 수 있다.

본 연구의 결과는 정책적으로 다음과 같은 의의를 갖는다.

첫째, 본 연구는 여성의 두려움에 대한 경험과 이야기를 통해 다른 한편으로는 그들이 두려움에 대처하기 위해서 사용하는 일상적이고 관례화된 다양한 전략들을 통해 '범죄에 대한 두려움'이 여성의 일상적인 삶을 지배하고 있고, 여성의 삶의 기회를 제한하며, 심리적 복지감을 위협하고 있음을 제시하였다. 이와 같이 본 연구는 여성의 삶에 있어 '범죄에 대한 두려움'의 정도의 심각성 그리고 그것이 여성의 삶의 질과 권리에 미치는 부정적인 영향을 제시함으로써 이제까지는 여성 사이에 사적인 담론을 통해서 까십거리 정도로 회자되었던 '범죄에 대한 두려움'의 문제를 공론의 장으로 끌어들어 그 문제에 대해 심각하게 논의하고 이를 해결하기 위한 방안을 모색해야 할 필요성을 제기하였다.

둘째, 본 연구는 여성의 '범죄에 대한 두려움'을 형성하는 데 있어 공공장소에서의 성적괴롭힘 피해경험, 성차별적인 사회화경험 및 성역할 이데올로기의 중요성을 제시하였다. 이는 무엇보다도 기존에 '범죄에 대한 두려움'의 감소전략으로 제시되었던 범죄감소전략이나 상황적 범죄예방전략만으로는 여성의 '범죄에 대한 두려움'을 감소시키는 데 별로 효과적이지 않다는 점을 시사한다. 성적괴롭힘 피해경험이 여성의 '범죄에 대한 두려움'을 형성하는 데 있어 중요하다는 점은 1) 단지 전형적인 '범죄'만을 감소시키고자 하는 전략에서 벗어나서 공공장소에서 여성이 일상적으로 직면하게 되는 반사회적인 행동들 특히, 남성이 여성의 섹슈얼리티를 향해 가하는 무례한 행동들에 대응해야 할 필요성을 보여준다. 2) 성적괴롭힘은 성별관계구조 내에서 단순히 여성이라는 이유로 남성이 여성에게 가하는 남성폭력의 한 형태로서 여성의 사회 내의 종속적인 위치의 결과이며, 여성은 성적괴롭힘에 대한 두려움으로 인해 공공장소를 사용하고, 일상적인 활동을 하는 데 제약을 받고 있다. 이는 여성의 '범죄에 대한 두려움'의 감소전략은 단지 성으로 특화된 무질서나 범죄의 감소뿐 아니라 여성의 사회 내의 불평등의 감소와 인권향상의 문제와 연계되어야 할 필요가 있음을 시사한다. 또한, 여성의 '범죄에 대한 두려움'을 형성하는 주요한 소스로서 성차별적인 사회화경험과 전통적 성역할 이데올로기의 중요성은 위험 및 두려움과 관련된 주제에 대한 성차별적인 양육태도를 지양하고 여성에게 임파워먼트(empowerment)를 부여하는 방식으로 교육하고 훈련해야 필요성을 시사한다.

위와 같은 이론적·정책적 의의에도 불구하고 본 연구는 다음과 같은 한계점을 갖고 있다. 첫째, 본 연구는 여성의 '범죄에 대한 두려움'의 정도와 특성을 강조함으로써 의도치 않게 '두려워하는 존재로서의 여성'이라는 고정관념을 강화시킬 가능성이 있다는 것이다. 이와 같은 한계를 넘어서기 위해서는 범죄와 '범죄에 대한 두려움'에 대한 여성의 경험은 남성과는 다르지만 여성은 동질적인 집단으로서 반응하지 않는다는 점에 주목해야 할 필요가 있다. 이와 같은 한계점을 극복하기 위한 방법으로 다음과 같은 점을 제안해 볼 수 있다. 1) 두려움이라는 감정을 고정적이거나 지속적인 개인의 특성으로 다루는 것이 아니라 생애단계에 따라 달라지는 일시적이고 변화하는 감정으로 다룰 필요가 있다. 본 연구에서 직접적인 설명의 대상으로 다루지는 않았지만, 본 연구의 조사결과 여성의 연령수준이 높아짐에 따라 '범죄에 대한 두려움'의 수준이 낮아지는 것으로 나타났다. 한편, 자녀를 둔 기혼여성의 자녀의 범죄피해에 대한 두려움이 매우 높게 나타났다. 이러한 경험적인 자료들은 '두려움'과 '두려워하지 않음'과 같은 개인의 경험과 느낌이 개인들의 생애단계에서 중요한 전기(biography)를 구성하는 연령과 부모됨과 같은 변화에 따라 달라질 수 있음을 시사한다. 이러한 점들을 고려하기 위해서는 질적인 연구방법을 통해서 다양한 연령층의 여성을 대상으로 하여 여성의 두려움에 대한 경험을 그들의 생애사에 걸쳐 맥락화시켜야 할 필요가 있다.

2) 모든 여성이 '범죄에 대한 두려움'에 있어 동질적으로 반응하지 않는 것처럼 두려움이라는 감정적인 반응에 대해 모든 여성이 동일한 방식으로 대응하지는 않는다는 점이다. 따라서 여성이 사용하는 방어적이고 회피적인 전략뿐 아니라 여성 개인의 적극적이고 예방적인 전략과 집합적인 수준에서 이루어지는 공동대응책에 대한 관심이 필요하다.

둘째, 본 연구는 성차별적인 사회구조하에서 다양한 형태의 남성폭력 및 폭력에 대한 위협이 여성의 안전과 두려움에 미치는 영향에 관심을 갖고 있지만, 면접대상의 한계로 인해 가정폭력이나 아는 사람에 의한 스토킹과 같이 친숙하고 친밀한 환경에서 발생하는 남성폭력과 관련된 위험이 사적인 공간에서의 안전에 대한 인식 및 두려움과 공공장소에서의 안전에 대한 인식 및 두려움에 미치는 영향을 제대로 고려하지 못하였다. 여성의 '범죄에 대한 두려움'에 대한 연구가 여성의 일상의 경험으로부터 유리되지 않기 위해서는 이러한 친밀한 사이에서 발생하는 폭력유형에 대한 좀더 체계적인 관심이 필요하다.

마지막으로 본 연구의 주된 관심이 대중매체(mass media)가 범죄에 대한 인식 및 두려움에 미치는 영향에 관한 것이 아니었기 때문에 본 연구의 양적 연구에서는 대중매체의 영향을 측정하지 않았다. 그러나 포커스 그룹 인터뷰의 자료는 여성의 '범죄에 대한 두려움'을 형성하는 데 있어 대중매체어의 중요성을 보여주고 있다. '범죄에 대한 두려움'뿐 아니라 범죄 및 형사사법기관에 대한 인식을 형성하는 데 있어 대중매체가 미치는 영향의 중요성에도 불구하고 우리나라에서는 범죄학 분야뿐 아니라 언론학 분야에서도 이에 대한 연구 성과는 거의 없는 편이다. 앞으로의 연구에서는 다양한 연구방법을 통하여 대중매체가 범죄, 범죄자, 피해, 피해자에 관련된 내용을 어떠한 방식으로 다루고 있는가, 구체적으로 대중매체에서 다루는 어떠한 내용들이 범죄에 대한 두려움을 형성하는 데 있어 더 큰 영향을 미치는가, 신문, 방송, 영화, 잡지 등과 같은 다양한 매체 중 어떠한 매체가 범죄에 대한 두려움을 형성하는 데 더 큰 영향을 미치는가, 사람들은 범죄와 관련된 대중매체의 내용을 어떠한 방식으로 수용하고 있으며, 대중매체가 범죄에 대한 두려움을 형성하는 데 있어 수용자의 개인적 특성이 갖는 역할은 무엇인가 등을 심도 깊게 다룰 필요가 있다.

참고 문헌

I. 국내문헌

권수현. 1997. "남성성과 성폭력 간의 관계에 관한 연구", 이화여자대학교 대학원 여성학과 석사학위논문(미간행).

김나연. 2002. "성폭력 심각성과 부정적 생활태도가 정신건강에 미치는 영향에 관한 연구", 연세대학교 대학원 사회복지학과 석사학위논문(미간행).

김두섭. 1992. 『회귀분석』. 법문사.

__________. 1999. 『질적 연구방법론』. 나남.

김민아. 2002. "성폭력의 두려움 정도가 여성의 자기개념에 미치는 영향", 서강대학교 교육대학원 상담심리전공 석사학위논문(미간행).

김복태. 2001. "성별과 성역할 고정관념에 따른 공감능력 및 성폭력 사건 지각의 차이", 『사회과학연구논집』 27: 249-68.

김성언. 2002. 『민간경비: 성장과 그 함의』. 한국형사정책연구원 보고서.

김은경. 1999. "성폭력의 사회적 의미", 『형사정책소식지』 56: 17-24.

김은주. 1997. "성폭력에 대한 대학생들의 태도 조사연구", 강원대학교대학원 사회학과 석사학위논문(미간행).

김익기·김혜선. 1990. 『가정폭력의 실태와 대책에 관한 연구』. 한국형사정책연구원 보고서.

김현정. 2000. "성적괴롭힘의 구성차원에 관한 연구", 『여성』 5(1): 1-14.

김혜란·이상균·이혜은. 1996. "대학에서 성적괴롭힘의 정의 및 예방", 『생활연구』 31(1): 92-113.

노성호·김지선. 1998. "범죄의 두려움에 관한 경험적 연구", 『피해자학』 6:

169-205.

노성호·김성언·이동원·김지선. 1999. 『성폭력양형의 실태에 관한 연구』. 한국형사정책연구원 보고서.

노현선. 1995. "아파트 거주자의 범죄불안감과 환경특성에 관한 연구", 연세대학교 대학원 주생활학과 박사학위논문(미간행).

대검찰청. 2003. 『범죄분석』.

도건효. 1992. 『공동주택의 범죄방어공간 도입에 관한 연구』. 한국형사정책연구원보고서.

박정미. 2002. "성폭력과 여성의 시민권: '운동사회 성폭력 뿌리뽑기 100인 위원회' 사례분석", 서울대학교 대학원 사회학과 석사학위논문(미간행).

벡, 울리히. 1997. 『위험 사회: 새로운 근대(성)를 향하여』. 홍성태(역). 새물결.

손덕수. "성폭력의 정치경제학: 여성복지적 측면에서 본 성폭력의 사회적 의미와 그 대책들", 『사회과학연구집』 3: 95-109.

신성자. 1993. "직장에서 발생하는 성적 성가심의 유형, 부정적 영향 그리고 피해여성의 개인적 상황적 특성에 관한 연구", 『사회과학연구』 5: 93-110.

심영희. 1998. 『성폭력과 위험 사회』. 나남.

심영희·조정희·박정선. 1990. "범죄피해 조사의 방법론적 문제에 관하여; 성폭력의 실태 및 대책에 관한 연구를 중심으로", 『형사정책연구』 2: 277-320.

심영희·윤성은·김성은·박선미·강영수·조정희. 1990. 『성폭력의 실태 및 대책에 관한 연구』. 한국형사정책연구원 보고서.

여성한국사회연구회 편. 1995. 『가족과 한국사회』. 경문사.

염시창. 2001. 『통합연구방법론: 질적·양적 접근방법의 통합』. 학지사.

윤길순. 1999. 『포스트페미니즘』. 김영사.

이경훈. 1998. "환경특성과 범죄의 두려움 간의 관계에 대한 이론적 모델", 『대한건축학회논문집』 14(12): 23-30.

이성식. 2001. "거주지역의 특성과 범죄두려움", 『형사정책연구』 41: 117-40.

이성은. 1996. "직장 내 여성들의 성희롱에 대한 순응과 적응에 관한 연구", 이화여자대학교 대학원 석사학위논문(미간행).

이병기·이기웅. 1995. 『범죄보도가 시민의 범죄인식에 미치는 영향』. 한국형사정책연구원 보고서.

이순묵. 1990. 『공변량구조분석』. 성원사.

이윤호. 1993. "범죄에 대한 공포-그 원인과 반응", 『형사정책연구』 13: 27-50.

서동진·채규형. 1994. 『섹슈얼리티: 성의 정치』. 현실문화연구.

신상숙. 2001. "성폭력의 의미구성과 '성적 자기결정권의 딜레마'", 『여성과 사회』 13: 6-43.

장미경. 1999. 『페미니즘의 이론과 정치』. 문화과학사.

장준오. 2000. 『세계범죄피해조사-한국 편』, 한국형사정책연구원 보고서.

장필화·조형. 1992. "한국의 성문화: 남성성문화를 중심으로", 『여성학논집』 8: 127-70.

전영실. 1999. 『직장 내 성희롱의 실태와 대책』. 한국형사정책연구원 보고서.

주희종. 1996. "'범죄에 대한 공포' 연구와 그 정책적 함의", 『형사정책』 8: 65-87.

최인섭·김성언. 1998. 『성폭력의 실태와 원인에 관한 연구(Ⅱ)』. 한국형사정책연구원 보고서.

최인섭·김지선·황지태., 2003,. 『한국의 범죄피해에 관한 연구(Ⅳ)』. 한국형사정책연구원 보고서.

최인섭·박순진·최영신. 1999. 『한국의 범죄피해에 관한 연구(Ⅲ)』. 한국형사정책연구원 보고서.

통계청. 2001. 『한국의 사회지표』.

한국여성민우회. 1998. 『남녀 직장인 성의식 및 성문화에 관한 실태 보고서』.

한정자. 2001. "직장 내 성차별 문화와 여성정책 효과에 관한 연구", 이화여자대학교 박사학위논문(미간행).

한태학. 1998. "사회적 구성으로서 위험: 위험커뮤니케이션 관점에서 위험인지
와 그 수용에 관한 연구", 『사회조사연구』 13(1): 135-48.

황지태. 2003. 『지하철 내 범죄에 대한 연구』, 한국형사정책연구원 보고서.

2. 외국문헌

Agnew, Robert S. 1985. "Neutralizing the Impact of Crime", Criminal Justice
and Behavior 12(2): 221-39.

Ahuwalia. 1992. "Counting What Counts: The Study of Women's Fear of
Crime" in Realist Criminology: Crime Control and Policing in the 1990's.
1992. edited by John Lowman and Brian D. MacLean. University of
Toronto Press.

Balkin, S. 1979. "Victimization Rates, Safety, and Fear of Crime", Social
Problems 26: 423-35.

Baker, M. H., Nienstedt, B. C., Everett. R. S. and McClery, R. 1983. "The
Impact of a Crime Wave: Perception, Fear and Confidence in the
Police", Law and Society Review 17: 319-35.

Bankston, Jenkins and Doyle, Thayer. 1987. "Fear of Criminal Victimization
and Residential Location: the Influence of Perceived Risk", Rural
Sociology 52: 98-107.

Baumer, Terry L. 1985. "Testing a General Model of Fear of Crime: Data
From a National Sample", Journal of Research in Crime and Delinquency
22(3): 253-64.

Belyea, Michael J. and Zingrail, Matthew I. 1988. "Fear of Crime and
Residential Location", Rural Sociology 53: 47-86.

Bennett, Trevor. 1990. Tackling Fear of Crime. Home Office Research

Bulletin.

______________. 1991. "The Effectiveness of a Police Initiated Fear-Reducing Strategy", British Journal of Criminology 31(1): 1-14.

______________. 1994. "Confidence in Police as a Mediating Factor in the Fear of Crime", International Review of Victimology 3: 179-94.

Block, C. R. and Block, R. L. 1984. "Crime Definition, Crime Measurement and Victim Surveys", Journal of Social Issues 40: 137-60.

Block and Long. 1973. "Subjective Probability of Victimization and Crime Levels: An Economic Approach", Criminology 11: 137-60.

Box, Steven, Hale, Chris and Glen, Andrews. 1988. "Explaining Fear of Crime", British Journal of Criminology 28(3): 338-56.

Braungrat, Margart M., Braungart, Richard G. and Hoyer, William J. 1980. "Age, Sex, and Social Forces in Fear of Crime", Sociological Focus 13: 55-66.

Brownmilller. 1975. Against Our Will: Men, Women and Rape. New York: Simon and Schuster.

Bursik, Jr. Robert J. and Grasmick, Harold G. 1993. Neighborhoods and Crime. New york: Lexington Books.

Burt, Martha R. and Estep, Rhoda E. 1981. "Apprehension and Fear: Learning a Sense of Sexual Vulnerability", Sex Roles 7(5): 511-22.

Burt, Martha R. and Katz, Bonnie L. 1985. "Rape, Robbery, and Burglary: Responses to Actual and Feared Criminal Victimization with Special Focus on Women and the Elderly", Victimology: An International Journal 10: 325-58.

Carcach, Carlos, Frampton, Peta Thomas Kaye and Cranich, Mathew. 1995. "Explaining Fear of Crime in Queensland", Journal of Quantitative Criminology 11(3): 271-87.

Clark, A. H. and Lewis, M. 1982. "Fear of Crime Among The Elderly", British Journal of Criminology 22: 49-62.

Clemente, F. and Kleinman, M. B. 1977. "Fear of Crime in the United States: A Multivariate Analysis", Social Forces 56: 519-31.

Cochran, John K. Max L. and Branch. Kathryn A. 2000. "Victimization and Fear of Crime in an Entertainment District Crime "Hot Spot": A Test of Structural Choice Theory", American Journal of Criminal Justice 24(2): 189-202.

Cohen, Lawrence E. and Cantor, David. 1981. "Residential Burglary in the United States: Life-Style and Demographic Factors Associated With the Probability of Victimization", Journal of Research in Crime and Delinquency 18: 113-27.

Cohen, Lawrence E. and Felson, Marcus. 1979. "Social Change and Crime Rate Trends: A Routine Activity Approach", American Sociological Review 44: 588-608.

Combs, Amy M. and Smith, Lane Daniel W. 2002. "Risk of Sexual Victimization in College Women: the Role of Behavioral Intentions and Risk-Taking Behaviors", Journal of Interpersonal Violence 17(2): 165-183.

Conklin. 1975. The Impact of Crime. New York: Macmillan.

Covington, Jeanette and Taylor, Ralph B. 1991. "Fear of Crime in Urban Residential Neighborhoods: Implications of Between and Within Neighborhood Sources for Current Models", Sociological Quarterly 32(2): 231-249.

Day, Kristen. 2000. "The Ethic of Care and Women's Experiences of Public Space", Journal of Environmental Psychology 20: 103-124.

DeFronzo. 1979. "Fear of Crime and Handgun Ownership", Criminology 17: 331-39.

Dobash and Dobash. 1979. Violence Against Wives: A Case Against Patriarchy. Free Press: New York.

Edwards, Anne. 1987. "Male Violence in Feminist Theory: An Analysis of the Changing Conceptions of Sex/Gender Violence and Male Dominance", pp.13-29 in Women, Violence and Social Control. edited by Hanmer, Jalna and Maynard, Mary. London: Macmillan.

Ellis, E. M. Atkeson, B. M. and Calhounm, K. S. 1981. "An Assessment of Long Term Reaction to Rape", Journal of Abnormal Psychology 90: 263-66.

Evans D. J. Fyfe N. R. and Herbert D. T. 1992. Crime, Policing and Place: Essays in Environment Criminology. London: Routledge.

Erskine. 1974. "The Polls: Fear of Violence and Crime", Public Opinion Quarterly 38: 131-45.

Estrich, Susan. 1987. Real Rape. Cambridge: Harvard University.

Farrall, Stephen, Bannister, Jon Ditton Jason and Gilchrist Elizabeth. 1997. "Questioning the Measurement of the 'Fear of Crime", British Journal of Criminology 37(4): 658-79.

__________. 2000. "Social Psychology and the Fear of Crime: Re-Examining a Speculative model", British Journal of Criminology 40(3): 299-413.

Fatta E. A. and Sacco V. F. 1989. Crime and Victimization of the Elderly. New York: Springer.

Ferraro, Kenneth F. 1995. Fear of Crime: Interpreting Victimization Risk. New York: State University of New York Press.

__________. 1996. "Women's Fear of Victimization: Shadow of Sexual Assault?", Social Forces 75(2): 667-90.

Ferraro, Kenneth F. and LaGrange Randy. 1987. "The Measurement of Fear of Crime", Sociological Inquiry 57(1): 70-101.

Fisher, Bonnie. 1991. "A Neighborhood Business Area Is Hurting: Crime, Fear of Crime and Disorders Take Their Toll", Crime and Delinquency 37(3): 363-73.

Fisher, Bonnie, Nasar, S. and Jack, L. 1995. "Fear Spots in Relation to Microlevel Physical Cues: Exploring the Overlooked", Journal of Research in Crime and Delinquency 32(2): 214-39.

Foa and Riggs. 1994. "Posttraumatic Stress Disorder and Rape", pp.133-63 in PTSD: A Clinical Review, 1994. edited by R. S. Pynoos. Lutherville. MD; Sidran.

Gardner, Carol Brooks. 1990. "Safe Conduct: Women, Crime, and Self in Public Places", Social Problems 37(3): 311-28.

__________________. 1995. Passing By: Gender and Public Harassment. Berkely. CA: University of California Press.

Garofalo. 1979. "Victimization and The Fear of Crime", Journal of Research in Crime and Delinquency 16(8): 80-97.

__________. 1981. "The Fear of Crime: Causes and Consequences", The Journal of Criminal Law & Criminology 72(2): 839-57.

Gate, L. B. and Rohe, W. M. 1987. "Fear and Reaction to Crime: A Revised Model", Urban Affairs Quarterly 22: 425-53.

Georjeanna, Wilson Doenges. 2000. "An Exploration of Sense of Community and Fear of Crime in Gated Communities", Environment and Behavior 32(5): 597-611.

Gerbner, G. and Gross, L. 1975. Television as Enculturation-A New Research Approach. Annengerg School of Communication. University of Pennsylvania.

Gerbner, G. Gross, L. P. Morgan, M. and Signorelli. N. 1979. "The Demonstration of Power: Violence Profile 11", Journal of Communication 29: 179-96.

Gilchrist, Elizabeth, Bannister, Jon, Ditton Jason, and Farrel, Stephen. 1998. "Women and the 'Fear of Crime' Challenging the Accepted Stereotype", British Journal of Criminology 38(2): 283-99.

Gomme, I. M. 1988. "The Role of Experience in the Production of Fear of Crime: A Test of Casual Model", Canadian Journal of Criminology 30: 67-76.

Goodey, Jo. 1994. "Fear of Crime: What Can Children Tell Us?", International Review of Victimology 3: 195-210.

___________. 1996. "Adolescence and the Socialization of Gendered Fear: Race, Class and Gender", Criminology 13: 267-291.

___________. 1997. "Boys Don't Cry: Masculinities, Fear of Crime and Fearlessness", British Journal of Criminology 37(3): 401-18.

Goodstein, L. and Shorland, R. L. 1980. "The Crime Causes Model: A Critical Review of the Relationship Between Fear of Crime, Bystander Surveillance and Changes in the Crime Rate", Victimology 5: 133-51.

Gordon, M. T., Riger, S. Lebailly, R. K. and Heath. L. 1980. "Crime, Women and the Quality of Urban Life", Signs 5: 144-60.

Gordon, Margaret T. and Riger, Stephanie. 1989. The Female Fear. London: The Free Press.

Green, Eileen, Hebron, Sandra and Woodward, Diana. 1987. "Women, Leisure and Social Control", pp.75-92 in Women, Violence and Social Control. 1987, edited by Hanmer, Jalna and Maynard, Mary. London: Macmillan.

Griffin. 1971. Rape: The All-American Crime. Ramparts.

___________. 1979. Rape: The Power of Consciousness. New York: Harper and Row.

Hale, C. 1996. "Fear of Crime: A Review of the Literature", International Review of Victimology 4(2): 79-150.

Hale, C. Pack, P. and Salked, J. 1994. "The Structural Determinants of Fear of Crime: An Analysis Using Census and Crime Survey Data from England and Wales", International Review of Victimology 3(3): 211-33.

Hanmer, 1978. "Violence and the Social Control of Women", in Power and State. 1978. by Littlejohn, G. Smart, B. Wakeford, J. and Yuval-Davis. N. London: Croom Helm.

Hanmer and Maynard. 1987. "Introduction: Violence and Gender Stratification", pp.1-12 in Women, Violence and Social Control, 1987. edited by Hanmer and Maynard. London: McMillan Press.

Hanmer and Saunders. 1984. Well-Founded Fear. London: Hutchinson.

Hanmer and Stanko. 1985. "Stripping Away the Rhetoric of Protection: Violence to Women: Law and the State", The International Journal of the Sociology of Law 13: 357-74.

Hindelang, M., Gottfredson, M. and Garofalo, J. 1978. The Victims of Personal Crime. Cambridge: Ballinger.

Hollway, Wendy and Jefferson, Tony. 1997. "The Risk Society in an Age of Anxiety: Situating Fear of Crime", British Journal of Sociology 48(2): 255-66.

Hope, Tim and Sparks, Richard. 2000. "Introduction: Risk, Insecurity and the Politics of Law and Order" pp.1-10 in Crime, Risk and Insecurity. 2000. edited by Hope, Tim and Sparks, Richard. London and New York.

Hough. 1985. "The Impact of Victimization: Finding from the British Crime Survey", Victimology 10: 1-4.

Hunter. 1978. "Symbols of Incivility: Social Disorder and Fear of Crime in Urban Neighborhoods", Paper Presented at the Annaual Meeting of the American Society of Crimonology.

Jianhong, Liu. 1993. "The Functions of Crime: A Theory and a research agenda", Ph.D. Dissertation. State University of New York at Albany(unpublished).

Junger, Marianne. 1987. "Women's Experiences of Sexual Harassment", British Journal of Criminology 27(4): 358-83.

Kail, Barbara Lynn and Kleinman, Paula Holzman. 1985. "Fear, Crime, Community Organization and Limitations on Daily Routines", Urban Affairs Quarterly 20: 400-08.

Kayleen A. Culbertsonm, Peter W. and Beverly J. Kooiman. 2001. "The Impact of Sexual Assault, Sexual Assault Perpetrator Type and Location of Sexual Assault on Rating Perceived Safety", Violence Against Women. 7(8): 858-875.

Keane, Carl. 1995. "Victimization and Fear: Assessing the Role of Offender and Offence", Canadian Journal of Criminology July: 431-455.

__________. 1998, "Evaluating the Influence of Fear of Crime as an Environmental Mobility Restriction on Women's Routin Activity",. Environment and Behavior 30(1): 60-74.

Kelly, Liz. 1987. "The Continuum of Sexual Violence", pp.46-60 in Women. Violence and Social Control. 1987. edited by Hanmer, Jalna and Maynard, Mary. London: Macmillan.

Kennedy, Leslie W. 1984. "Rural-Urban Origin and Fear of Crime: the Case for Rural Baggage", Rural Sociology 49: 247-60.

Kennedy, Leslie W. and Silverman, Rober A. 1985. "Perception of Social Diversity and Fear of Crime", Environment and Behavior 17: 241-56.

Killias, Martin. 1990. "Vulnerability: Towards a Better Understanding of a Key Variable in the Genesis of Fear of Crime", Violence and Victims 5: 97-108.

Killias, Martin and Christian, Clerici. 2000. "Different Measures of Vulnerability

270

in Their Relation to Different Dimensions of a Fear of Crime", British Journal of Criminology 40(3): 437-50.

Kleinman and David. 1973. "Victimization and Perception of Crime in a Ghetto Community", Criminology 11: 307-39.

Koskela, Hille. 1997. "Bold Walk and Breakings: Women's Spacial Confidence versus Fear of Violence", Gender, Place and Culture 4(3): 301-19.

Krannich, Richard S., Greider, Thomas and Little, Ronald L. 1985. "Rapid Growth and Fear of Crime: A Four-Community Comparison", Rural Sociology 50: 193-209.

Krannich, Richard S., Berry, E. Helen and Greider, Thomas. 1989. "Fear of Crime in Rapidly Changing Rural Communities: A Longitudinal Analysis", Rural Sociology 54: 195-212.

LaGrange, Randy L., Ferraro, Kenneth F. and Supancic, Michael. 1992. "Perceived Risk and Fear of Crime: Role of Social and Physical Incivilities", Journal of Research in Crime and Delinquency 29(3): 311-34.

Lee, Min-Sik. 1998. "Fear of Crime Among Korean Americans in the Chicago Area: A Multilevel Analysis", Ph.D. Dissertation. Purdue University(unpublished).

Lee, Murray. 1999. "The Fear of Crime and Self-governance: Towards a Genealogy", The Australian and New Zealand Journal of Criminology 32(3): 227-46.

__________________. 2001. "The Genesis of 'Fear of Crime'", Theoretical Criminology 5(4): 467-85.

Lenton, Rhonda, Micheal D. Smith, John Fox, and Norman Morra. 1999. "Sexual Harassment in Public Places: Experiences of Canadian Women", CRSA/RCSA. 36(4): 517-40.

Lewis, D. A. and Maxfield, M. G. 1980. "Fear in the Neighborhoods: An Investigation of the Impact of Crime", Journal of Research in Crime and Delinquency 17: 160-89.

Lewis and Salem. 1981. "Community Crime Prevention: An Analysis of a Developing Strategy", Crime and Delinquency 27: 405-21.

______________________________. 1986. Fear of Crime. New Brunswick. NJ: Transaction Books.

Liska, Allen E., Lawrence, Joseph J. and Sanchirico, Andrew. 1982. "Fear of Crime as a Social Fact", Social Forces 60(3): 760-70.

Liska, Allen E. and Baccaglini, William. 1990. "Feeling Safe by Comparison: Crime in the Newspapers", Social Problems 37(3): 368-74.

Liska, Allen E. and Warner, Barbar D. 1991. "Functions of Crime: A Paradoxical Process", American Journal of Sociology 96(6): 1441-63.

Liska, A., Sanchirico and Reed, M. D. 1988. "Fear of Crime and Constrained Behavior Specifying and Estimating a Reciprocal Effects Model", Social Forces 66: 827-37.

Lupton, Deborah. 1999. Risk and Sociocultural Theory: New Direction and Perspectives. Cambridge University Press.

Lupton, Deborah and Tulloch, John. 1999. "Theorizing Fear of Crime: Beyond the Rational/Irrational Opposition", British Journal of Sociology 50(3): 507-23.

MacKinnon. 1979. Sexual Harassment of Working Women New Haven. Conn; Yale University.

MacMillan, Ross, Nierobisz, Annette and Sandy, Welsh. 2000. "Experiencing the Street: Harassment and Perception of Safety Among Women", Journal of Research in Crime and Delinquency 37(3): 306-322.

Madriz, Esther. 1997. Nothing Bad Happens to Good Girls: Fear of Crime in

Women's Lives. University of California Press.

Matthews, Roger. 1992. "Replacing 'Broken Windows': Crime, Incivilities and Urban Change", pp.19-50 in Issues in Realist Criminology. 1992. edited by Roger Matthews and Jock Young. SAGE Publication.

Mawby, R. I. and Walklate, S. 1994. Critical Victimology. SAGE Publications.

Maxfield, Michael G. 1984. "The Limits of Vulnerability in Explaining Fear of Crime: A Comparative Neighborhood Analysis", Research in Crime and Delinquency 21(3): 233-50.

May, David C. 1997. "Fear of Crime: Interpreting Victimization Risks", Deviant Behavior 18(3): 314-18.

Mayhew, Pat. 1984. "The Effects of Crime: Victims, the Public and Fear", Paper presented at the 16th International Symposium on Criminology. Stasbourg.

Mayhew, Pat and Hough, Mike. 1988. "The British Crime Survey: Origins and Impact", in Victims of Crime. 1988 edited by Mike Maquire, John Pointing, Milton Keynes: Open University Press.

McNeill, Sandra. 1987. "Flashing: Its Effect on Women", pp.93-109 in Women. Violence and Social Control. 1987. edited by Hanmer. Jalna and Maynard. Mary. London: Macmillan.

Medea A. and Thompson K. 1974. Against Rape. New York: Farrar. Straus. and Giroux.

Mesch, Gustavo S. 2000. "Women's Fear of Crime: The Role of Fear for the Well-Being of Significant Others", Violence and Victims 15(3): 323-36.

Miethe, T. and Lee, G. R. 1984. "Fear of Crime Among Older People: A Reassessment of the Predictive Power of Crime Related Factors", Sociological Quarterly 25: 397-415.

Mooney, Jayne. 2000. Violence and the Social Order. Macmillan.

Moracco, Kathryn Elizabeth. 1999. "Fear of Violence Among American Women: Understanding the Context and Determinants of Female Fear" Ph.D. Dissertation. University of North Carolina(unpublished).

Nair, Gwyneth, Ditton, Jason and Phillips, Samuel. 1993. "Environmental Improvements and the Fear of Crime", British Journal of Criminology 33(4): 555-61.

Normayle and Lavrakas. 1984. "Fear of Crime in Elderly Women: Perception of Control, Predictability and Territoriality", Personality and Social Psychology Bulletin 10: 191-202.

O'Connell, Michael and Whelan, Anthony. 1996. "Taking Wrongs Seriously: Public Perceptions of Crime Seriousness", British Journal of Criminology 36(2): 299-318.

Ollenberger. 1981. "Criminal Victimization and Fear of Crime", Research on Ageing 3: 101-18.

Pain, Rachel. 1991. "Space, Sexual Violence and Social Control: Integrating Geographical and Feminist Analyses of Women's Fear of Crime", Progress in Human Geography 15(4): 415-431.

__________. 1995. "Elderly Women and Fear of Violent Crime: The Least Likely Victims? A Reconsideration of the Extent and Nature of Risk", British Journal of Criminology 35(4): 584-598.

__________. 1997a. "Social Geographies of Women's Fear of Crime", Transactions Institute of British Geographers 22: 231-44.

__________. 1997b. "'Old Age' and Ageism in Urban Research: The Case of Fear of Crime", International Journal of Urban and Regional Research 21: 117-28.

__________. 2000. "Place, Social Relations and the Fear of Crime: A Review", Progress in Human Geography 24(3): 365-88.

Painter, Kate. 1992. "Different Worlds: The Spatial, Temporal and Social Dimensions of Female Victimization, Spatial Patterns and Social Processes", pp.165-95 in Crime, Policing and Place: Essays in Environment Criminology. 1992. Evans D. J. Fyfe N. R. and Herbert D. T. London: Routledge.

Pantazis, Cristina. 2000. "Fear of Crime. Vulnerability and Poverty: Evidence from British Crime Survey", British Journal of Criminology 40(3): 414-36.

Perloff. 1983. "Perception of Vulnerability to Victimization", Journal of Social Issue 39(2): 41-61.

Radford, 1987. "Policing Male Violence-Policing Women", pp.30-45 in Women. Violence and Social Control. 1987. edited by Hanmer, Jalna and Maynard, Mary. London: Macmillan.

Radford, Jill and Stanko, Elizabeth A. 1989. "Violence Against Women and Children: The Contradictions of Crime Control Under Patriarchy", pp.65-80. in Women, Violence and Male Power. 1989. edited by Jalna Hanmer, Jill Radford, Elizabeth A. Stanko. London: Routeldge.

Reid, Lesley Williams, Roberts, J. Timmons and Hilliard, Heather Monro. 1998. "Fear of Crime and Collective Action: An Analysis of Coping Strategies", Sociological Inquiry 68(3): 205-216.

Reiss, A. J. 1967. Studies in Crime and Law Enforcement in Major Metropolitan Areas Field Surveys III. Part I. President's Commission on Law Enforcement and Administration of Justice. Washington. D.C.: U.S. Government Printing Office.

Riger, Stephanie and Gordon, Margaret T. 1981. "The Fear of Rape: A Study in Social Control", Journal of Social Issues 37(4): 71-92.

Riger, Stephanie, Gordon, Margaret T. and Bailly, Robert Lee. 1979. "Women's Fear of Crime: From Blaming to Restricting the Victim",

Victimology 3(4): 274-84.

Rohe, W. M. and Burby, R. J. 1988. "Fear of Crime in Public Housing", Envionment and Behavior 20: 700-20.

Rountree, Pamela Wilcox and Land, Kenneth C. 1996. "Perceived Risk versus Fear of Crime: Empirical Evidence of Conceptually Distinct Reactions in Survey Data", Social Forces 74(4): 1353-76.

Sacco, Vincent F. 1986. "Worrying about Sexual Assault", Paper Presented at John Howard Society National Conference On Violence. Ottawa. Canada.

__________________________. 1990. "Gender, Fear and Victimization: A Preliminary Application of Power Control Theory", Sociological Spectrum 10: 485-506.

Sacco, V. F. and Glackman, W. 1987. "Vulnerability, Locus of Control and Worry about Crime". Canadian Journal of Community Mental Health 6: 99-111.

Scheppele, Kim Lane and Bart, Pauline B. 1983. "Through Women's Eyes: Defining Danger in the Wake of Sexual Assault", Journal of Social Issues 39(2): 63-80.

Skogan. Wesley G. 1977. "Public Policy and Fear of Crime in Large American Cities" pp.1-18 in Public Law and Public Policy edited by Dardiner. New York: Praeger.

__________________________. 1986. "Fear of Crime and Neighborhood Change", pp.203-30 in Communities and Crime. 1986. edited by A. Reiss. Jr. and M. Tonry. Chicago: University of Chicago Press.

__________________________. 1987. "The Impact of Victimization on Fear", Crime and Delinquency 33: 135-54.

Skogan, Wesley G. and Maxfield, Michael. 1981. Coping with Crime. Beverly Hills. CA: Sage91-14. Washington. D.C.: US Government Printing

Office.

Smith, Michael D. 1988. "Women's Fear of Violent Crime: An Exploratory Test of a Feminist Hypothesis", Journal of Family Violence 3(1): 29-38.

Smith, Lynn Newhart and Hill, Gary D. 1991. "Victimization and Fear of Crime", Criminal Justice and Behavior 18(2): 315-27.

Smith, Susan J. 1987. "Fear of Crime: Beyond a Geography of Deviance", Progress in Human Geography 11: 1-23.

__________________________________. 1989. "Social Relations, Neighbourhood Structure and the Fear of Crime in Britain", pp.193-227 in The Geography of Crime. 1989. edited by Evans D and Herbert D. London: Routeldge.

Smith, William R. and Torstensson, Marie. 1997. "Fear of Crime: Gender Differences in Risk Perception and Neutralizing Fear of Crime", British Journal of Criminology 37(4): 608-34.

Smith, William R., Torstensson, Marie and Johnson, Kerstin. 2001. "Perceived Risk and Fear of Crime: Gender Differences in Contextual Sensitivity", International Review of Victimology 8: 159-181.

Snell, Clete. 2001. Neighborhood Structure, Crime and Fear of Crime: Testing Bursik and Grasmick's Neighborhood Control Theory. LFB Scholarly Publishing LLC.

Sparks, Richard. 1992. "Reason and Unreason in 'Left Realism': Some Problems in the Constitution of the Fear of Crime", pp.119-35 in Issues in Realist criminology. 1992. edited by Mattews R. and Young J. SAGE Publication.

Stafford, Mark C. and Gale, Omer R. 1984. "Victimization Rates, Exposure to Risk, and Fear of Crime", Criminology 22: 173-85.

Stanko, Elizabeth. 1987. "Typical Violence, Normal Precaution: Men, Women and Interpersonal Violence in England, Wales, Scotland and the USA", pp.124-34 in Women, Violence and Social Control. edited by Hanmer J. and Maynard M. London: Macmillan.

__________________________. 1990. Everyday Violence: How Women and Men Experience Sexual and Physical Danger. Pandora Press.

__________________________. 1992. "The Case of Fearful Women: Gender, Personal Safety and Fear of Crime", Women & Criminal Justice 4(1): 117-35.

__________________________. 1995. "Women, Crime and Fear", Annals of the American Academy of Political and Social Science 539: 46-58.

__________________________. 1996. "Warnings to Women: Police Advice and Women's Safety in Britain", Violence Against Women 2(1): 5-24.

__________________________. 1997. "Safety Talk: Conceptualizing Women's Risk Assessment as a 'Technology of the Soul'", Theoretical Criminology 1(4): 479-99.

__________________________. 2000. "Victims R Us'", pp.13-30. in Crime, Risk and Insecurity. 2000. edited by Tim Hope and Richard Sparks. London and New York: Routledge.

Stanko, Elizabeth A. and Hobdell, Kathy. 1993. "Assault on Men: Masculinity and Male Victimization", British Journal of Criminology 33(3): 400-15.

Stinchnombe, Arthur L., Rebecca Adams, Carol A. Heimer, Kim Lane Scheppele, Tom W. Smith and D. Garth Taylor. 1980. Crime and Punishment: Changing Attitudes in America. San rancisco: Jossey-Bass.

Surette, Ray. 1992. Media, Crime and Criminal Justice: Images and Realities. California: Brooks/Cole Publishing Company.

Taylor, Ian. 1996. "Fear of Crime, Urban Fortunes and Suburban Social Movements: Some Reflections from Manchester", Sociology 30(2): 317-37.

278

_______________. 1997. "Crime, Anxiety and Locality: Responding to the 'Condition of England' at the End of the Century", Theoretical Criminology 1(1): 113-55.

Taylor, Ralph B. 2001. Breaking Away from Broken Windows: Baltimore Neighborhoods and the Nationwide Fight Against Crime, Grime, Fear and Decline. Westveiw Press.

Taylor, Ralph B. and Covington, Janette. 1993. "Community Structural Change and Fear of Crime", Social Problems 40(3): 374-97.

Taylor, Ralph B., Gottfredson, Stephen D. and Brower, Sidney. 1984. "Block Crime and Fear: Defensible Space, Local Social Ties and Territorial Functioning", Journal of Research in Crime and Delinquency 21(4): 303-31.

Taylor, R. B. and Hale, M. 1986. "Testing Alternative Models of Fear of Crime", Journal of Criminal Law and Criminology 77: 151-89.

Thompson, Carol Y. 1988. "Fear of Crime: Interactions with Age across Three Explanatory Models", Ph.D. Dissertation. The Louisiana State University(unpublished).

Thompson, Carol Y., Bankston. William B. and St.-Pierre, Roberta L. 1992. "Parity and Disparity among Three Measures of Fear of Crime: A Research Note", Deviant Behavior 13(4): 373-89.

Tulloch, Marian. 2000. "The Meaning of Age Differences in the Fear of Crime: Combining Quantitative and Qualitative Approaches", British Journal of Criminology 40(3): 451-67.

Tylor, Tom R. 1984. "Impact of Directly and Indirectly Experienced Events: The Origin of Crime-Related Judgements and Behaviors", Journal of Personality and Social Psychology 39: 13-28.

Valentine, Gill. 1989. "The Geography of Women's Fear", Area 21(4): 385-90.

Walker, Monica A. 1994. "Measuring Concern About Crime", British Journal of Criminology 33(4): 366-78.

Walklate, Sandra. 1997. "Risk and Criminal Victimization: a Modernist Dilemma?", British Journal of Criminology 37(1): 35-45.

__________________________________. 1998. "Excavating the Fear of Crime: Fear, Anxiety or Trust?", Theoretical Criminology 2(4): 403-18.

Warr, Mark. 1985. "Fear of Rape among Urban Women", Social Problems 32(3): 691-702.

__________________. 1990. "Dangerous Situations: Social Context and Fear of Victimization", Social Forces 68(3): 891-907.

__________________. 1992. "Altruistic Fear of Victimization in Household", Social Science Quarterly 73: 723-36.

__________________. 1994. "Public Perceptions and Reactions to Violent Offending and Victimization", Violence 4: 1-66.

Warr, Mark and Ellison, Christopher G. 2000. "Rethinking Social Reactions to Crime: Personal and Altruistic Fear in Family Households", American Journal of Sociology 106(3): 551-578.

Warr, Mark and Stafford, Mark. 1983. "Fear of Victimization: A Look at the Proximate Causes", Social Forces 61(4): 1033-43.

Weinrath, Michael and John, Gartrell. 1996. "Victimization and Fear of Crime", Violence and Victims 11(3): 187-97.

Willson, James Q. and Kelling, George L. 1985. "Broken Windows: The Police and Neighborhood Safety", pp.220-28 in The Ambivalent Force. 1985. edited by A. Blumberg and E. Neiderhoffer. New York: Holt, Rinebart and Winston.

Wise and Stanley. 1987. Georgie Porgie: Sexual Harassment in Everyday Life. London and New York: Pandora.

Yin, Peter. 1980. "Fear of Crime Among The Elderly: Some Issues and Suggestions", Social Problems 27(4): 492-504.

Young, Jack. 1988. "Risk of Crime and Fear of Crime: A Realist critique of Survey-Based Assumptions", pp.164-76 in Victims of Crime: A New Deal? 1988. edited by Maguire M. and Pointing J. Milton Keynes: Open University Press.

Young, Jack and Matthews, Roger. 1992. Rethinking Criminology: The Realist Debate. SAGE Publications.

〈부록 1〉 부표

〈부표 1〉 변인들에 대한 기술통계

변 인	사례수	최저값	최대값	평 균	표준편차
연령	559	20	82	39.9	12.3
교육수준	557	1	7	4.3	1.29
가구전체수득	532	1	3	2.11	.71
범죄피해경험	558	0	1	.07	.26
성폭력피해경험	557	.00	1.00	.05	.22
성적괴롭힘 피해경험	553	0	9	2.83	2.60
간접적인 폭력피해경험	557	0	4	.44	.83
간접적인 성폭력피해경험	554	0	4	.66	.88
사회적 무질서	558	-2.44	3.26	-.04	.95
물리적 무질서	558	-2.40	3.34	-.02	.97
여성의 성적 취약성사회화	558	-3.42	2.16	-1.42	1.00
고정관념적 성역할사회화	558	-3.22	2.62	-2.28	1.00
여성피해의취약성	558	-3.36	1.67	2.38	1.00
성고정관념	555	-3.36	2.52	-.12	1.03
성폭력피해 이데올로기	558	1	4	2.22	.83
피해자로서 여성에 대한 이데올로기	555	4.00	17.0	9.55	2.81
인지된 취약성	556	-3.85	2.99	-.003	1.42
인지된 폭력범죄피해위험	555	6.00	24.0	13.0	3.92
폭력범죄두려움	554	4.00	16.0	9.33	2.44
인지된 성폭력범죄피해위험	557	1	5	2.15	.94
성폭력범죄두려움	555	1	4	2.23	.79
인지된 비성적인 폭력피해위험	557	4	17	9.24	2.68
비성적 폭력범죄두려움	554	4	16	8.95	2.34
회피행동	557	5.00	20.00	9.40	2.99

<부표-2> 변인들 간의 상관관계

	1	2	3	4	5	6	7	8	9	10	11	12	13	14	15	16	17	18	19
1	1.00																		
2	.27***	1.00																	
3	.12**	.28***	1.00																
4	.13**	.41***	.44***	1.00															
5	.00	.16***	.14**	.08	1.00														
6	-.08***	.06	-.02	.08	.02	1.00													
7	-.02	-.02	.02	.01	.09	.02	1.00												
8	-.06	.12**	.05	.14**	.13**	-.00	-.02	1.00											
9	-.02	.04	.00	.09	.04	-.00	.15***	.25***	1.00										
10	-.01	-.12**	.07	.01	-.04	-.05	.08	.09	.21***	1.00									
11	.07	.09	.03	.13**	.17***	-.00	.07	.13**	.05	.07	1.00								
12	.00	.17***	.08	.10*	.27***	.19***	.03	.02	.10*	.11*	.21***	1.00							
13	-.00	.06	-.02	.02	.06	.09*	.09	.09*	.05	.11*	.32***	.18***	1.00						
14	-.00	.18***	.11*	.13**	.25***	.18***	.13**	.07	.10*	.17***	.36***	.55***	.26***	1.00					
15	.01	.19***	.12**	.14**	.19***	.19***	-.00	.04	.13**	.13**	.18***	.78***	.14**	.44***	1.00				
16	.06	.17***	.06	.10*	.19***	.14**	.06	.07	.17***	.16**	.26***	.49***	.22***	.79***	.52***	1.00			
17	-.02	.13**	.04	.04	.24***	.16***	.01	-.00	.08	.10*	.17***	.17***	.16***	.48***	.62***	.41***	1.00		
18	-.02	.16***	.11*	.12**	.23***	.18***	.12**	.08	.08	.16***	.37***	.37***	.22***	.95***	.39***	.64***	.50***	1.00	
19	-.00	.02	.09	.08	.06	-.02	.06	-.01	.09*	.16***	.19***	.21***	.11*	.38***	.16***	.29***	.35***	.11**	1.00

1. 성폭력피해경험, 2. 성적괴롭힘 피해경험, 3. 간접적인 폭력피해경험, 4. 간접적인 성폭력피해경험, 5. 사회적 무질서, 6. 물리적 무질서, 7. 고정관념적 성역할사회화, 8. 성적 취약성에 대한 사회화, 9. 성고정관념, 10. 성폭력피해에 대한 통념, 11. 피해자로서 여성에 대한 통념, 12. 인지된 폭력피해위험, 13. 인지된 취약성, 14. 폭력범죄에 대한 두려움, 15. 인지된 성폭력피해위험, 16. 성폭력범죄에 대한 두려움, 17. 인지된 비성적 폭력피해위험, 18. 비성적 폭력범죄에 대한 두려움, 19. 회피행동

〈부록 2〉 설문지

한국의 범죄피해에 대한 조사

안녕하십니까? 한국형사정책연구원은 여러 가지 범죄현상을 연구하고 범죄에 대한 대책을 마련하고자 정부에서 만든 연구기관입니다. 저희 연구원에서는 우리 국민들이 얼마나 많은 범죄피해를 입고 있는지 파악하기 위하여 징기적으로 '한국의 범죄피해에 대한 조사'를 수행하고 있습니다.

이 조사는 1991년에 처음 실시된 이래 여섯 번째 실시되는 것으로 국민 여러분께서 범죄에 대한 두려움 없이 안전한 사회생활을 영위할 수 있도록 범죄발생을 억제하고 범죄피해에 대한 예방책을 마련하고자 하는 목적을 가지고 있습니다.

이 조사에서는 응답자의 비밀이 완전히 보장됩니다. 귀하가 조사대상자로 선정된 것은 제비뽑기식으로 이루어졌을 뿐만 아니라 조사결과도 무기명으로 통계적으로 처리되기 때문에 개인 신상에 대해서는 전혀 밝혀지지 않습니다. 또한 연구결과는 순수한 학문적 연구목적 이외에는 전혀 사용되지 않을 것입니다.

응답자로 선정된 귀하의 성의 있는 답변은 귀하를 비롯하여 주위의 여러 사람들이 당할 수 있는 범죄피해를 줄이고 범죄에 대한 여러 가지 대책을 마련하기 위하여 반드시 필요하오니, 부디 협조하여 주시기 바랍니다. 바쁘신 중에도 귀중한 시간을 내어 저희 연구에 협조하여 주신 데 대하여 감사드립니다.

2003년 2월
한국형사정책연구원

이 조사는 한국형사정책연구원의 범죄동향연구팀에서 주관하고 있습니다. 조사와 관련하여 의문사항이 있으시면 언제든지 아래로 연락하여 주시기 바랍니다.

한국형사정책연구원 범죄동향연구팀(전화 02-575-5288)

〈응답 시 주의사항〉

이 질문지는 흰색과 노란색으로 구분되는 2개의 부분으로 이루어져 있습니다. 먼저 이것을 확인하여 주십시오.

첫째, 자료분석을 위하여 귀하에 대한 몇 가지 질문과 귀하의 일상생활에 대하여 간략하게 여쭈어 보고자 합니다. 또한 귀하께서 <u>작년 1년 동안 (2002년 1월 1일부터 2002년 12월 31일까지)</u> 여러 가지 범죄로부터 피해를 당한 적이 있는지에 대하여 여쭈어 보도록 하겠습니다. 이 부분은 질문지 가운데 흰색으로 되어 있으며 질문지를 받으신 <u>모든 분께서 빠짐없이 대답</u>해 주셔야 하는 부분입니다.

둘째, 작년 1년 동안 <u>범죄로부터 피해를 당한 경험이 있는 분들</u>에 한하여 각각의 범죄에 대하여 약간의 추가적인 질문을 드리고자 합니다. 이 부분은 질문지 가운데 <u>노란색</u>으로 되어 있으며, 앞의 흰색 부분에서 범죄피해가 있었다고 대답한 분들께서 자신이 경험한 범죄피해에 대하여 추가적인 대답을 해주셔야 하는 부분입니다.

이 질문들에 대한 귀하의 솔직한 응답은 범죄없는 밝은 우리사회를 건설하기 위하여 반드시 필요하오니, 다소의 번거로움이 있더라도 성실하게 대답하여 주시기를 다시 한번 간곡히 부탁드립니다. 감사합니다.

*** 이 선 아래는 전산처리를 위한 것이니 기재하지 마십시오.

지역번호			일련번호	
1	2	3	4	5

▶▶ 먼저 우리 사회의 범죄현상에 대해 귀하의 의견을 여쭈어 보겠습니다. ◀◀

1. 귀하는 범죄사건에 대한 소식이나 내용을 주로 무엇을 통해 얻고 있습니까?
   (한 가지만 표시하여 주시기 바랍니다)
   ________ 1) 가족 ________ 2) 친구 ________ 3) 이웃
   ________ 4) 신문 ________ 5) 텔레비전 ________ 6) 라디오
   ________ 7) 잡지 ________ 8) 기타(구체적으로:________________)

2. 귀하가 생각하기에 최근 몇 년 사이 범죄발생 추세가 어떻게 되었다고 보십니까?

	①크게 증가	②증가한 편	③그저 그렇다	④감소한 편	⑤크게 감소
1) 우리나라 전체의 범죄	①⋯⋯	②⋯⋯	③⋯⋯	④⋯⋯	⑤
2) 내가 살고 있는 동네의 범죄	①⋯⋯	②⋯⋯	③⋯⋯	④⋯⋯	⑤

3. 귀하는 다음 중에서 우리나라에서 가장 문제가 되는 범죄는 무엇이라고 생각하십니까? (한 가지만 표시하여 주시기 바랍니다)

   ________ 01) 살인 ________ 02) 강도
   ________ 03) 강간, 성폭력 ________ 04) 폭행, 상해
   ________ 05) 유괴, 인신매매 ________ 06) 절도, 소매치기
   ________ 07) 사기 ________ 08) 횡령, 배임
   ________ 09) 매점매석 ________ 10) 부정부패, 뇌물
   ________ 11) 청소년 비행 ________ 12) 기타(구체적으로: ________________)

4. 귀하는 다음과 같은 상황에서 얼마나 두려움을 느끼십니까?

문 항	①매우 두렵다	②두려운 편이다	③그저 그렇다	④두렵지 않은 편이다	⑤전혀 두렵지 않다
1) 집 근처 거리를 밤에 혼자 걸을 때					
2) 밤에 혼자 집에 있을 때					

5. 우리의 대부분은 여러 가지의 범죄피해위험에 노출되어 있습니다. 귀하는 귀하 자신 및 귀하와 가까운 사람들이 범죄피해를 당할까봐 얼마나 걱정하십니까?

구 분	◎해당 없음	①전혀 걱정하지 않는다.	②걱정 하지 않는 편이다	③그저 그렇다	④걱정하는 편이다	⑤매우 걱정한다.
1) 나 자신						
2) 배우자 혹은 애인						
3) 아들						
4) 딸						

6. 귀하는 다음에 대해서 어떻게 생각하십니까? 왼쪽의 문항을 잘 읽어보시고 오른쪽에서 귀하의 생각에 가장 가까운 곳에 표시해주시기 바랍니다.

문 항	①전혀 그렇지 않다	②그렇지 않은 편이다	③그런 편이다	④매우 그렇다
1) 나는 다른 사람에 비해 범죄피해의 위험에 더 많이 노출되어 있다				
2) 남자보다는 여자가 범죄피해의 위험에 더 많이 노출되어 있다				
3) 내가 범죄피해를 당한다면 다른 사람에 비해 피해의 결과가 더 심각하고 오래 지속될 것이다				
4) 여자가 범죄피해를 당한다면 남자에 비해 피해결과가 더 심각하고 오래 지속될 것이다				
5) 누군가가 나를 공격(혹은 성폭행)한다면. 그 상황에서 나는 내 자신을 방어할 수 있다				
6) 나는 평균적인 남자 혹은 여자에 비해서 힘이 세다				

7. 대부분의 사람들은 자기가 범죄피해를 당할지도 모른다는 두려움을 가지고 있습니다. 다음은 귀하가 일상생활에서 평소에 느끼는 범죄피해에 대한 두려움을 묻는 문항입니다. 왼쪽의 항목을 읽어보시고 오른쪽에 귀하께서 느끼는 두려움의 정도를 표시해 주십시오.

범 죄 유 형	①전혀 그렇지 않다	②그렇지 않은 편이다	③그런 편이다	④매우 그렇다
1) 자동차나 자동차의 부속품을 도난당할까봐 두렵다				
2) 집을 비운 사이에 도둑이 들어와서 돈이나 물건을 훔쳐 갈까봐 두렵다				
3) 집 안에 강도가 침입하여 가족을 위협하거나 폭행하여 돈이나 물건을 빼앗아 갈까봐 두렵다				
4) 집 밖에서 소매치기, 날치기, 들치기 등을 당하여 돈이나 물건을 잃어버릴까봐 두렵다				
5) 집 밖에서 강도에게 위협이나 폭행을 당하여 돈이나 물건을 빼앗길까봐 두렵다				
6) 낯선 사람에게 폭행을 당할까봐 두렵다(성폭행은 제외)				
7) 가족이나 잘 알고 지내는 사람에게 폭행을 당할까봐 두렵다(성폭행은 제외)				
※ 아래는 여자분만 응답해 주십시오.				
8) 낯선 사람에게 성폭행을 당할까봐 두렵다				
9) 가족이나 잘 알고 지내는 사람에게 성폭행을 당할까봐 두렵다				

8. 귀하께서는 범죄피해로부터 자신을 보호하기 위해서 다음과 같은 조치를 얼
   마나 자주 취하십니까?

구 분	①전혀 그렇지 않다	②가끔 그렇다	③자주 그렇다	④항상 그렇다
1) 범죄피해를 당할까봐 어떤 곳을 피해 다닌다				
2) 밤에 혼자 다니기 무서워 누군가와 같이 다닌다				
3) 밤에 일이 있으면 밖에 나가기가 무서워서 그 일을 미룬다				
4) 되도록 현금을 갖고 다니지 않는다				
5) 밤에는 혼자 택시를 타지 않는다				
6) 하루 이틀 정도 집을 비워 놓았을 때 이웃집에 돌보아 달라고 부탁한다				

9. 귀하는 범죄피해로부터 귀하와 귀하의 집을 보호하기 위해 다음과 같은 조
   치를 취하신 적이 있으십니까?

구 분	①그렇다	②아니다
1) 밤에 잘 때 꼭 창문까지 잠그고 잔다		
2) 현관이나 창문에 이중자물쇠를 설치하였다		
3) 창문 밖에 쇠창살을 설치하였다		
4) 비디오폰을 설치하였다		
5) 관할 경찰서(파출소)에 비상벨, 방범전화를 연결하였다		
6) 민간경비회사와 경비계약을 맺고 있다		

10. 귀하에게 아래와 같은 범죄들이 앞으로 **일어날 가능성**은 어느 정도라고 생
    각하십니까?

범죄유형	①아주 낮다	②낮은 편이다	③그저 그렇다	④높은 편이다	⑤아주 높다
1) 집을 비운 사이에 도둑이 들 가능성					
2) 집 안에 강도가 들 가능성					
3) 집 밖에서 소매치기, 날치기, 들치기 등을 당할 가능성					
4) 집 밖에서 강도를 당할 가능성					
5) 낯선 사람에게 폭행을 당할 가능성(성폭행은 제외)					
6) 가족이나 잘 알고 지내는 사람에게 폭행을 당할 가능성(성폭행은 제외)					
※ 아래는 여자분만 응답해 주십시오					
7) 낯선 사람에게 성폭행을 당할 가능성					
8) 가족이나 잘 알고 지내는 사람에게 성폭행을 당할 가능성					

11. 다음은 귀하나 귀하 가족의 범죄피해경험이 아니라 귀하와 평소에 **가깝게
    지내는 사람(친구, 친척, 가까운 이웃)**의 **범죄피해경험**을 묻는 질문입니다.
    그분들이 다음과 같은 범죄피해를 당한 적이 있습니까? 왼쪽의 피해유형을
    잘 읽어보시고 오른쪽의 해당되는 곳에 표시해 주시기 바랍니다.

범죄피해유형	①없다	②있다
1) 집을 비운 사이에 도둑이 든 적이 있다		
2) 집 안에 강도가 든 적이 있다		
3) 집 밖에서 소매치기, 날치기, 들치기 등을 당한 적이 있다		
4) 집 밖에서 강도를 당한 적이 있다		
5) 낯선 사람에게 폭행을 당한 적이 있다(성폭행은 제외)		
6) 가족이나 잘 알고 지내는 사람에게 폭행을 당한 적이 있다(성폭행은 제외)		

범죄피해유형	①없다	②있다
7) 낯선 사람에게 성폭행을 당한 적이 있다		
8) 가족이나 잘 알고 지내는 사람에게 성폭행을 당한 적이 있다		
9) 한적한 거리나 지하철, 버스 등에서 성희롱을 당한 적이 있다		
10) 싫다는데도 불구하고 지속적으로 뒤쫓아 다니거나 전화, 편지, 선물공세 등을 통해 집요하게 구애를 하거나 위협, 협박 등을 하여 시달리고 괴롭힘을 당한 적이 있다		

▶▶ 다음은 귀하의 일상생활 및 주변환경에 대하여 여쭈어 보겠습니다. ◀◀

1. 귀하는 작년(2002년)에 직장이나 학교 일로, 혹은 친구들과의 모임이 있어서 늦게(대략 저녁 10시 이후) 집에 들어간 경우는 평균적으로 어느 정도입니까?

   ______ 1) 거의 매일   ______ 2) 이삼일에 한번 정도

   ______ 3) 일주일에 한번 정도   ______ 4) 보름에 한번 정도

   ______ 5) 한달에 한번 정도   ______ 6) 거의 없음

   ______ 7) 전혀 없음

2. 귀하의 댁에서는 작년(2002년)에 가족이 전부 외출하거나 출근하여 집을 비워 둔 적이 평균적으로 얼마나 자주 있었습니까? (맞벌이의 경우도 집을 비우면 이에 해당됩니다)

   ______ 1) 일주일에 한 번 이상   ______ 2) 한 달에 한두 번 정도

   ______ 3) 두세 달에 한두 번 정도   ______ 4) 6개월에 한두 번 정도

   ______ 5) 일년에 한두 번 정도   ______ 6) 거의 없음

   ______ 7) 전혀 없음

3. 다음의 각 문장에 대하여 귀하의 경우는 어떠한지 말씀해 주시기 바랍니다.

①전혀 ②그렇지 ③그런 ④매우
그렇지 않은 편이다 그렇다
않다 편이다

1) 외출할 때 수수한 것보다 화려한 옷차림을
하는 경우가 많다 …… ①……②……③……④

2) 외출할 때 눈에 띄는 화려한 액세서리를 하
는 경우가 많다 …… ①……②……③……④

4 귀하가 외출을 하는 경우에 주로 이용하는 교통수단은 무엇입니까?

(한 가지만 표시하여 주십시오)

________ 01) 일반 시내버스, 마을버스   ________ 02) 좌석버스

________ 03) 시외버스   ________ 04) 통근버스, 통학버스

________ 05) 전철, 지하철   ________ 06) 기차

________ 07) 택시   ________ 08) 승용차, 그레이스, 봉고 등

________ 09) 자전거   ________ 10) 걸어 다닌다

________ 11) 기타(구체적으로: ____________)

5. 다음은 귀하의 이웃들에 대한 질문들입니다. 왼쪽 문항을 잘 읽어보시고 오른
쪽의 해당되는 곳에 표시해 주시기 바랍니다.

문 항	①전혀 그렇지 않다	②그렇지 않은 편이다	③그런 편이다	④매우 그렇다
1) 이웃사람들은 어려운 일이 있으면 서로 잘 돕는다				
2) 이웃사람들은 서로서로 잘 알고 지내는 편이다				
3) 이웃사람들과 동네에서 일어나는 일에 대해 자주 이야기한다				
4) 이웃사람들은 동네의 각종 행사 및 모임에 협조하여 참여한다				

6. 다음은 귀하가 살고 계시는 동네의 경찰활동에 관한 귀하의 의견을 알아보고자
   합니다. 귀하의 의견을 솔직히 말해주시기 바랍니다.

문 항	①전혀 그렇지 않다	②그렇 지 않은 편이다	③그런 편이다	④매우 그렇다
1) 우리 동네의 경찰들은 순찰활동을 잘하고 있다				
2) 우리 집에 범죄사건이 발생하여 신고하면 즉시 출동할 것이다				
3) 범죄사건이 발생하여 신고한다면 범인을 잡아 줄 것이다				

7. 다음은 귀하가 사시는 동네의 주변환경에 관한 질문입니다. 왼쪽 문항을 잘 읽
   어보시고 오른쪽의 해당되는 곳에 표시하여 주시기 바랍니다.

문 항	①전혀 그렇지 않다	②그렇지 않은 편이다	③그런 편이다	④매우 그렇다
1) 주위에 쓰레기가 아무렇게나 버려져 있고 지저 분하다				
2) 사람이 살지 않은 채 내버려 둔 빈집이나 빈터 가 있다				
3) 어둡고 후미진 곳이 많다				
4) 불량청소년들이 자주 모이는 장소가 있다				
5) 밤에 술에 취한 사람들이 많이 돌아다닌다				
6) 십대 청소년들이 떼를 지어 몰려다니는 것을 자주 볼 수 있다				

:▶▶ 다음은 귀하의 신상에 대해 몇 가지 사항을 여쭈어 보겠습니다. ◀◀:

1. 귀하의 성별은 무엇입니까?

  ________ 1) 남자   ________ 2) 여자

2. 귀하의 나이는 만 나이로 몇 세입니까?   만 __________ 세

3. 귀하는 현재 실고 있는 동네에서 얼마나 오래 거주하고 있습니까? ____ 년

4. 귀하의 결혼상태는 어떠합니까?

  ________ 1) 미혼   ________ 2) 기혼 동거
  ________ 3) 기혼 별거   ________ 4) 이혼
  ________ 5) 배우자 사별   ________ 6) 기타(구체적으로:__________)

5. 귀하께서는 어디까지 학교를 다니셨습니까?

  __________ 1) 무학, 학교에 다닌 적이 없다
  __________ 2) 초등학교   __________ 3) 중학교
  __________ 4) 고등학교   __________ 5) 전문대학
  __________ 6) 4년제 대학   __________ 7) 대학원 이상

6. 귀하는 자녀가 있습니까?

  ________ 0) 없다(☞7번 문항으로) ________ 1) 있다(☞ 6-1번 문항으로)

  6-1. 자녀가 있다면, 다음에 응답해 주십시오.

    1) 유치원생 이하   남자 __________ 명, 여자 __________ 명
    2) 초·중·고생   남자 __________ 명, 여자 __________ 명
    3) 대학생 이상   남자 __________ 명, 여자 __________ 명

7. 귀하 본인과 귀댁 세대주의 현재 직업은 각각 무엇입니까? 본인이 세대주인 경
   우에는 똑같이 표기하여 주시기 바랍니다.(옆 페이지의 직업범주표를 참고)
   가) 본인의 직업 : ______________________
   나) 세대주의 직업: ______________________

8. 귀댁의 <u>월 평균 총수입</u>(상여금, 재산소득 등 포함)이 얼마인지 말씀해주십시오.
   가) 본인 소득   : ________________ 만 원
   나) 가구 전체 소득: ________________ 만 원

9. 귀하는 지금 어떤 집에서 살고 계십니까?
   ________ 1) 자가(가족 소유 포함)   ________ 2) 전세(월세 없는 경우만)
   ________ 3) 월세(보증부 월세 포함)   ________ 4) 기타(무상으로 세든 집 포함)

〈전문 · 기술직〉
　01) 자연 및 기술 관련 엔지니어　　02) 대학교수, 연구원
　03) 의사, 치과의사, 한의사　　04) 수의사, 약사
　05) 간호사　　06) 회계사, 변호사, 판사, 검사
　07) 교사　　08) 종교인
　09) 언론인, 방송인　　10) 체육인, 예술가, 연예인
　11) 항공기 · 선박 승무원　　12) 기타 전문직(학원강사, 번역 등)
〈행정 · 관리직〉
　21) 기업체 경영주(5인 이상 고용)　　22) 대기업체 간부(부장 이상)
　23) 고급공무원(중앙관서 과장, 지방관서 국장 이상)
　24) 사회단체 간부　　25) 군인(소령 이상), 경찰(경정 이상)
　26) 사무 관련사업체 경영주(5인 미만 고용)　27) 기타 행정 · 관리직
〈사무직〉
　31) 일반사무직원(과장 이하)　　32) 일반공무원(사무관 이하)
　33) 사회단체 직원　　34) 경리 및 출납원
　35) 운송 및 통신관리원　　36) 전화 및 우편 사무원
　37) 군인(위관급, 하사관), 경찰(경감 이하), 소방수, 간수
　38) 기타 사무직
〈판매직〉
　41) 소 · 도매 상인(5인 미만 고용)　　42) 판매점원
　43) 부동산 중개인　　44) 판매대리인 및 외판원
　45) 행상, 노점상　　46) 기타 판매직 주인
〈서비스직〉
　51) 음식점, 여관 등의 주인　　52) 음식점, 여관 등의 종업원
　53) 이 · 미용사, 세탁소, 목욕탕　　54) 청소원, 파출부
　55) 보안업무 종사자, 수위, 경비　　56) 기타 서비스직 주인(사진관 등)
〈농 · 어업직〉
　61) 부농(2정보, 6000평 이상)　　62) 중농(1-2정보, 3000-5999평)
　63) 소농(0.5-1정보, 1500-2999평)　　64) 빈농(0.5정보, 1500평 미만), 소작농
　65) 농업노동자, 품일꾼　　66) 낙농업자, 양계, 원예, 과수원
　67) 선주 및 수산양식업자　　68) 어부 및 수산업 종사자
　69) 기타 농어업직
〈생산직〉
　71) 생산직 사업체 경영자(5인 미만), 생산감독(주임 및 반장)
　72) 숙련기능공　　73) 견습공, 비숙련공
　74) 막노동자, 단순노무자　　75) 운전사(자동차, 중장비)
　76) 광부　　77) 기타 생산직
〈미취업〉
　81) 학생　　82) 주부
　83) 군인(사병)　　84) 무직(실업)
　85) 정년퇴직, 연금생활자　　86) 기타 미취업자
〈분류불능〉
　99) 분류불능(구체적으로 무엇: ________________________)

10. 귀하나 가족은 자동차를 갖고 있습니까?

_________ 0) 없다(☞11번 문항으로) _________ 1) 있다(☞10-1번 문항으로)

10-1. 자동차를 갖고 있다면, 귀하는 평소에 차를 직접 운전하십니까?

_______ 1) 예 _______ 2) 아니오

11. 우리 사회의 최하층을 1로 하고, 최상층을 7로 할 때 귀하는 어디에 속한다고
생각하십니까?

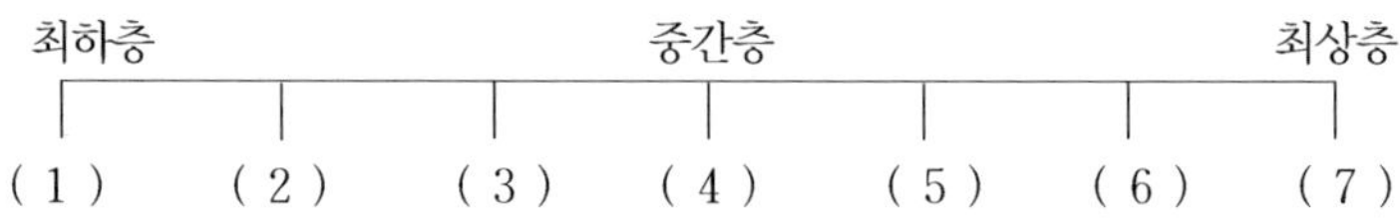

▶▶ 다음은 우리사회의 성문화 및 성범죄에 대한 귀하의 생각을 여쭈어 보겠
습니다.◀◀

1. 어린시절을 뒤돌아볼 때 귀하의 부모님은 당신을 어떻게 키우셨습니까? (어머
니와 아버지의 의견이 달랐을 경우에는 당신에게 보다 큰 영향을 주신 분에 대
하여 응답해 주십시오)

문 항	①전혀 그렇지 않다	②그렇지 않은 편이다	③그런 편이다	④매우 그렇다
1) 심부름이나 집안일을 시킬 때 여자일, 남자일을 구분하시는 편이셨다				
2) 남자는 지배할 줄 알아야 남자답고, 여자는 순종할 줄 알아야 여자답다고 생각하셨다				
3) 험한 세상을 살아가는 데 있어 여자는 보호해 줄 남자가 꼭 필요하며, 남자는 여자를 보호해야 할 책임이 있다고 생각하셨다				

문 항	①전혀 그렇지 않다	②그렇지 않은 편이다	③그런 편이다	④매우 그렇다
4) 남자는 괜찮지만, 여자는 혼자서 여행을 가면 안 된다고 생각하셨다				
5) 남자는 괜찮지만, 여자가 밤에 밖에 나돌아 다니는 것은 위험하다고 가르치셨다				
6) 여자는 노출이 심하지 않거나 눈에 띄지 않는 정숙한 옷차림을 해야 한다고 늘 강조하셨다				
7) 낯선 사람이 호의를 베푸는 것에 대해 경계하라고 가르치셨다				
8) 친구와 싸우게 되면 피하지 말고 당당하게 맞서라고 하셨다				
9) 위험이 뒤따르는 일은 남자가 먼저 해야 한다고 생각하셨다				

2. 다음은 성(性)에 대한 귀하의 생각을 묻는 문항입니다. 왼쪽 문항을 읽어보시고 오른쪽에 귀하의 생각과 가장 가까운 곳에 표시해 주십시오.

문 항	①전혀 그렇지 않다	②그렇지 않은 편이다	③그런 편이다	④매우 그렇다
1) 여자는 결혼할 때까지 순결을 지켜야 한다				
2) 성에 대한 관심과 경험이 많을수록 남자답다				
3) 성행위에 적극적인 여자는 아무래도 여자답지 못하다				
4) 남자가 여자보다 독립적이다				
5) 남자가 여자보다 모험심이 강하다				
6) 여자가 남자보다 순종적이다				
7) 여자가 필사적으로 저항하면 성폭행은 피할 수 있다				
8) 성폭행당한 여자는 순결이나 정절을 잃은 것이다				
9) 성폭행범들이 성폭행을 하는 것은 순간적인 성충동 때문이다				
10) 옷차림이 야하고 행실이 좋지 않은 여자가 성폭행을 당했다면, 1차적 책임은 그 여자에게 있다				

> ▶▶ 다음은 <u>여자에게만 해당되는</u> 질문입니다. 귀하께서 이제까지 살아오는
> 동안에 성폭력 및 성희롱피해를 당한 적이 있는지에 대해 여쭈어 보겠
> 습니다. ◀◀

1. <u>이제까지 살아오는 동안에</u> 귀하는 직장이나 학교 등에서 <u>아는 사람으로부터</u>
   다음과 같은 피해를 당해 본 적이 있습니까?

아는 사람으로부터의 성폭력 및 성희롱	0) 없다	1) 있다
1) 성적으로 불쾌하거나 모욕적인 말, 욕을 들었다		
2) 내가 싫다는데도 불구하고 지속적으로 뒤쫓아 다니거나 전화, 편지, 선물 공세 등을 통한 집요한 구애, 위협, 협박 등을 하여 괴로움을 겪었다		
3) 손을 잡거나 신체의 일부분(가슴, 엉덩이, 허벅지 등)을 만졌다		
4) 뒤에서 껴안거나 몸을 고의로 밀착시킨 적이 있었다		
5) 강제로 키스를 하거나 성기를 손으로 만졌다		
6) 강제로 성행위를 하고자 했으나 실패하였다		
7) 강제로 성행위를 하였다		

2. <u>이제까지 살아오는 동안에</u> 귀하는 한적한 거리, 공원이나 버스, 지하철, 쇼
   핑센터 등과 같이 사람이 많이 모인 곳에서 <u>낯선 사람으로부터</u> 다음과 같
   은 피해를 당해 본 적이 있습니까?

낯선 사람으로부터 성폭력 및 성희롱	0)없다	1)있다
1) 낯선 사람이 나의 신체의 특정 부위를 응시한 적이 있었다		
2) 낯선 사람이 음란하거나 음흉한 눈빛으로 쳐다본 적이 있었다		
3) 낯선 사람이 나를 뒤쫓아 온 적이 있었다		
4) 낯선 사람이 나에게로 다가와 치근거린 적이 있었다		

낯선 사람으로부터 성폭력 및 성희롱	0)없다	1)있다
5) 낯선 사람으로부터 성적으로 불쾌하거나 모욕적인 말, 욕을 들었다		
6) 낯선 사람으로부터 음란전화를 받아 본 적이 있다		
7) 낯선 남자가 내 앞에서 성기를 일부로 노출시킨 채 서 있었던 적이 있었다		
8) 낯선 사람이 내가 싫다는데도 불구하고 지속적으로 뒤쫓아 다니거나 전화, 편지, 선물공세 등을 통한 집요한 구애, 위협, 협박 등을 하여 괴로움을 겪었다		
9) 낯선 사람이 손을 잡거나 신체의 일부분(가슴, 엉덩이, 허벅지 등)을 만졌다		
10) 낯선 사람이 뒤에서 껴안거나 몸을 고의로 밀착시킨 적이 있었다		
11) 낯선 사람이 강제로 키스를 하거나 성기를 손으로 만졌다		
12) 낯선 사람이 강제로 성행위를 하려고 하였으나 실패하였다		
13) 낯선 사람이 강제로 성행위를 하였다		

▶▶ 다음은 귀하께서 **작년 1년(2002년 1월 1일부터 2002년 12월 31일)** 동안 당한 범죄피해에 대하여 여쭈어 보겠습니다. ◀◀

1. 작년(2002년)에 귀하의 가족이 사용하는 자동차의 부속품(카스테레오, 타이어, 엔진 부품, 자동차 용품 등)을 도난당한 적이 있습니까?

　　＿＿＿＿＿ 0) 비해당(자동차를 소유하고 있지 않다)

　　＿＿＿＿＿ 1) 있다(☞ 1-1번 문항으로)

　　＿＿＿＿＿ 2) 없다(☞ 2번 문항으로)

〈그런 일이 있다고 대답한 경우〉

　　1-1. 몇 번이었는지 말씀해 주십시오. ＿＿＿＿＿＿ 번

☆ 노란색 부분에서 《*자동차 부품 절도*》에 대답하여 주십시오. ☆

2. 작년(2002년)에 귀하나 가족이 소유하고 있는 자동차(자가용, 승용차, 승합 차, 트럭 등)를 도난당한 일이 있습니까?

       _________ 0) 비해당(자동차를 소유하고 있지 않다)

       _________ 1) 있다(☞ 2-1번 문항으로)

       _________ 2) 없다(☞ 3번 문항으로)

      〈그런 일이 있다고 대답한 경우〉

      2-1. 몇 번이었는지 말씀해 주십시오. _________ 번

      ☆ 노란색 부분에서 〈자동차 절도〉에 대답하여 주십시오. ☆

3. 작년(2002년)에 귀하의 집에 도둑이 들어와서 돈(현금, 수표, 유가증권 등) 이나 물건(귀금속, 텔레비전, 오디오, 컴퓨터 등)을 몰래 훔쳐간 적이 있거 나 훔쳐가고자 한 적이 있습니까? (단, 도둑이 가족을 위협하거나 폭행한 경우에는 이 문항에 해당되지 않습니다)

       _________ 1) 있다(☞ 3-1번 문항으로)

       _________ 2) 없다(☞ 4번 문항으로)

      〈그런 일이 있다고 대답한 경우〉

      3-1. 몇 번이었는지 말씀해 주십시오. ___________ 번

      ☆ 노란색 부분에서 〈주거침입 절도〉에 대답하여 주십시오. ☆

4. 작년(2002년)에 귀하의 집에 강도가 침입하여 귀하의 가족을 위협하거나 폭 행하여 돈(현금, 수표, 유가증권 등)이나 물건(귀금속, 텔레비전, 오디오, 컴 퓨터 등)을 빼앗아 간 적이 있거나 빼앗아 가고자 한 적이 있습니까?

       _________ 1) 있다(☞ 4-1번 문항으로)

       _________ 2) 없다(☞ 5번 문항으로)

┌───
│ 〈그런 일이 있다고 대답한 경우〉
│   4-1. 몇 번이었는지 말씀해 주십시오. ___________ 번
│   ☆ 노란색 부분에서 〈주거침입 강도〉에 대답하여 주십시오. ☆
└───

5. 작년(2002년)에 귀하는 집 밖에서 소매치기나 날치기, 들치기 등을 당하여
   돈(현금, 수표, 유가증권)이나 물건(귀금속, 시계, 핸드백, 가방, 카세트 등)
   을 잃어버린 적이 있거나 잃어버릴 뻔한 적이 있습니까? (단, 폭행이나 협
   박이 있었던 경우는 이 문항에 해당되지 않습니다)
   _______ 1) 있다(☞ 5-1번 문항으로)
   _______ 2) 없다(☞ 6번 문항으로)

┌───
│ 〈그런 일이 있다고 대답한 경우〉
│   5-1. 몇 번이었는지 말씀해 주십시오. __________ 번
│   ☆ 노란색 부분에서 〈대인 절도〉에 대답하여 주십시오. ☆
└───

6. 작년(2002년)에 귀하는 집 밖에서 강도에게 위협이나 폭행을 당하여 돈(현
   금, 수표, 유가증권 등)이나 물건(귀금속, 시계, 핸드백, 가방, 카세트 등)을
   빼앗긴 적이 있거나 빼앗길 뻔한 적이 있습니까?
   _______ 1) 있다(☞ 6-1번 문항으로)
   _______ 2) 없다(☞ 7번 문항으로)

┌───
│ 〈그런 일이 있다고 대답한 경우〉
│   6-1. 몇 번이었는지 말씀해 주십시오. __________ 번
│   ☆ 노란색 부분에서 〈대인 강도〉에 대답하여 주십시오. ☆
└───

7. 작년(2002년)에 귀하는 누군가(낯선 사람, 잘 알고 지내는 사람, 가족 등)에게 폭행을 당하여 신체적 피해를 입은 적이 있거나 피해를 입을 뻔한 적이 있습니까? 단, 앞 문항에서 대답한 강도와 여성의 경우 성폭행은 여기서 제외하여 주시기 바랍니다.

_________ 1) 있다(☞ 7-1번 문항으로)

_________ 2) 없다(☞ 8번 문항으로)

〈그런 일이 있다고 대답한 경우〉

7-1. 몇 번이었는지 말씀해 주십시오. _________ 번

☆ 노란색 부분에서 <폭행 및 상해>에 대답하여 주십시오. ☆

8. 작년(2002년)에 귀하는 누군가(낯선 사람, 잘 알고 지내는 사람, 가족 등)에게 강간이나 성폭력 또는 성희롱을 당한 적이 있거나, 당할 뻔한 적이 있었습니까?

_________ 1) 있다(☞ 8-1번 문항으로)

_________ 2) 없다

〈그런 일이 있다고 대답한 경우〉

8-1. 몇 번이었는지 말씀해 주십시오. _________ 번

☆ 노란색 부분에서 〈성폭력 및 성희롱〉에 대답하여 주십시오. ☆

〈부록 3〉 포커스 그룹 인터뷰 가이드라인 : 직장여성과 여대생용

<u>Warm-up</u>

Moderator 소개

모임의 목적 및 취지 소개

참석자 상호인사 및 자기소개(이름, 나이 등 …)

진행 방법 소개

- 자신의 의견을 솔직히

- 토의에는 몇몇 말 잘하는 참석자들만이 아니라 전원이 참석하여야 … 한 분도 빠짐없이 자신의 의견을 말씀해 주시기 바랍니다.

- 핸드폰을 꺼주세요

<u>Main Session</u>

Ⅰ. 범죄에 대한 두려움과 그에 대한 반응

1. 공공장소(거리/버스나 지하철 등)에서의 안전감

1) 거리에서의 안전감

Q1) 밤에 거리를 혼자 걷고 있을 때 얼마나 안전하다고 느끼십니까?

    q1) 구체적으로 어떤 상황과 어떤 장소가 불안하다는 느낌을 줍니까?

        <probing question>

q) (응답자가 제시한) 상황이나 장소에서 어떤 종류의 범죄가 일
    어날 것 같습니까?

Q2) (Q1에서 불안하다고 응답한 그룹부터) 낮과 비교해서 밤이 되면 더
    불안해지십니까?

A1) 낮과 밤 차이가 없다

A2) 밤이 더 불안하다

⟨probing question⟩

무엇 때문에 밤이 더 불안하십니까?

q) 강도범죄라고 응답한 경우, 강도에게 위협을 당하여 신체적인
    피해를 입을 가능성 때문입니까 아니면 강도가 강간범으로 돌
    변하지 않을까 하는 걱정 때문입니까?

▶ 정리용 질문

위와 같은 상황이나 장소가 두려움을 주는 것은 결국 그 장소
에서 발생할 수 있는 재산피해에 대한 걱정 때문입니까? 신체
적인 피해에 대한 걱정 때문입니까? 아니면 성적인 피해에 대
한 걱정 때문입니까?

Q3) (Q1에서 불안하다고 응답한 그룹부터)밤 거리를 혼자 걸어 다닐 때
    느끼는 불안감(두려움)을 없애기 위해서 개인적으로 사용하는 방법
    이 있으십니까?

⟨probing question⟩

q) 있다면, 구체적으로 어떤 방법입니까? (상세하게)

2) 버스, 지하철 등에서의 안전감

Q1) 외출 시 주로 무엇을 타고 다니십니까?

A1) 버스나 지하철

q1) 평소에 주로 이용하시는 버스나 지하철에서 범죄피해를 당할까
    봐 두려운 적이 있으십니까?

　　a1) 없다

　　a2) 있다

　　　　q) 얼마나 자주 그런 느낌을 받으셨습니까?

　　　　q) 불안하다고 느끼는 경우, 구체적으로 어떤 시간대와 어

　　　　　　떤 상황에서 그렇습니까?

　　　　〈probing question〉

　　　　응답자가 제시한 시간이나 상황에 대해서

　　　　q1) 구체적으로 어떤 일을 당하게 될까봐 두려우십니까?

　　　　q2) 그러한 피해에 대한 두려움 때문에, 버스나 지하철

　　　　　　이용할 때 특별히 어떤 방법을 사용하십니까? 구체

　　　　　　적으로 무엇입니까?

A2) 자가용

q2) 자가용을 사용하기 이전과 비교해볼 때(즉 버스나 지하철을 이

　　용했을 때와 비교해서), 자가용 사용 이후 범죄에 대한 두려움

　　이 감소하였습니까?

　　a1) 감소하였다

　〈probing question〉

　자가용의 어떤 측면이 범죄에 대한 두려움을 약화시켰다고 생각

　하십니까?

　　a2) 그대로이다

　　a3) 증가하였다

　　　〈probing question〉

　　　오히려 증가된 이유는 무엇 때문입니까?

　　　자동차를 사용함으로써 다른 피해를 당할 가능성이 생겼습니까?

　　　그렇다면, 예상되는 피해는 구체적으로 어떤 것입니까?

Q3) 살고 있는 동네가 안전하다고 느끼십니까?

　　A1) 안전하다

〈probing question〉

어떤 점(조건, 상황)이 안전하다는 느낌을 줍니까?

A2) 불안하다

〈probing question〉

어떤 점(조건, 상황)이 안전하지 않다는 느낌을 줍니까?

2. 집 안에서 두려움

Q) 밤에 집에 있을 때 안전하다고 생각하십니까?

A1) 안전하다

A2) 불안하다

q1) 밤에 집에 있을 때, 구체적으로 무엇이 불안합니까?

a1) 막연하게 불안감이 든다

a2) 낯선 사람이 들어 올 것 같다

〈probing question〉

낯선 사람이 들어온다면, 구체적으로 어떤 피해를 줄 것 같습니까?

q2) 낮과 비교해서 밤이 되면 더 불안해지십니까?

q3) 밤에 밖에 있는 것(버스나 지하철 이용 시나 혼자 거리를 걸을 때)과 비교해 볼 때 어느 쪽이 더 불안하십니까?

a1) 집에 있는 것

a2) 밤에 밖에 있는 것

〈probing question〉

집안이 더 안전하다고 느낀다면, 어떤 점에서 집안이 바깥보다 더 안전하다고 생각하십니까?

q4) 불안감(두려움)을 없애기 위해서, 나름대로 어떤 방법들을 사용하십니까?

3. 두려움(종합)

▷ 앞에서는 여러 상황에 따라 두려움을 달리 느끼는가를 알아보았습니다. 다음은 전반적으로 볼 때 얼마나 두려움을 느끼는가를 알아보려고 합니다.

Q1) 종합적으로 볼 때, 당신은 범죄에 대해 두려워하시는 편입니까?
    A1) 두려워하지 않는 편이다
    A2) 두려워하는 편이다
       ⟨probing question⟩
       q) 왜 범죄에 대해 두려워하게 되었다고 생각하십니까?

Q2) 여러 가지 피해유형 중 나에게 일어날 가능성이 가장 크다고 생각되는 것은 무엇입니까?
    ⟨probing question⟩
    q1) 왜 그런 피해를 당할 가능성이 크다고 생각하십니까?
    ⟨성폭력피해를 당할 가능성이 크다고 응답한 경우⟩
    ⟨probing question⟩
    q2) 낯선 사람과 아는 사람 중 누구에게 피해를 당할 가능성이 크다고 생각하십니까?
    q3) ⟨아는 사람이라고 응답한 경우⟩ 구체적으로 그 사람은 누구입니까?
    q4) 성폭력피해를 당할 가능성이 크다고 느끼면서, 특별히 이를 피하기 위해서 사용하는 방법이 있습니까? 특별히 무엇을 주의하거나 경계합니까? 어떤 행동을 피하려고 합니까?

Q3) 여러 가지 피해유형 중 피해를 당하게 될까봐 가장 두려워하는 것은 무엇입니까?
    ⟨일어날 가능성이 크다고 생각하는 피해유형과 가장 두려워하는 피해유형이 일치하지 않는 경우⟩

⟨probing question⟩

q) 일어날 가능성이 적다고 생각하는데도 불구하고, 왜 그런 피해를 당할까봐 두려워하십니까?

4. 두려움에 대한 대응(반응)

▷ 공공장소나 집 안에서 범죄에 대한 두려움 때문에 어떠한 조치를 하거나 어떠한 방법을 사용한다고 응답한 사람들을 대상으로

Q1) 불안감(두려움)을 없애기 위해서 개인적으로 사용하고 있는 방법들은 어디에서 그러한 아이디어를 얻으셨습니까?

Q2) 불안감(두려움)을 없애기 위해서 개인적으로 사용하고 있는 방법들이 얼마나 효과적이라고 생각하십니까? 그로 인해 불안감이 줄어들었습니까? 더 불안하게 되었습니까?

a1) 줄어들었다

a2) 더 불안해졌다

⟨probing question⟩

왜 더 불안해졌다고 생각하십니까?

Q3) 불안감(두려움)을 없애기 위해서 어떤 방법을 사용함으로써, 생활하시는 데 어떤 불이익, 이동의 제한, 기회의 제한 등의 불편함을 느낀 적이 있습니까?

▷ 불안감을 느낀다고 응답하였으면서도, 어떠한 방법도 사용하지 않은 경우

q) 불안하다고 느끼시면 서도, 어떠한 방법도 사용하지 않는 이유(무방비로 있는 이유)는 무엇입니까? 불안감을 어떻게 해소하십니까?

Ⅱ. 피해경험과 두려움

1. 범죄피해경험

Q) 이제까지 살아오는 동안 당신은 한 번이라도 범죄피해를 당해본 적이 있습니까?

A1) 없다

A2) 있다

    q1) 구체적으로 어떤 피해를 당했습니까?

    q2) 본인이 느끼기에 피해의 정도는 어떠했습니까?

    q2) 피해를 당한 이후에 또 다른 피해를 당할지도 모른다는 두려움이나 걱정이 커졌습니까? 아니면, 한 번 경험했으니까 내가 주의해서 이러한 피해를 다시 당하지 않을 것이라는 자신감 같은 것을 갖게 되었습니까?

    q3) 또다시 피해를 당하는 것을 막기 위해서 어떤 조치를 취하셨습니까?

        a1) 취한 적이 있다

          ⟨probing question⟩

          구체적으로 어떤 조치나 방법을 취하셨습니까?

        a2) 취한 적이 없다

          ⟨probing question⟩

          왜 아무런 조치나 방법도 취하지 않으셨습니까?

2. 성희롱 및 성추행 경험

Q1) 이제까지 살아오는 동안 범죄라고 할 수는 없지만 어떤(낯선 사람이든 알고 지내는 사람이든) 남성으로부터 성적으로 불쾌하거나 위협

적인 행동을 경험을 해보신 적이 있습니까? 직장, 학교나 거리, 지하철, 버스 등 모든 장소를 포함해서 응답해주십시오.

A1) 없다

A2) 있다

  q1) 경험의 구체적인 내용은 무엇입니까?

  a1) 낯선 사람이 뒤쫓아 오면서 말을 시키거나 치근거리는 것

  ⟨probing question⟩

    q1) 이러한 행동을 어떻게 받아들이셨습니까? 나한테 관심이 있어서 하는 행동이라고 생각하셨습니까? 아니면 이런 행동도 일종의 성희롱이라고 생각하셨습니까?

    q2) 이러한 일을 경험한 이후 일상적으로 생활할 때 불안감이나 두려움이 더 커졌습니까?

    q3) 불안감이 더 커졌다면, 그 불안감은 구체적으로 무엇에 관한 것입니까?

  a2) 낯선 사람이 은근슬쩍 몸을 만지거나 뒤에서 껴안는 것

  ⟨probing question⟩

    q1) 이러한 일을 당했을 때 어떤 느낌이었습니까?

    q2) 그 당시 어떻게 반응했습니까?

    q3) 이러한 일을 경험한 이후로 공공장소에 있는 것에 대해 불안감을 느끼시게 되었습니까?

    q4) 불안감이 더 커졌다면, 그 불안감은 구체적으로 무엇에 관한 것입니까?

    q5) 앞으로 이러한 일을 다시 당하지 않기 위해서, 어떤 조치나 방법을 취하셨습니까?

  a3) 아는 사람이 싫다는데도 불구하고 지속적으로 쫓아다니는 것(스토킹)

  ⟨probing question⟩

q1) 그 사람이 왜 그런 행동을 했다고 생각하십니까?

q2) 그런 일을 당했을 때 어떤 느낌이었습니까?

q3) 그 사람의 집요한 원치 않는 관심으로 인해, 폭행이나 납치, 감금, 성폭행 등 신체적 안전을 위협당할지도 모른다는 두려움을 가진 적 있습니까?

q4) 이 사건을 경찰에 신고했습니까?

q5) 신고하지 않았다면, 왜 신고하지 않았습니까?

a4) 아는 사람이 언어적인 성희롱이나 신체적인 성희롱을 한 경우

q1) 그 사람이 왜 그런 행동을 했다고 생각하십니까?

q2) 그런 일을 당했을 때 어떤 느낌이었습니까?

q3) 그 당시 어떤 방식으로 대응했습니까?

q4) 이러한 일을 경험한 이후 일상적으로 생활할 때 불안감이나 두려움이 더 커졌습니까?

q5) 불안감이 더 커졌다면, 그 불안감은 구체적으로 무엇에 관한 것입니까?

Q2) 지하철, 버스 등에서 다른 여자가 위와 같은 피해를 당하는 것을 본 적이 있습니까?

A1) 없다

A2) 있다

〈probing question〉

q1) 그때의 느낌은 어떠하였습니까?

q2) 이후로 지하철이나 버스 등을 이용하는 것에 대해 불안감을 느끼시게 되었습니까?

Ⅲ. 성폭력범죄에 대한 image

Q1) 우리 사회에서 성폭력범죄가 얼마나 심각한 문제라고 생각하십니까?

Q2) 전형적인 강간범죄는 주로 언제 어디서 발생한다고 생각하십니까?

Q3) 전형적인 강간범죄자는 어떤 사람이라고 생각하십니까?

피해자와의 관계 면에서: 피해자와 서로 알고 있는 사람/전혀 모르는 낯선 사람 특성 면에서: 정신병자, 성적 충동에 대한 자제력이 약한 사람 ……

Q4) 강간범죄에 대해 '여자가 필사적으로 저항하면 피할 수 있다', '강간을 당한 여자는 순결이나 정절을 잃은 것이다'라고 생각하는 사람들이 있는데, 이에 대해 어떻게 생각하십니까?

Q5) 강간범죄에 대한 이미지나 생각들은 주로 무엇을 통해서 형성되었다고 생각하십니까?

<u>Wrap-up</u>

- 추가 설문
- 오랜 시간동안 감사드립니다. 안녕히 …….

〈부록 4〉 포커스 그룹 인터뷰 가이드라인:
30-40대 기혼여성

Ⅰ. 범죄의 두려움의 정도와 특성 그리고 두려움에 대한 반응

1. 장소와 범죄의 두려움(실고 있는 동네/집/공공장소)

1) 살고 있는 동네에서의 안전감 혹은 두려움

▶ 살고 있는 동네가 안전하다고(safety) 생각하십니까?

▶ 어두워진 후에 동네 주변을 혼자 걷고 있을 때 얼마나 안전하다고 느끼십니까?

○ 밤에 혼자서 동네 주변을 걷는 일이 거의 없는 경우
 - 밤에 혼자서 동네 주변을 걷는 일이 거의 없다면, 신체적 안전 혹은 범죄에 대한 두려움 때문입니까 아니면 다른 이유 때문입니까?
 - 다른 이유 때문이라면, 구체적으로 그 이유는 무엇입니까?

○ 불안하다고 느끼는 경우
 - 낮과 비교해서 밤이 되면 더 불안해지십니까?
 - 구체적으로 무엇이 불안하게 만듭니까?
 - 구체적으로 그러한 상황에서는 어떤 범죄가 일어날 것 같습니까?
 - 안전에 대한 두려움 때문에 어떤 일을 하기를 원하거나 해야 하지만 하지 않은 경우가 얼마나 자주 있습니까?
 - 불안감(두려움)을 없애기 위해서 구체적으로 어떤 전략들을 사용하십니까?
 - 불안감(두려움)을 없애기 위해서 구체적으로 어떤 전략을 사용

하고 있다면, 당신은 그런 아이디어를 어디서 얻으셨습니까?

－불안감(두려움)을 없애기 위해서 어떤 전략을 사용했다면, 그로 인해 불안감이 줄어들었거나 어떤 상황이 닥치더라도 어느 정도는 이겨낼 수 있다고 생각했습니까 아니면 오히려 내가 범죄피해에 취약하다는 느낌이 더 들면서 더 불안하게 되었습니까?

－불안감(두려움)을 없애기 위해서 어떤 전략을 사용했다면 그로 인해 생활에 어떤 불편함이 있었습니까?

－불안하다고 느끼면서도 아무런 반응이나 전략을 사용하지 않는 경우, 그 이유는 무엇 때문입니까?

○ 안전하다고 느끼는 경우

－불안하지 않다면 무엇이 안전하다는 느낌이 들도록 만듭니까?

▶ 동네 주변에 밤이 되면 특별히 위험하다고 생각되는 장소가 있습니까?

○ 있다면, 구체적으로 어떤 장소입니까?

공원/빈터/오락실주변 등

○ 무엇 때문에 그 장소가 위험하다고 생각하십니까?

○ 그 지역에서 어떤 종류의 범죄가 일어날 것 같습니까?

▶ 이사를 할 때 그 동네의 치안상태에 대해 어느 정도나 신경을 쓰십니까?

안전에 대한 두려움 때문에 다른 동네로 이사 가는 것에 대해 생각해본 적이 있습니까?

2) 집 안에서의 안전감 혹은 두려움

▶ 밤에 집에 혼자 있을 때 안전하다고 생각하십니까?

○ 불안하다고 느끼는 경우

－낮과 비교해서 밤이 되면 더 불안해지십니까?

- 구체적으로 무엇이 불안하게 만듭니까?
- 밤에 집에 혼자 있을 때 어떤 종류의 범죄가 일어날 것 같습니까?
- 불안감(두려움)을 없애기 위해서 구체적으로 어떤 전략(대처방법)들을 사용하십니까?
- 불안감(두려움)을 없애기 위해서 구체적으로 어떤 전략을 사용하고 있다면, 당신은 그런 아이디어를 어디서 얻으셨습니까?
- 불안감(두려움)을 없애기 위해서 어떤 전략을 사용했다면, 그로 인해 불안감이 줄어들었거나 어떤 상황이 닥치더라도 어느 정도는 이겨낼 수 있다고 생각했습니까 아니면 오히려 내가 범죄피해에 취약하다는 느낌이 더 들면서 더 불안하게 되었습니까?
- 불안감(두려움)을 없애기 위해서 어떤 전략을 사용했다면 그로 인해 생활에 어떤 불편함이 있었습니까?
- 불안하다고 느끼면서도 아무런 반응이나 전략을 사용하지 않는 경우, 그 이유는 무엇 때문입니까?
  ○ 안전하다고 느끼는 경우
- 불안하지 않다면 무엇이 안전하다는 느낌이 들도록 만듭니까?

2. 상황과 범죄의 두려움

▶ 평소에 신체적 안전에 대해 두려움을 느끼는 곳은 주로 어디입니까? 집 밖에서입니까? 아니면 집 안에서입니까?
  ○ 집 밖에서라면
- 주로 어떤 장소에서 피해를 당할 것 같습니까?
- 주로 어떤 피해를 당할 것 같습니까?
  ○ 집 안이라면, 주로 어떤 피해를 당할 것 같습니까?
▶ 누구에 의해서 피해(특히, 폭력피해)를 당할 것 같습니까?
▶ 다음 상황에서 어느 정도나 신체적인 안전에 대해 불안감(폭력범죄

에 대한 두려움)을 느끼십니까? 불안감을 느끼신다면, 구체적으로
그 상황에서 무엇을 두려워하십니까? (구체적으로 무엇 때문에 불
안하십니까?)

○ 밤에 혼자 대중교통수단을 이용할 때
○ 밤에 혼자 시내에 있을 때
○ 밤에 공터나 공원 등을 걷고 있을 때
○ 밤에 유흥가 밀집지역을 지나갈 때
○ 밤에 젊은 사람이나 십대소년들이 집단적으로 몰려 있는 곳을
    지나갈 때
○ 밤에 낯선 사람이 차를 태워준다고 할 때
○ 밤에 혼자 극장, 연극이나 다른 오락활동을 할 때
○ 밤에 혼자 카페나 술집에 갔을 때
○ 밤에 낯선 사람을 차에 태워줄 때
○ 밀폐된 공간(엘리베이터 등)에 남자와 단 둘이 있을 때
○ 밤늦은 시간에 한적한 버스정류장에 서있거나 지하철을 기다릴 때
○ 밤늦은 시간에 남녀공용화장실을 이용할 때

3. 범죄유형별 두려움

▶ 범죄유형: 집을 비운 사이에 도둑이 드는 것, 집에 강도가 들어 가족
을 위협하여 돈이나 물건을 빼앗아 가는 것, 거리나 버스 등에서 소매
치기를 당하는 것, 거리 등에서 강도를 만나는 것, 폭행을 당하는 것,
성폭행을 당하는 것, 성추행(성희롱)을 당하는 것, 남편으로부터 구타
당하는 것

▶ 위의 범죄유형 중 나에게 일어날 가능성이 크다고 생각되는 범죄유형은?
왜 그런 범죄가 일어나 가능성이 크다고 생각하는가?

▶ 위의 범죄유형 중 내가 가장 두려워하는 범죄유형은 무엇입니까?

▶ 왜 그러한 범죄를 두려워하십니까?

Ⅱ. 자녀의 안전에 관한 걱정 및 두려움

1. 가족구성원의 안전에 관한 걱정 및 두려움

▶ 같이 살고 있는 다른 사람들(딸, 아들, 남편, 부모 등)의 안전에 대해 얼마나 걱정을 하십니까?

▶ 내 자신의 안전보다는 가족들의 안전에 대해 더 많이 긱정히십니까?

▶ 구체적으로 누구의 안전에 대해 가장 걱정을 많이 하십니까?

▶ 가정 내에서 부부 중 자녀들의 안전에 대한 책임을 주로 누가 지고 있습니까?

▶ 자녀에게 무슨 일이 발생한다면, 그것은 엄마의 책임이라고 생각하십니까?

▶ 자녀들의 안전에 대한 걱정 때문에 특별히 하고 있는 것이 있습니까? 있다면, 구체적으로 어떤 일을 하고 계십니까?

2. 자녀의 안전에 관한 걱정 및 두려움

▶ 자녀의 성별(딸인가 아들인가)에 따라 걱정이나 두려움의 정도가 차이가 납니까? 딸과 아들 중 누구의 안전에 대해 더 걱정하십니까?

▶ 자녀의 나이에 따라 걱정이나 두려움의 정도가 차이가 있습니까?

▶ 아들에 비해 딸의 안전에 대해 더 걱정을 많이 하고 있다면,
　　○ 아들보다 딸에 대해 더 걱정하는 이유는 무엇입니까?
　　○ 구체적으로 딸이 어떤 일을 당하게 될까봐 걱정하십니까?
　　○ 딸이 어떤 장소에 있을 때 위험하다고 느끼십니까?
　　○ 딸이 어떤 피해를 당하게 된다면, 누구에 의해서 피해를 당할 것 같습니까?

3. 자녀의 안전을 위한 교육

▶ 딸이 있는 경우
- ○ 딸의 안전을 위해서 딸에게 어떤 충고를 합니까?
- ○ 주로 성폭력에 관련된 것입니까?
- ○ 딸에게 스스로를 보호할 수 있도록 호신술 같은 것을 가르친 적이 있습니까?

▶ 아들이 있다면, 아들의 안전을 위해서 어떤 충고를 합니까?

▶ 아들과 딸을 모두 갖고 있는 경우, 딸과 아들에게 충고하는 내용이 다릅니까?

4. 아동성폭력범죄(성추행)에 대한 image

▶ 우리 사회에서 아동성폭력(성추행)문제가 얼마나 심각한 문제라고 생각하십니까?
지난해 동안 아동성폭력(성추행)범죄가 증가했다고 생각하는가 아니면 감소했다고 생각하십니까?

▶ 전형적인 아동성폭력(성추행)범죄는 무엇이라고 생각하십니까?
- ○ 주로 언제 발생한다고 생각하십니까?
- ○ 주로 어디서 일어난다고 생각하십니까?
- ○ 성폭력범죄자는 어떤 사람이라고 생각하십니까?
  피해자와 서로 알고 있는 사람/전혀 모르는 낯선 사람
- ○ 아동이 성폭력범죄를 당한다면, 구체적으로 어떤 피해를 입을 것이라고 생각하십니까?

▶ 주위에 아동성폭력(성추행)을 당한 부모를 알고 있습니까?

▶ 가장 인상 깊었던 아동성폭력(성추행)사건에 대한 이야기는 어디서 들었습니까?
텔레비전이나 신문보도, 알고 지내는 사람의 피해경험, 사람들끼리 모

여서 범죄사건에 대해 이야기하면서

▶ 아동성폭력(성추행)애 대한 사건을 들은 이후로, 무엇이 달라졌습니까?

Ⅲ. 신체적인 안전에 대한 걱정(범죄의 두려움)의 source

1. 신체적인 안전에 대한 걱정의 source

▶ 당신의 신체적인 안전에 대한 걱정이나 두려움은 어디에서 비롯되었다고 생각하십니까? 여러 가지라면 가장 주된 영향을 미친 것은 무엇입니까?

2. 직접적인 피해경험과 신체적인 안전에 대한 걱정(두려움)

▶ 이제까지 살아오는 동안 당신은 한 번이라도 범죄피해를 당해본 적이 있습니까?

   ○ 구체적으로 어떤 피해를 당했습니까?

   ○ 피해를 당한 적이 있다면, 피해를 당한 이후 어떠한 느낌을 갖게 되었습니까?

   ○ 피해를 당한 이후 당신의 생활이나 행동에 어떤 변화가 있었습니까?

   ○ 또다시 피해를 당하는 것을 방지하기 위해서 어떤 조치를 취하셨습니까? 만약 취했다면 구체적으로 무엇이었습니까?

   ○ 피해 이후에 또다시 이런 상황에 접하게 되면 그러한 피해를 피할 수 있을 것 같다는 느낌이 들었습니까 아니면 또 다른 피해를 당할지도 모른다는 두려움이나 걱정이 커졌습니까?

▶ 이제까지 살아오는 동안 당신은 다음과 같은 경험을 해보신 적이 있습니까? 성적으로 위협적인 행동, 성희롱, 성추행 등

▶ 성적으로 위협적인 행동 및 성희롱을 경험한 적이 있다면,

-구체적으로 상대방은 누구였습니까?

  알고 지내는 사람/낯선 사람

-어떤 장소에서였습니까?

-발생한 후 어떤 느낌이었습니까?

-이 일이 있은 후에 당신에게 어떤 변화가 있었습니까? 또 다른 피해
  를 방지하기 위해서 어떤 조치를 취하셨습니까?

-이러한 일이 발생했을 때, 당신은 이 사건을 경찰에 신고했습니까?

  신고하지 않았다면, 왜 신고하지 않았습니까?

▶ 지하철, 버스 등에서 다른 여자가 위와 같은 피해를 당하는 것을 본
  적이 있습니까?

  본적이 있다면, 그때의 느낌은 어떠하였습니까?

3. 간접적 피해경험과 범죄의 두려움

1) 가까운 사람들의 범죄피해경험

▶ 당신이 잘 알고 지내는 사람들이 범죄피해를 당한 적이 있습니까?

  범죄피해를 당한 적이 있다면, 그 사건을 듣고 어떤 느낌을 갖게 되었
  습니까?

2) 매스 미디어의 보도

▶ 신문이나 텔레비전의 뉴스 혹은 범죄피해(특히, 성폭력범죄, 아동성폭
  력범죄)를 다루는 영화나 프로그램들을 어떤 느낌을 갖게 되었습니까?

3) 동네에서 이웃들끼리 혹은 친한 친구들끼리 모여서 범죄사건에 대한
   이야기를 자주 하시는 편입니까? 그런 이야기를 하고 난 후 어떤 느낌
   을 갖게 되었습니까?

· 저자 ·

김지선 · 약 력 ·
이화여자대학교 사회학과 졸업
동대학원 석사학위취득
동대학원 박사학위취득
현재 한국형사정책연구원 연구위원

· 주요논저 ·
「범죄에 대한 두려움에 관한 경험적 연구」
「성매매청소년의 사회복귀의 실태와 과제」
「자녀의 범죄피해에 대한 부모의 두려움」
「피해경험과 여성의 '범죄에 대한 두려움'」
「청소년비행예방을 위한 결연관계의 새로운 모델 : 멘터링 프로그램」
『성매매청소년의 처우실태에 관한 연구』
『청소년성보호의 현황과 대책』
『비행청소년을 위한 멘터링에 관한 연구』
『한국의 범죄피해조사에 대한 조사연구(Ⅵ)』
『가정폭력의 허상과 실상』(역)
『청소년비행의 이해』(역)
외 다수

범죄피해에 대한 두려움과 여성의 삶
: 사회적 구성과 결과

· 초판 인쇄	2006년 5월 30일
· 초판 발행	2006년 5월 30일
· 지 은 이	김지선
· 펴 낸 이	채종준
· 펴 낸 곳	한국학술정보㈜
	경기도 파주시 교하읍 문발리 526-2
	파주출판문화정보산업단지
	전화 031) 908-3181(대표) · 팩스 031) 908-3189
	홈페이지 http://www.kstudy.com
	e-mail(e-Book사업부) ebook@kstudy.com
· 등 록	제일산-115호(2000. 6. 19)
· 가 격	21,000원

ISBN 89-534-5052-7 93330 (Paper Book)
89-534-5053-5 98330 (e-Book)